新訂版

顧問先が融資を受けやすくなる！

税理士が知っておきたい

中小企業の

財務改善ノウハウ

税理士 松波竜太 監修・編著

資金調達相談士協会 著

第一法規

はじめに

当社の試算表をご覧になって、どこか直すべきところがあれば教えていただけませんでしょうか？

社　長

税理士

そうですね。棚卸しが多いかもしれません。少し減らすことはできないでしょうか？　それから原価率も業界平均と比べて高めなので、少し抑えると利益につながります。

そうですか？　検討してみます……。

社　長

税理士

それから、今期の利益からすると500万円ほど納税することになりそうです。

えっ！？　そんなに納めることになるのですか？　もう少し早めに言ってもらえれば、買いたいものを買ったりできたのに……。ともかく資金も厳しいので、銀行から融資を受けないと厳しそうです。どうやって銀行から融資を受ければよいでしょうか？

社　長

税理士

……。そこは専門外なので、銀行に出向いて直接聞いてみてください。
あっ、それならば売掛金の残高が月商2か月分を上回

> っていますから、入金サイトを縮めてもらうよう交渉
> してみてください。資金繰りが改善しますよ。

> なるほど……。しかし、得意先にそんなことを言って
> 信用不安を起こしませんかね？？？
> （数字だけしか見ていないから、アドバイスが的を射
> ていないな……）

社　長

　数字だけを見て、このようなアドバイスをするのはナンセンス極まりな
いと思ってしまいます。

　棚卸しの多さは商品の豊富なバリエーションの表れでその会社の信用に
つながっているかもしれませんし、原価率の高さは「良いものを安く」と
いう良心的な経営の証かもしれません。確かに管理不足で棚卸しが多くな
ってしまったり、原価率が上がってしまったりする可能性もあるでしょ
う。

　しかし、商品の豊富さや良いものを安くといったことが基本戦略なので
あれば、数値のみで経営の判断はできませんし、税理士が知ったかぶりで
いい加減な助言をすれば、経営がおかしくなってしまうことさえ考えられ
ます。

　さらに、得意先との関係を考えると入金サイトの変更依頼などはなかな
かできるものではありません。下手をすれば信用不安につながり、取引し
てもらえなくなってしまうことすら考えられます。

　経営分析指標における平均値の使い方を間違ってしまうと、このような
ことが起こってしまうのです。

　また、財務や資金繰りを考えると、融資の相談や銀行との関係構築こそ

税理士事務所がサポートすべき最重要課題であり、かつ、最も取り組みやすく、お客様からも感謝されるサービスです。自らそれを専門外としてしまうのは非常にもったいないでしょう。

　お客様が私たち税理士事務所に求めているのは、「税務書類の分析、経営指導・助言等のサービス」です。ですから、これまでのように税務書類の作成サービスだけをこなせばよいという考えでは、お客様から支持を得ることはできませんし、心から「ありがとう」と言ってもらうこともありません。

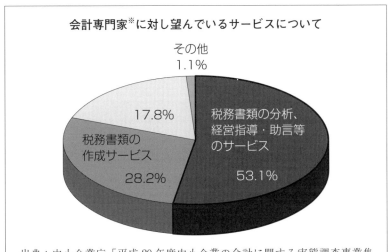

会計専門家※に対し望んでいるサービスについて

その他 1.1%

税務書類の分析、経営指導・助言等のサービス 53.1%

税務書類の作成サービス 28.2%

17.8%

出典：中小企業庁「平成 20 年度中小企業の会計に関する実態調査事業集計・分析結果【報告書】」を加工して作成。上記データは、「無回答」を除きデータを再構成（https://www.chusho.meti.go.jp/zaimu/kaikei/2009/download/090910houkokusho.pdf）（令和元年 11 月現在）
※会計専門家は、主に税理士（82.0%）を指す。

　本書では、経営助言に使える中小企業の財務改善ノウハウを網羅的かつ具体的、実践的に解説しています。

　これまでの税理士事務所向けの書籍には、決算の組み方から事業計画の

立て方、そして銀行交渉までが一冊にまとまったものが見当たりませんでした。

　あったとしても、「正論で理論的には正しいけど実務上は使えない」あるいは「やさしいけど入門書すぎて実務上は使いづらい」といった声が多かったので、本書では、実体験に基づいた、机上の空論でない、実態に即したノウハウを余すことなく詰め込みました。

　ところで、以前、池井戸潤さん原作の大ヒットドラマ「半沢直樹」では、主人公の銀行マンが義理人情で町工場を救済したり、金融庁の銀行検査を乗り切ってみせたりというシーンがありました。

　しかし、現実の世界では、義理人情で銀行が町工場を救済することはありません。もっとシステマチックに決まり、処理されていきます。

　銀行融資は中小企業の財務改善の要（かなめ）なので、正しく理解し、対応していくことが大切です。また、金融庁検査も過去の決算書の検査を中心としたものから大きく変わろうとしています。

　本書では、銀行との関わり方について、最新情報を交えて具体的にお伝えしています

　本書一冊で仕訳から銀行対策までをカバーし、何を、どの順番で、どのタイミングで行うべきかをお伝えしましたので、私たちのお客様である中小企業の財務改善にすぐに取り組むことができるでしょう。

　なるべく理解しやすいように、図版も多く取り入れています。

　本書は税理士はもちろんのこと、事務所に入所されて2～3年経って税理士事務所の仕事についてどう向き合えばよいかに悩んでいる職員さんにもお読みいただければと思います。

　また、若干専門的な内容を含みますが、銀行員やコンサルタントにもお役立ていただけると思います。

　まず第1章では、「どれくらい手元資金を持っておけばよいか」といっ

た、中小企業のとるべき資金繰りのあり方の基本をお伝えします。

　続いて第2章では、基本的な財務戦略と、経営者の意思決定に役立つ試算表の作成手順、チェックポイント、お客様に対して報告すべき事項について、また、銀行融資を踏まえた決算書の表記方法についてお伝えします。

　第3章では、銀行の種類とその特徴、融資の種類といった金融機関の仕組みをお伝えいたします。

　第4章では、融資の審査を通じて、銀行融資の観点から決算をどう組み立てるべきかを考えます。

　第5章では、第3章と第4章の内容を踏まえて、創業から清算までのステージ別に金融機関とどう交渉すべきかについてお伝えします。

　第6章では、第5章でお伝えしたステージ別の「銀行融資を受けるための」事業計画の立て方についてお伝えします。

　最後に第7章では、我々のお客様である経営者との財務改善につながるアドバイスを会話形式でお伝えするとともに、財務改善の実例を用いて、実際にどのように手を打っていけば良いかをお伝えしたいと思います。

　財務改善のサポートは、税理士事務所の本分である一丁目一番地の仕事を行いながらも、お客様から喜んでいただける素晴らしい仕事です。

　本書を読み終える頃には、改めて税理士事務所の仕事の素晴らしさについて感じていただけるはずです。

　それではまず、税理士事務所が中小企業の財務改善、銀行対策に取り組むことで得られるメリットからお伝えしていきたいと思います。

目　次

第6章　成長段階に応じた財務改善のための
事業計画の立て方 ･･････････････････････ 229

改訂版執筆にあたって

　本書が初めて世に出たのが 2019 年年末でした。それから 3 年間の間に世の中では大きな変化がありました。新型コロナウィルス感染症の蔓延です。経済界、とりわけ私たちと関わりの深い中小企業も大きな打撃を受けましたが、これをきっかけに金融機関の対応も大きく変化しました。

　一言でいうならば、融資は以前よりも受けにくくなっています。ゼロゼロ融資が保証協会付融資であったために、それまでプロパー（保証協会の保証なし）で融資を受けられていた企業にも、保証協会対応が求められることになってしまいました。

　さらに、ゼロゼロ融資で設定されていた金利高めだったところに、最近の日銀の金融緩和の見直しも重なって、金利も高めになっています。

　しかし、このような時代だからこそ、私たち税理士には財務改善に関する期待がより高まっているといえましょう。

　当改訂版では、この 3 年間での金融機関の情勢変化をとらえ、アフターコロナの銀行対策、特に、コロナ融資の出口戦略にともなう内容や、中小企業経営強化計画の策定のポイントといった新たな内容を加えました。

　また、各章の終わりには「すぐできて効果バツグン！　財務改善ポイント」を加え、すぐにでも実践すべきことをピックアップしました。

　アフターコロナで資金繰りに苦しむお客さま、あるいは、チャンスをとらえて事業を始める、または、拡大を考えているお客さまに対して、税理士としてお手伝いできることをまとめましたので、ぜひ、アドバイスにお役立ていただければと思います。

第 1 章

中小企業のための財務支援

第 1 章の狙い、主旨

　本章においては、税理士事務所がお客様の財務支援に取り組むべきメリットと、中小企業がとるべき財務戦略について説明していきます。

I

税理士事務所が中小企業の財務支援に取り組むメリットとは

　顧問先の業績はなぜ伸び悩むのでしょうか？

　あるいは、なぜ無理な節税をしようとするのでしょうか？

　あるいは、なぜ粉飾決算に走ろうとするのでしょうか？

　逆に、伸び続ける会社からは無理なお願いをされないのはなぜでしょうか？

　また、みなさんは、税理士事務所の仕事に本当の意味でやりがいや自信を持てているでしょうか？

　私たちの仕事は中小企業にどんなふうに役に立てているのでしょうか？

　「帳簿付けができないお客様の代わりに帳簿を作成する」

　確かにこれも動機や目的として悪くありません。

　しかし、事業のための経費なのか家事費なのか、ゴチャゴチャに混じった証憑書類を苦労して整理した挙げ句の果て、あるいは、まったく残高の合わない現金出納帳を整理し、預金と残高を合わせ、消費税区分を合わせた挙げ句の果てに「そんなに税金を払いたくない。何とかしてくれ。」などと文句を言われたことはないでしょうか。

　来る日も来る日も領収書と戦うために税理士事務所に入ったんじゃない。中小企業の経営にもっと役立ちたい。

　そうです。もう少し高めのところに目標を置かないと、モチベーションを維持するのは難しいはずなのです。

　しかし一方で、

「所詮、先生は過去の数字しか分からないんでしょう？」

私も職員時代、こんな心無い言葉を受け流しながらも、心の中では傷ついていたものでした。

確かに、私たちは過去の数字を扱う仕事をしています。

「過去の数字をみても始まらない」

お客様である経営者から、こんなことを言われたことがあったかもしれません。

過去の数字をみてする経営を「バックミラー経営」などと揶揄されることもあります。

過去の数字には本当に意味がないのでしょうか？

そんなことはありません。

どんな事柄であっても、過去の成績は未来の成績に対するベンチマーク（比べる同類物との差が分かるような、数量的や質的な性質）となります。スポーツの世界でも過去に計測された数値、自分の記録や他人の記録をベンチマークとして活用していることをみれば有効な手段であるはずです。

逆にPDCAサイクル（「Plan（計画）」「Do（実行）」「Check（評価）」「Action（改善）」の頭文字をとったもので、業務の効率化を目指す方法の一つ）において数量化ができないと、目標を立てること、あるいは評価することが難しくなります。

「測定なきところに改善なし」

です。

一方で、決算書や試算表をもとに経営の状況を一生懸命説明しても、なかなか経営者が耳を貸してくれない、と薄々感じていたりすることはないでしょうか？

「先生の説明は分かったけど、で、結局どうすればいいの？」

と、返されてしまうと、次に何を言ったらよいか分からない。

こんな悩みを持っている方もいるのではないでしょうか？

　私たちはどうすれば「お客様の役に立っている」と感じながら仕事をすることができるのでしょうか？

　私たち資金調達相談士協会は「お客様の意思決定と資金調達をサポート」することで解決できると考えています。

　そのために本書では、意思決定に使える試算表や決算の作り方と中小企業のとるべき財務戦略についてお伝えし、大きなやりがいとお客様からの感謝を得られる仕事の仕方を身につけていただければと考えております。

① お客様に提供する一番大切なサービスは「正確な経営成績、財政状態」の報告

■ なぜお客様は試算表に興味を持ってくれないのか？

　「はじめに」で、お伝えしたように、お客様の求めるものと私たちが提供しているサービスにはギャップがあるようです。せっかく税理士事務所が大変な思いをして役に立つ情報を提供しているのに、それがお客様に通じない。これはお互いにとって不幸なことです。

　このようなギャップはなぜ生じてしまうのでしょうか？　また、どうすれば解消することができるでしょうか？

　私は、決算書や試算表を作る「前提条件」と「目的」の２つをお客様と共有することが大切と考えています。

　まず、決算書や試算表を作るための「前提条件」とは、試算表が「何から」作られているかです。お客様と「どう作るか」を共有する必要はありませんが、「何から」作られているかを共有する必要はあります。ややもすると、私たちは技能として「どう作るか」の部分をアピールしてしまいがちですが、ここにお客様の興味はありません。「複式簿記」なんて関係ないのです。

　そもそも「何から作られているか」は、提供しているのがお客様なのだから、説明しなくても分かるだろう、と思われるかもしれません。ところが、意外と分かっていませんし、こちらの説明不足で知らせていないことも多いのです。

　経営者からすると、試算表ができてきたけど、どうも自分の感覚と違う。しかし、どう違うかは専門家でないからそのギャップを説明できない。そして、そのうちに興味を失ってしまうという悪いスパイラルに陥ってしまうのです。

　会計データを読み解くことができないのは、経営者の能力に問題があるわけではないのです。前提条件がはっきりせず、何を表した数字か分からないことがその要因の一つなのです。

　例えば、自社の売上を何基準で計上しているのかを、きちんと理解していない経営者はたくさんいます。出荷基準→引渡基準→検品基準のどれを採用しているか分かっていないと正しい棚卸しは計算できません。

　あるいは、月末締め以外の売上や仕入が請求書ベースで処理されていて、売上と原価の関係が滅茶苦茶、それなのに棚卸しの増減を気にしたりしているなどという虚しい状況すら目にします。

　「利益を把握するためにはどのようなデータを必要とするのか」をアドバイスするだけで、意思決定につながり経営に生かせるデータを作ることができるようになるものです。他にも、揺らぐことでデータの質が著しく低下し、財務諸表をただの数字が羅列された表に貶めてしまうポイントがいくつかあります。**会計データはその名のとおり「データ」です。どんな精度で、どのようなものが集められ、どう分類、選別されたのかがはっきりしないデータは、ただのゴミの寄せ集めといっても間違いではありません**。「データ」は一定のルールの下に加工して初めて役に立つ「情報」となります。そのためにどうすればよいかについて、第2章で詳しく説明し

たいと思います。

■ 決算書、試算表を作る目的とは？

　そしてもう一つ大切なのが、決算書や試算表を作るための「目的」です。ある意味で、この「目的」がはっきりしていないために定義が甘くなるのかもしれません。その目的とは「現状把握」と「意思決定」と「資金調達」です。

会計データの目的

現状 把握	意思 決定	資金 調達

　ここでまず、会社経営にとってなくてはならない2つの要素について考えてみましょう。

　それは、「利益」と「投資」です。

　卵が先か鶏が先かではありますが、まずは利益を確保し、それを投資に回す。あるいは、まずは、受容できるリスクを計算して投資し、利益を確保する。

　これこそが基本のはずなのですが、受容できるリスクを計算して投資をするということが難しく、しっかりと投資できている会社が少ないのが現状といえましょう。

　「リスクテイクなくしてリターンなし」

　こんな誰でも分かりきったことができないのはなぜでしょうか？

　意思決定を躊躇させているものは何でしょうか？

　投資とは、例えば、設備投資、人材投資、売上増加のための広告などで

す。

　意思決定というと少しオーバーに感じるかもしれませんが、要するに「利益を得るには、まず何かしらの先行投資が必要」ということです。

　実際にいくらの資金を投入できるかを考え、その投資によって将来会社がいくらの利益を得ることができるかを予測します。

　そしてその投資した資金で獲得できた利益と、もともとあった手元資金を使い、より多くの手元資金を残すことが経営者の仕事です。

　では、経営者の意思決定のために、税理士事務所はどんなサポートができるでしょうか？

　経営者は、販売や商品や材料の調達といった日常的な営業実務では、迷うことなく資金を使っています。

　しかし、利益を上げるための投資をするとなると、失敗したらどうしようと考え躊躇することが多くなります。

　中小企業は大企業と違い何度も失敗を繰り返すことはできません。

　だからこそ自信を持って投資の意思決定ができるレベルでの月次試算表が必要になるのです。

　確かに、簿記ができる社員を会社で抱えれば、日頃の経理処理はできるようになるでしょう。しかし、意思決定に使えるレベルの試算表を作成できるかといえば話は別です。

　より正確な精度の高い月次試算表を私たち税理士事務所が提供することで、会社の未来を良い方向に向かわせることができるのです。

■　会社の成長に欠かせない○○と□□

　また、投資には一つ欠かせないものがあります。

　「資金」です。

　投資するには必ず資金が必要になります。投資することができない理由の一つが資金不足です。

　利益を出すためには資金が必要になります。自己資金が豊富にない限りは借りるしかありません。借りるためには、決算書上で利益を確保する必要があります。

　しかし、利益が出ていないと資金を借りることができません。

　過剰に投資をしてしまい、赤字になってしまうことがないように気をつけなければならないわけです。

　しかも、安定して借入れをするには、毎期、毎期、継続して利益を出し続ける必要があります。

　「今期黒字を出したから、来期は赤字でも大丈夫」などという甘えは許されません。

　このために、毎月の試算表が正確である必要があるのです。

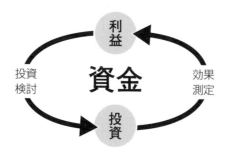

　本書では多くの頁を銀行対策に割いていますが、その目的は「資金を借りること」ではありません。「手元資金を増やす」ことにあります。

❷　会社は資金繰りを改善すると業績も改善する

　これまで多くの資金不足の経営者の相談に乗ってきましたが、資金繰り

に悩むと経営者のマインドは著しく低下します。

「支払いができないかもしれない」という恐怖は、一度自分で味わってみるとよく分かるのですが、お金のことで頭がいっぱいになりますし、夜に冷や汗をかいて起きる、あるいはそもそも眠れないという状況に陥ってしまう場合すらあります。

そんな状況で前向きな経営方針を打ち出すことは難しく、どうしても守りに入りがちで後ろ向きの経営になってしまいます。ともすると、まともな判断すら難しい状況に陥ってしまう場合もあります。

第6章・第7章で詳しくお伝えしますが、そんな経営者には、「まず手当たり次第換金できるものは換金してください。安くても不要な不動産は売ってください、保険も解約しましょう。それから、お金も借りられるなら土下座してでも借りてきてください。それができないなら会社をやめましょう」

と、アドバイスします。

　目の前の「資金」は、経営心理に絶大な影響を及ぼします。

会社が危機的な状況にある場合には、手元資金残高がそのまま会社の寿命を表わしていることが少なくありません。手元資金は本当に大事です。

逆に、改善の結果、**手元資金が増えた経営者は、顔色が明るくなりますし、経営意欲も高く、適度なリスクテイクができるため、事業自体もうまく回るようになります。**

「手元の資金＝時間の余裕」であり、「手元の資金＝心の余裕」です。

先ほどは、「利益が先か投資が先か」は卵か鶏かであるとお伝えしましたが、「利益が先か資金が先か」という問題においては、「資金が先」であると断言いたします。

❸ メリットを感じられればお客様は進んで法人税を支払いたくなる！

　常に私たちは、「お客様の税負担の最小化」という意識を持って仕事をしていますし、お客様からもそれを期待されています。また、その責任もあります。

　多くの経営者が「税アレルギー」を持っています。もっともらしく「税の使われ方に納得がいかない」という理由をいう人もいますが、本音のところでは「もったいない」というところでしょう。

　あるいは、「払わなくてはならないのは分かっているけど、実際に資金がない」あるいは、「今、資金が出ていってしまっては不安だ」というところもあります。

　「もったいない」という人には「支払うメリット」をみせる必要がありますし、**不安だという人には「確実な未来」をみせる必要があります。**

　資金のない会社は当然、納税に難色を示します。

　しかしながら、納税をしないと融資を受けることはできません。納税をしない理由には、単純に「利益が出ていない」場合と、払おうにも「資金がない」場合があります。しかし、いずれにしても納税しないと銀行から融資を受けることが難しくなります。

　資金がないから税金を支払えない、税金を支払わないから融資を受けられない。融資を受けられないから資金が増えないというのは、経営の悪いループです。

　もったいないという人には、税金を支払うと融資が受けられるというメリット、不安だという人には、精度の高い試算表にもとづく将来の予測を提供することで、この悪いループを断ち切らせることが税理士事務所にはできるのです。

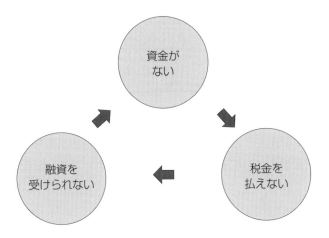

　実際に利益を出して法人税を支払うことで融資を受けやすくなり、経営が安定したお客様は、「これぐらい利益を出しておかないと、銀行から良くみられないですよね？」と、自ら進んで納税の方向を選び始めます。

　もちろん、私たち税理士事務所としては、無駄な税金を納めさせるようなことがあってはなりません。出た利益の中で法人税が最少となるよう知恵を絞ることが必要不可欠ですし、そうすることでお客様との信頼関係はより強固なものとなるでしょう。「どのくらい利益を出せばよいか」については、後ほどお伝えしたいと思います。

④　融資を受けられたときの「ありがとうございます」を想像してみてください

　利益計画、事業計画の作成支援を得意としている税理士事務所も多いとは思いますが、その計画を立てるに当たって、基礎となるのはやはり毎月の試算表です。この試算表の精度が甘ければ、計画の前提条件が崩れてしまうことになりますし、結果の測定に関してもうまくいかないでしょう。とにかく、自信を持った意思決定を行うには実績の測定能力を上げることが大切です。

　さらに、資金調達面に関して、キャッシュフロー計算書や貸借対照表から当期の必要資金調達額をお知らせしたり、「銀行が決算書のどこをみているか」をアドバイスしたりすることで、経営者に安心を与えることができます。

　利益を出し、かつ、精度の高い財務諸表を作ることの、目に見えやすい効果は「資金調達」がしやすくなることです。試算表の精度を上げるために経営者との面談回数を増やしたり、経理担当者の工数を増やして残業代を払ったりといったコストを負担してもらわなければならないかもしれません。

　しかし、例えば1億円銀行から借りている場合、金利が0.5％でも下がれば年間50万円コストが下がることになります。また、金利面だけでなく、返済期間を延ばすことで資金繰りをより楽にして、手元資金を増加させることができれば、コスト削減面以外でも経営に貢献できます。

　もちろん、「税」に関する相談や申告も大切ではあります。誤った税金計算をしてしまい、税務調査で経営者が恥をかいたりすることがないように仕事をすることは大切です。しかし、「税を納める」ことへの対価として私たちに料金を支払うことを正当化するのは、なかなか難しいところです。

　反対に、銀行からの資金調達がうまくいき、手元に資金が入ってきたときの経営者の喜びは、「決算書を作ってくれてありがとう」の「ありがとう」とはまったく別で、心からのありがとうをおっしゃっているなといつも感じます。

　これは、この税理士事務所という仕事に対するやりがいに通じます。

Ⅱ

中小企業がとるべき資金繰り

① 月商３か月分の資金を持て！

　手元資金は決算書の表示では「現金及び預金」です。

　勘定科目になってしまうと、売掛金や立替金、前払費用と同列になってしまい、その大事さが薄まってしまうように思います。しかしながら、この現金及び預金は、他のどの資産とも性格を異にする別格の資産です。受取手形ではファミリーレストランや居酒屋での食事はできませんし、保険料の前払い分などでは何の支払いもできません。

　簿記・会計の勉強ではこのことを学ぶことはできませんが、経営においては非常に大切なところです。

　「手元資金が月商の何か月分あるか」を意識してお客様にアドバイスしている人はどのくらいいるでしょうか？

　ともすると、「自己資本比率を高めるため、あるいは、無駄な利息を支払わないために借入れを返しましょう」などというアドバイスをしてしまいがちですが、中小企業経営においては「無駄な資金」などというものは存在しません。

　いざというときに会社を守るのは「手元資金」しかありません。

　逆に資金さえあれば、広告を打って売上を伸ばすこともできますし、良い立地の店舗を借りられることもできます。また、新たなビジネスチャンスが生じた場合に、資金繰りに悩むことなく迅速に意思決定を行うことが

できるので、そのチャンスをつかむことができます。このちょっとした意思決定のスピードの積み重ねが大きな差となるのがビジネスです。繰り返しになりますが、利益と資金では、資金が先なのです。

「お金がお金を生む」これが資本主義の原則です。

資本主義の原理原則

○ お金があるから利益が出る
× 利益が出るからお金がある
※お金がお金を生む！

さらに、交渉相手よりも早く納品できる、あるいは、質の良いものを作れるなどといった有利なカードを持ち、利益を引き出す交渉を成功させることがビジネスの根本です。

その意味では、お金があること自体が交渉のカードになることもありますし、どれだけ素晴らしい差別化要素を持っていたとしても、資金がなくて実現できなければ意味がありません。

例えば、いくらおいしい料理を作れても、資金がないから人里離れたところにしかお店を開けない、あるいは、あと数人いれば良い製品が作れるのに資金がなく人を集められないという残念な状況を考えてみてください。

さらに、ビジネスは 1 位総取りの早い者勝ちです。セブンイレブンにファミリーマートやローソンが勝てないのはシェアの問題です。「シェア＝信頼」と言い換えても良いでしょう。一度固まってしまったシェアはそう簡単には崩せません。ですから、成功にはスピードが必要なのです。「お金がたまったら始めよう」などと悠長なことを言っていてはライバルに先を越されてしまうわけです。

	交渉を制す者がビジネスを制す
そして	交渉に勝つ者とは、相手より選択肢を多く持っていた者
そして	手元資金は選択肢や可能性の裏付け
だから	手元資金を持つ者がビジネスを制す
さらに	ビジネスは早い者勝ち！　1位、総取り

▼

良い立地で店舗が借りられる

良い条件で安く仕入れられる

優秀なクリエイターにマーケティングを依頼することができる

銀行の評価が上がり、低金利での借入れができる

では、手元資金はどれぐらいあればよいでしょうか？

私たち資金調達相談士協会は**月商の3か月分**を常にキープすることをお勧めしています。

これまでみてきた決算書で多かったのは、月商1か月分弱の会社です。

月商1か月分しか資金がないと、賞与を月給の2か月分支払おうというときや、源泉所得税の納期の特例の時期、あるいは、法人税・消費税の納税をしようと思ったときに資金が不足します。

まずは、月商の1.5か月程度を目指しましょう。

最終的には月商3か月の手元資金（預金）を作ることが目標となります。

これが2か月分あれば、だいぶ余裕を持って対処することができるようになります。

さらに、3か月分になると、先行投資の回収を焦らずに待つことができるので、心に余裕のある経営ができてきます。また、銀行からも「ぜひ当行から融資させてください」とお願いされることが多くなります。

ただし、これまで持ったことのない預金残高を見ると、つい余計なものを買いたくなってしまうという例をこれまで多くみてきました。堅実そう

15

な経営者であっても、別荘や会員権が欲しくなったりするものです。

　手元資金が潤沢になっても、それは「借りた資金」であることを十分に理解してもらうことが必要です。特に経営と直接関係のない別荘や会員権の購入は金融機関からの評価を下げてしまう可能性もあることをお伝えしましょう。

❷ 「売上を上げる」のと「資金を集める」は別

　では、どうやって手元資金を増やせばよいのでしょうか？

　売上を上げればよいでしょうか？　それとも利益を出せばよいのでしょうか？

　両方とも NO です。

　売上を増やすと（現金ビジネス又は前受金ビジネス以外の場合）**一般的に手元資金は減ります。**利益を蓄積して自己資本を厚くしても手元資金が厚くなるわけではありません。

　手元資金を増やすには、借入れするか、金銭による出資（増資）を受けるしかありません。

　増資する資金がないのであれば、借入れ一択ということになります。

　このことを多くの経営者が勘違いしています。

　「資金がないから努力して売上を上げよう」と、考えてしまうわけです。資金的にこれは首を絞めることになります。さらに、「資金がないのは恥ずかしいこと」と考えてしまう傾向があります。

　「売上を上げる」のと「資金を集める」は別と、アドバイスすることが必要です。

　「借入れがあるのは恥ずかしい」「健全経営＝無借金経営」という固定観念を払拭し、**「健全経営＝キャッシュリッチ経営」**であることをお伝えし

ましょう。

■ 売上が増えるとどれだけ手元資金が減るのか？

運転資金は会社が事業を行っていくために必要な資金です。

例えば小売業の場合、商品を仕入れて在庫としてからこれを販売し、その代金を回収するまでには一定の時間がかかりますが、商品を仕入れた際の代金の支払いは売上代金回収とは関係なく行わなければなりません。

このような場合に、売上代金の回収期間よりも仕入代金の支払期間の方が短いときは、売上代金を受け取るより先に仕入代金を払わなければならず、そのための資金が必要となります。この資金が運転資金です。

一般的には下記の算式により計算します。

運転資金＝売上債権残高＋棚卸資産残高－仕入債務残高

売上代金の回収期間を回収サイト、仕入代金の支払期間を支払サイト、商品を仕入れてから販売されるまでの期間を在庫回転期間といいます。

運転資金とは、いわば回収サイト＋在庫回転期間と支払サイトとの期間のギャップを埋めるために必要な資金といえます。

例えば、回収サイト2か月、在庫回転期間1か月、支払サイト1か月、商品原価率50%である企業の場合、運転資金は、「回収サイト2か月＋在庫回転数1か月（売上1か月分×原価率50%）－支払サイト1か月（売上1か月分×原価率50%）＝売上の1か月分」となります。

特に成長期の会社において、売上は増加します。

例えば月商100万円である場合の運転資金は100万円×2か月＝200万円ですが、月商が500万円に増加した場合は500万円×2か月＝1,000万

円が必要となります。

　この増加分を「増加運転資金」といいますが、売上増加額が 400 万円なのにかかわらず、運転資金の増加額はその 2 倍の 800 万円となるので注意が必要です。

　増加運転資金を何らかの形で調達できない場合は、売上が増加し利益が出ているにもかかわらず資金が不足し事業を継続することができなくなります。これが黒字倒産です。

　売上が増えると資金が足りなくなる増加運転資金とは

　売上増加すると売掛金が増える
▼
売掛金の入金より支払タイミングの早い買掛金や給与が増える
▼
加えて受注に応えるために棚卸しが増える
▼
資金が不足する

　ところが逆に、「手元資金が減っていくのは利益が出ていないから」そしてその結果、「手元資金がないことが恥ずかしい」と、考える経営者もいます。資金不足の原因を突き止められるのが、正しい試算表であり、決算書です。

　税理士事務所が正しいアドバイスをすることで、会社が正しい意思決定をすることが可能になります。特に融資が絡むことであれば、早めの発見、早めの対処が肝心となります。

すぐできて効果バツグン！財務改善ポイント

☑ 試算表をチェックして手元資金が月商の何か月分あるかチェックしよう！

健全経営＝キャッシュリッチ経営

第 2 章

意思決定のための試算表
及び融資を受けるための
決算書作成のポイント

第2章の狙い、主旨

　本章においては、意思決定のための試算表作成のポイントと試算表を通じたお客様とのコミュニケーションのポイント、さらに融資を受けるための決算書の数字の組み立て方、決算書作成時のチェックポイントについて説明していきます。

　漠然と作っていた試算表、決算書についてあるべき姿を示し、どう作成するとそこに到達できるのかを示します。

I

月次試算表の作成

❶ 月次試算表の目的は経営者に○○を促すところにある

■ 経営が良くなるスパイラル

　ここで経営の最高パターンをみてみましょう。

　まずは利益を出し、その利益を元に資金を借りる。そして、その借りた資金で投資をすることで、ライバルとの差別化を図って、より利益を出す。

　また、同時に投資減税を受けることで手元資金を増やす。

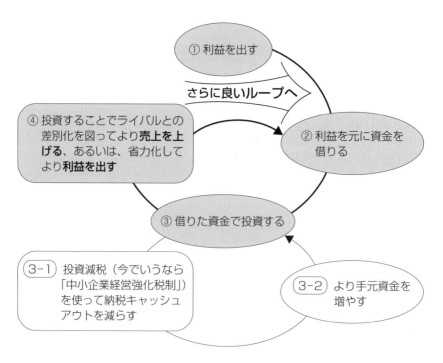

　このパターンの中で、税理士事務所ができることは、「利益が出ているのか、そうでないのか、そこをきちんと示すこと」と、私たち資金調達相談士協会は考えます。

　「そんな分かりきったことを言ってどうする？」
と、思われた方もいるでしょう。

　しかし、そんな安易なことではないのです。**過去の利益は、将来の利益を予測する元になります。利益把握の精度が低ければ、将来の利益予測の精度も低くならざるを得ません。そして精度の低い将来予測からは、甘い意思決定しかできません。**

　甘い意思決定、つまり「決めきれない」ことこそが、**中小企業の成長を阻害する最大の要因です。**ですから、決算整理仕訳でほとんど修正のない月次試算表こそが経営の意思決定に欠かせないのです。

　この点に関する技術面についてはこの後お伝えいたしますが、まずは、「利益が出ているのか、そうでないのか、そこをきちんと示すこと」で、意思決定をサポートしつつ、資金面つまり財務面を支援することのメリットをお伝えしたいと思います。

■ お客様が求めているアドバイスとは

　まずその前に、税理士事務所は「経営者」と直接対面する必要があることをお伝えしておかなければなりません。日頃、経理処理をサポートすることが多いために、お客様の経理担当者と接する機会は多いと思います。

　しかし、経理担当者と経営者はゴールのすえ方が全く違います。経理担

当者は「間違えないこと」がゴールです。ともすると「先月と同じ」あるいは「前期と同じ」処理がゴールになっていることがあります。

　確かにこれも間違いではないのですが、**経営者としては、「経営判断に使うため」の財務諸表を作ってほしい**のです。「数万円ぐらいなら違ってもよいから、早く試算表を欲しい」ということを望むのが経営者ですし、それを許さないのが経理担当者です。

　私たち税理士事務所は経理担当者と経営者の間に立つ存在ということになりますが、基本的には経営者の側に立ち、その意向を汲んで、経理担当者が処理すべき事項や方向性をアドバイスすることが大切です。
　例えば、これまでは締め日にかかわらず「請求書の金額」で売上処理していたものを、きちんと月末で区切って処理してもらうことや、在庫カウントをしっかりと売上の認識基準に基づいて行ってもらうことなどを経理担当者にお願いして、実現していくのです。その過程では過去の方法を大切にする経理担当者との軋轢が生じ、抵抗に遭うかもしれません。「時間がないから無理」と、反対されてしまうこともあるかもしれません。
　しかし大切なのは「経営判断に使える」資料の作成です。ここを外しては、それが経理担当者にとっての正しい帳簿であっても意味がないことをしっかりとお伝えし、納得してもらって処理してもらわねばなりません。

　また、事務処理はどうしても省略化すべき間接コストとみられがちですが、省力化することで「単なる税務申告にしか使えない書類の作成」に陥ってしまうことこそが、一番の無駄となります。逆に意思決定に使えるレベルに達するためには、経理担当者のマンパワーが足りないという結論に達するのであれば、経営者に増員をお願いしてみるのも方法の一つです。それほど意思決定にとって、試算表の精度は大切なものです。

　その上で、経営者と直接面談をして、まずは経営者の直感と試算表の数字にどれくらいギャップがあるかを確認します。あくまでも財務諸表をみるのは「銀行」などの第三者ですから、ここでは、経営者の考えに寄り添うというよりは、経営者の認識を会計のルールに近づけていくという方向になります。原因は経営者の認識違いであったり、経理担当者への伝え漏れであったり、そもそも前提が狂っていることであったりするかもしれません。ここを修正していく、**これが経営者とのコミュニケーションとなり、これこそお客様が求めているアドバイスとなるのです。**これが進むと、利益に対する経営者の感度も上がり、試算表に対しても私たちに対しても信頼度が上がります。

　では、ここから意思決定に使える月次試算表の作成についてお伝えしたいと思います。

■ 売上高、変動費、給与手当の３つは末締めで

　月次試算表におけるポイントは次の２点です。

☑ 売上と売上原価の対応関係がとれていること
☑ 月初から月末という時間軸を忠実に守っていること

これを押さえることが大前提となります。

　当然、売上についても月初から月末という時間軸が守られている必要があります。したがって、月末締め以外の得意先についても、締め後から月末までの集計をとっておく必要があります。**「毎月の締め後は似たような額だろうから集計は必要ないだろう」**という甘いことを言っていると、結果として、不確定要素を残すこととなり、経営判断を遅らせる原因となります。
　また、これは仕入（以下、売上と直接の対応関係にある外注費等を含み

ます）についても同様です。棚卸しは売上・仕入がともに月末で締めてあることが前提であることはいうまでもありません。

　月商数億円程度の会社であっても、月々の経常利益は数百万円レベルであることは少なくありません。その意味で、締め後の集計や棚卸しを横着しただけで損益がひっくり返るということが容易に起こり得るのです。

■　月末締め以外の取引先との残高を会計上で管理するには

　しかしながら、月末締め以外の取引先を月末で締めたときに生ずる問題があります。売掛金・買掛金などの債権債務です。当たり前ですが、入金や支払いなどはその締めに応じて行います。

　会計ソフト上は売掛金・買掛金については補助科目を使って、残高を管理していると思います。末締めの会社においては、翌月払いであれば、その月の発生額が翌月の入金（又は支払い）と一致するので、当月発生額＝月末残高であることを確認することで、発生額が正しかったことを確認することが可能となります。

　しかし、末締め以外の会社の損益を月末から月初を基準として集計した場合には、発生額と入金（又は支払いと）が一致しないので、発生額が正しかったことを検証することが難しくなります。

　この状態は、売掛金・買掛金の補助科目を作るときに、請求書の締日に合わせた補助科目と締め後だけを洗い替えする補助科目の2つを作ることで解決します。

　例えば、20日締めの取引先であれば、前月21日から当月20日までで請求書を作成することになりますが、請求書の補助科目にはこの額で、「売掛金（請求書）／売上高　　＊＊＊,＊＊＊円」という仕訳を切り、締め後分は、「売掛金（締め後）／売上高　　＊＊＊,＊＊＊円」と請求書の補助とは別に設定した締め後の補助科目で計上し、翌月に「売上高／売掛金（締め後）＊＊＊,＊＊＊円」という洗い替えの仕訳を切るわけです。多少の手間はかかり

ますが、こうすることによって、月次の損益を正しくしつつ、入金（又は
支払い）との対応関係を保つことが可能になります。

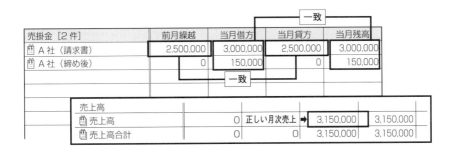

売掛金［2件］	前月繰越	当月借方	当月貸方	当月残高
A社（請求書）	2,500,000	3,000,000	2,500,000	3,000,000
A社（締め後）	0	150,000	0	150,000

売上高				
売上高	0	正しい月次売上 ➡	3,150,000	3,150,000
売上高合計	0		3,150,000	3,150,000

　話を損益に戻しますが、売上・仕入の認識基準、つまり、「何をもって
売上（仕入）とするのか」も大切です。この認識基準が社内で統一されて
いないケースを散見します。多くの会社が「請求書に記載されている金
額」を基にしています。大体の場合、検収基準ということになるでしょ
う。

　しかし、現場の担当者が棚卸しをする際には、優秀でない限り「実際そ
こにあるもの」しか数えてくれません。したがって発送後、検収前のもの
についての調整が必要になるわけですが、これがなかなかうまくいきませ
ん。その意味では、売上・仕入・棚卸しについては「発送基準」を用いる
のがシンプルで好ましいといえましょう。

　この場合についても、月末以外の締め日の取引先の処理と同じように、
「請求書の金額」と合う売掛金・買掛金と「発送基準」との差額を調整す
る売掛金・買掛金とは補助科目を分けて管理することで、月次の損益を正
しくしつつ、入金（又は支払い）との対応関係を保つことが可能になりま
す。

　さらに、水道代や電気代、ガス代が「原材料」や「燃料費」として、売
上と直接対応する原価となる業種もあります。売上高との関係が薄い、販

売費及び一般管理費や製造間接費であれば、そこまでする必要もありませんが、こういった場合においては、メーターを設置して、売上との対応関係がとれるようにすることが大切です。

　売上に直接対応する原価については、経営判断に使える試算表を作成する上で、その集計は必須といえましょう。

■　月次試算表の精度を上げるための３つのポイント

①　人件費の集計について

　また、人件費についても、月初から月末という集計期間を守る必要があります。売上高の歩合による給与の変動は当然ですが、残業代やパートタイマー等の労働時間の変動も馬鹿になりません。

　しかしながら、人件費の締め後分を認識するには、わざわざタイムカード等の集計を行う必要があり、売上・仕入と同じようにはいきません。難しいところではありますが、給与の締め日を月末にすることがベストでしょう。就業規則等の変更や給与支給額が一時的に変わることへの手当などの面倒が生じるので、給与の締め日を変えるのは非常に困難です。しかし、結局はその一時の大変さを選ぶか、締め日以降の集計を毎月行うかの選択ということになろうかと思いますので、検討してみてください。

②　月次試算表作成早期化に欠かせない○○の自社集計

　月次試算表は遅くとも翌月末にはできているべきですが、意思決定のために作成するという観点からは、翌月15日までには作成したいところです。

　まず、繰り返しになりますが、売上・仕入・人件費については、可能な限り月末締めとしてもらえるよう、取引先・従業員との交渉を経営者にしてもらいましょう。

　その上で、売上、給与は自社内のことですから、早めに締めて早めに計算してもらうようにします。

　問題は、仕入や経費などの主体が取引先にある取引の集計でしょう。試算表の作成を早めるためには請求書を待たずに自社で集計する必要があります。試算表のためだけに仕入や経費の集計をするのももったいないですから、仕入、外注費等については、電話やFAXなどでの注文をやめ、販売管理ソフト等を使って発注書を発行してもらうようにします。こうすることで、仕入等の発注権限を明確にし、不正を防止することもできます。

③　実地棚卸は難しい

　在庫については帳簿棚卸を基本にします。

　実地棚卸の方が簡単であるように感じるかもしれませんが、実地棚卸は数える人にスキルが必要で、実際にはなかなかうまくいきません。

　実地棚卸が機能するには、数える「もの」と「時」が明確であり、さらに、数える人が正確に数えられることが必要です。まず、数えるものが何なのか、そして、どこにある何を数えるのかがはっきりしている必要があります。さらに、それをいつ数えるのか、決算期末日なのか、翌日の朝一番なのか、はたまた24時間稼働の場合には何時に数えるのかなどが明確でなければなりません。

　それを考えると、実地よりも想定残高である帳簿棚卸の方がある意味で真実に近くなる可能性が高くなります。また、帳簿残高を集計した結果を現場に渡して、帳簿残高を確認する形で実地棚卸を行う方が、同じように実地棚卸を行う場合においても正確になります。

　全ての品目を帳簿管理するのが不経済ということであれば、主要な品目のみを帳簿管理し、動きの少ないものは実地棚卸のみということも問題ないでしょう。

　また、先ほどお伝えしたように、できれば売上は発送基準、仕入は到着基準で認識した方が、調整が不要になる分、早く・正確に集計することが可能になります。

　さらに、数え方や認識基準のずれによる問題を除いても、返品、いわゆ

る「赤伝」処理がある場合に、「伝票が回ってきていないのに、そこにあるから数えた」ということが起こり、調整漏れが生じてしまう原因になります。棚卸し等で疑問が生じた場合には確認してみるとよいでしょう。

```
┌─────────────────────────────────────┐
│          実地棚卸のポイント           │
│                                       │
│           ・いつ                      │
│           ・数えるもの                │
│           ・どこにあるのか            │
│           ・数え方                    │
│                                       │
└─────────────────────────────────────┘
                    ↓
      明確にしないと実地棚卸は難しい
```

■ 月次試算表をスムーズに作るための作成フロー

　では、これまでお伝えしてきたことをもとに、正確な月次試算表を作成するためのフローをお伝えしましょう。

　一言で言ってしまえば、必要な資料を集めて会計処理をするだけのことですが、漫然と入力しては意思決定に使えるレベルのものはできません。決められたプロセスに基づいて処理しなければ、チェック時に疑い始めたらきりがありません。何が処理され、何が処理されていないのかなど、前提条件を整えるという意味でもきちんとしたルールが必要になります。

　例えば、次頁のようなものが挙げられます。ここでは税理士事務所での記帳代行をイメージしていますが、お客様が入力する際においても参考になると思います。

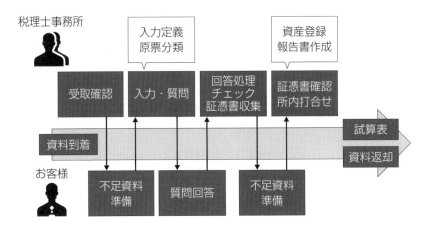

月次試算表作成のための業務プロセス

大きく分けると、入力の前提条件・ルールを整える、入力の精度を定義
しておくということになります。

■ 高精度の試算表作成のための入力の前提条件・ルールとは

まずは、どのように入力の前提条件・ルールを整えるのかをお伝えしま
す。

① 月次処理時に処理すべき書類が全部そろっている状態で始める

網羅性のことですが、意外と徹底されておらず、チェックして初めて気
付くことがあります。②にもつながりますが、該当期間の請求書や通帳等
に漏れがないか、必ず確認することが必要です。

② 書類を分類して整理してから入力する

①で集めた資料は場当たり的に処理するのではなく、種類ごとに分類
し、入力に使用する資料、使用しない資料、疑問のある資料を分けてから
入力します。特に、入力に使用しない理由も、他に代替する資料があった

ために使用しなかったのか、記帳に関係ない資料と考えたから使用しなかったのかは後から分かるように整理しておくことが大切です。

　特に今までになかった取引や大きな変化点などの、毎月にないイレギュラーな取引がイレギュラーであるということが分かるよう、資料の時点で整理しておくことが大切です。

資料の分類

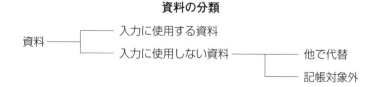

③　入力する順序を守る

　金額の重要性を考え、売上、仕入（変動費）、人件費（固定費）、預金等の順番に入力をすることで、入力の途中でもある程度の損益が分かるようにすることが大切です。預金や現金取引から入力を始め、損益に大きな影響を及ぼす売上や仕入を後回しにするなどは愚の骨頂といえましょう。

④　勘定科目の継続性を守る

　前月にもある取引については、必ず同じ科目で処理するようにしましょう。分析する上で、使用する科目が統一されていないのは論外です。弥生のスマート取引取込やマネーフォワード、freee といった AI を使った会計処理サービス等を使用すると、使用する科目のブレを少なくすることが可能です。

⑤　必要以上に使用する勘定科目を増やさない

　④にも関係しますが、前月以前にもあった取引であるかそうでないかの確認が不足すると、新しい勘定科目を作ってしまい、処理の継続性が保てなくなります。これは親勘定科目だけでなく、補助科目の設定の場合にも、「いつまでも残高が残っていると思っていた売掛金の入金が売上で処

理されていた」などというミスにつながります。

　新規の勘定科目を作成する際には上長の承認を得るというルールを作っておくことが好ましいでしょう。

　また、できれば使用する勘定科目も限定することが望ましいといえます。例えば、売上の前受けが滅多に発生しない場合、前受金を売上に振替忘れてしまうというようなミスが生じてしまうことがあります。会計ルールではNGですが、日常的にチェックしているのが売掛金なのであれば、売掛金のマイナス残高として処理することで、前受金の振替忘れを防止することができます。

　あるいは、「仮」の支払いを仮払金、「仮」の入金を仮受金として処理することも多いと思いますが、どうせ仮なのであれば、「入金・出金にかかわらず仮払金で処理する」というルールにしてしまえば、管理する科目を減らすことができます。

　管理しなければならない項目が増えれば増えるほどミスにつながります。人間が行うことですから、ミスを前提に考えるべきです。

⑥　発生主義で処理する科目と現金主義で処理する科目を分ける

　⑤でも触れましたが、「前月発生主義で処理した売上を、翌月入金時に現金主義で再度売上処理をしてしまい、売上が二重に計上されてしまう」のはミスの中でも最悪です。これを防ぐためにも、発生主義で処理する科目と現金主義で処理する科目を分けることが大切です。

　中途半端な発生主義が一番性質（たち）が悪いといえます。二重に計上するくらいであれば、現金主義一本で処理した方がまだましです。

⑦　借方、貸方の使い方を定義して意味を持たせる

　例えば、売掛金については、次のようなルールを設けるとよいでしょう。簿記の仕訳ルールを無視することになりますが、データとして扱いやすくなります。

・売掛金の借方は、売上の発生にしか使わない

・売掛金の貸方は、売掛金の入金にしか使わない

　そして、売上取消があっても「売上／売掛金」という仕訳は使いません。マイナス仕訳であってもためらわずに使います。こうすることで、売掛金の借方をみるだけで、発生主義で計上した売上が分かるようになり、資金繰り表を作りやすくなります。

　同じように、消費税については、次のルールを設けるとよいでしょう。

・未払消費税の借方は、消費税の支払いにしか使わない

・未払消費税の貸方は、消費税の発生にしか使わない

　未払消費税の貸方をみるだけで、当期の消費税発生額が分かるようになります。

　この方法は様々な科目の管理に有効です。

■　入力の精度を定義することで品質を安定させる

　また、入力の精度も定義しておくことが大切です。経営判断に使うためには、ある程度の精度が求められますが、精度を高めようとするとそれに比例してコストが上がりますし、時間もかかります。精度・コスト・スピードのバランスが大切です。

　精度の定義としては以下のようなものが考えらえます。

① 　預金残高は重要な第三者提供資料で、よりどころとなるものなので必ず合わせる（預金振替、現金引き出し時の二重計上に注意する）

② 　売上、仕入、人件費は月初から月末分を集計したものを使う（発生主義の徹底）

③ 　①以外の間接費・固定費については、現金主義も認める。

④ 　前払家賃等の支払金額にほとんど変動がない取引は毎月の振替処理は省略する

⑤ 　減価償却費は毎月計上する

⑥ 期首残高30万円以上の前払費用については月数按分して費用計上する

⑦ リース資産はリース期間定額法により毎月償却計上する

■ 貸借対照表科目でチェックすべきポイントとは

入力が終わったら、続いてチェックに入ります。

ただ目の前にある資料を処理するだけでは、計上されるべきものが計上されていなかったり、計上されてはいけないものが計上されていたりしても気付きません。

前年、前月との比較や月次推移により俯瞰することで初めて異常値として認識されることも多々ありますから、必ず確認するようにしましょう。

月次試算表の精度も上がりますが同時に銀行からの評価を上げるためのチェックにもなります。

まずは重要なポイントをまとめると以下のとおりになります。

> ☑ 毎月計上されるべき項目が計上されているか
> ☑ 入金・支払サイトと残高が合っているか
> ☑ 急激に増減した科目はないか
> ☑ 消えるべき残高で残ってしまっているものはないか
> ☑ 原価率に大きな増減はないか

特に大きな変動は、実際の取引に変動があった場合と処理の間違いの場合があるので、この段階で内容を確認しておく必要があります。

続いて、貸借対照表から順番に確認していきましょう。

> ☑ 現金残高の実査は経理担当者に行ってもらい書類等での報告を受ける

☑ 預金通帳の残高は通帳のコピーにて確認する（定期預金、定期積金、借入れのある銀行については決算時に残高証明を請求）

☑ 受取手形は手形記入帳等のコピーより手持ちの手形残高や裏書手形を確認する

☑ 割引手形は手形割引依頼票のコピーをもらい確認する

☑ 売掛金は得意先ごとに売上高と入金サイトにより入金額・残高確認をする。また、サイトとの不一致が続く場合には、締日又は入金サイトに変更がないか確認する

☑ 月末締め以外の得意先について締め後売上が計上されているか確認する

☑ 在庫は期首、前月末、前年同月末との残高を比較し、妥当性を検証する

☑ 前渡金、立替金等は前月と同額のまま、又は金額に動きがあったかを確認する

☑ 仮払金は内容の判断できる書類をもらい処理をする。なるべく残高を残さない

☑ 有形固定資産、無形固定資産は、減価償却資産明細書と償却費、帳簿価額が科目別に一致していることを確認する

☑ 支払手形は手形帳等のコピーから残高を確認する

☑ 買掛金は支払先ごとの仕入高等と支払サイトにより支払金額・残高確認をする。また、サイトとの不一致が続く場合には、締日又は支払サイトに変更がないか確認する

☑ 月末締め以外の仕入先について締め後仕入が計上されているか確認する

☑ 短期借入金は返済明細書のコピーをもらい残高確認する。また、補助科目に更新時期を記しておく

☑ 未払金は各請求書等に記載された残高と一致しているかを確認す

る。特に、給与については発生額と支給額が一致しているか確認する
する

- ☑ 未払法人税等、未払消費税等は未納がないかを確認する
- ☑ 預り金は源泉所得税、住民税、社会保険料等の補助科目ごとに未納がないかを確認する
- ☑ 前受金、前受収益は売上等に振り替える必要があるかどうかを確認する
- ☑ 長期借入金の金融機関ごとの証書別残高を返済明細書より毎月の返済額を確認し、毎月同額が返済されているか確認する
- ☑ グループ会社間の債権債務について残高がお互いに合っているか確認する
- ☑ 決算月においては、長期滞留債権の回収可能性を確認し、再請求を促す。また、破産、民事再生等法的整理中の債権について、進行状況を確認する

　特に売上や仕入については、取引先の締日と支払サイトを事前に確認しておくようにします。また、補助科目に締日、支払サイト、発生主義科目か現金主義科目か等の情報を付加しておくと、チェックしやすくなります。

■ 売上高だけは補助科目をつけておけ！

　次に損益計算書について確認します。

　科目の継続性を維持する上でも、損益計算書にこそ補助科目を付けて管理したいところです。金額の推移などから漏れや二重計上などを防ぐことが可能になります。後ほど理由は説明いたしますが、特に「売上高」だけは、得意先等のセグメント別に補助科目を設定して管理することをお勧めします。

　なお、この段階で取引はあったが金額が分からない、又は確定していな

いために計上できない取引が判明することがあります。例えば売上・仕入金額の未確定、労働保険料や固定資産税の通知遅れなどです。この場合には仮処理として、前月又は前年と同額を計上して、その旨を報告するようにしましょう。

①　売上高、仕入高等の計上に漏れがないかを確認する

☑ ３か月以上連続で計上のある売上高、仕入高等で、その月だけ計上がない取引先について、計上漏れがないか確認する

☑ 売上高と対応関係の深い原価科目（変動費）については、売上高との関係を調べるエクセルシート（スプレッドシート）を用意し、原価率に大きな変動がないか確認する。また、大きな変動があった場合には計上漏れなどがないか確認する

	201807	201808	201809	201810	201811	201812	201901	201902	201903	201904
売上高	132,117,187	99,385,703	116,641,065	135,316,904	169,087,531	144,030,518	108,590,427	136,333,198	127,314,217	124,179,811
	132,117,187	99,385,703	116,641,065	135,316,904	169,087,531	144,030,518	108,590,427	136,333,198	127,314,217	124,179,811
[製] 材料仕入高	6,086,183	6,807,105	7,749,207	6,243,988	7,126,766	7,110,207	5,117,612	10,201,321	7,036,697	5,852,603
[製] 外注加工費	73,064,739	53,955,244	71,072,125	75,440,910	99,254,368	82,885,715	59,048,646	75,584,351	75,723,634	73,370,721
	79,690,183	61,450,315	78,821,332	81,964,159	106,640,395	90,514,444	64,212,555	85,952,340	83,500,331	79,963,312
原価率	0.6	0.62	0.68	0.61	0.63	0.63	0.59	0.63	0.66	0.64

⇓

大きな変動がないか確認

②　人件費（主に給与・賞与、社会保険料、労働保険料、福利厚生費）

☑ 役員報酬は毎月同額が計上されているか、定時改定の際の改定時期が間違っていないか確認する

☑ 給与は給与明細書の課税総額が計上されていることを確認する

☑ 社会保険料は月末が休日の場合は未払計上をする。賞与が支給された月分の社会保険料が口座から引き落とされるまで１か月以上かかるので、賞与支給月に賞与分の社会保険料を未払計上する

☑ 役員賞与については事前確定届出書と金額、支給時期が合っているか確認する

☑ 福利厚生費で給与課税されるべきものが混じっていないか確認する

③　消耗品費、修繕費、減価償却費、地代家賃

☑ 消耗品費は購入金額が 1 個で 10 万円未満のものであれば内容を確認し、資産計上の必要がないか検討する

☑ 修繕費は 1 件の支払金額が 20 万円以上であれば、資本的支出に当たらないかを確認する

☑ 減価償却費は毎月計上されているか確認する。また、期中取得した減価償却資産についてはその取得月から減価償却費が変更になるので確認する

☑ 保険料は生命保険契約の内容を確認して資産計上と費用計上になる金額を確認する

☑ 役員報酬、地代家賃、リース料等は毎月同額が計上されているか確認する。また、保証金の償却等の確認のため、契約書を確認する

※　なお、これらの補助科目名に金額情報を付加するとチェックしやすくなります。

④　その他

☑ 家事費、寄附金、交際費が適切に処理されているか確認する

☑ イレギュラーな取引、新しく始まった取引や特別損益関係については取引内容を確認する

■ 勘定科目は科目名よりも集計する目的を大切に

　ここまで試算表作成のフローとチェック項目についてお伝えしてきましたが、最後に勘定科目の使い方についてお伝えしたいと思います。

　財務諸表の表示の問題を除いては、勘定科目は経営者が分かれば何を使

っても問題ありません。また、前述のとおり、日常管理する科目は少ないほどミスを防ぐことができます。

　ただし、分けなければならないものについてはしっかり分ける必要があります。例えば、電気を使う製造業において、電気代を水道光熱費で水道代やガス代と一緒に処理したり、運輸業におけるガソリン代、高速代等を旅費交通費で通勤費などと一緒に処理したりしては、期間比較ができなくなってしまい、損益が上下したときの要因分析に使えません。

　同じように、通勤費は人件費ですから、他の旅費・交通費と一緒に処理するのではなく、人件費と分かるように処理すべきですし、採用に係る募集広告代も広告宣伝費で処理するのではなく、人件費と分かる形で処理する必要があります。

■ 経常利益は経常的な損益からだけで構成されているか

　最も大切なのは、経常利益が経常的な損益からだけで構成されているかです。イレギュラーな取引によって、経常利益が上下し、それを本来の利益と勘違いして意思決定がなされるようなことがあってはいけません。

　その意味では、安易に雑収入にイレギュラーな収入を入れてはいけませんし、たとえ売上であったとしてもイレギュラーな収入であれば、会社に報告すべきです。

　また、これと似たような論点で、費用や収益をどこまで月次で平均化すべきかという問題があります。減価償却については月次で計上すべきことは既にお伝えしましたが、賞与や年1回しか支払いのない労働保険、自動車税、固定資産税等は毎月の経費として按分すべきでしょうか？

　会社の規模からみて影響の大きい額であれば、按分してもよいと考えますが、経営におけるインパクトを実感することも大切ですので、極力、発生月に計上すべきであると考えます。ただし、退職一時金の引き当て（退職給付費用）については、就業規則上、月々の債務が確定し、支給時期や

支給額に裁量の余地がありませんし、金額的なインパクトも小さくないので、月々の人件費として処理すべきでしょう。

■ 試算表の品質を決める限界利益と変動費

　売上高1単位を得るのに、その1単位にかかる経常費用を「変動費」といい、変動費以外の売上高の増減と無関係な経費を「固定費」といいます。そして売上高と変動費の差額を限界利益といい、限界利益を売上高で除したものを「限界利益率」といいます。

　詳しい説明は経営分析の専門書に譲りたいと思いますが、**勘定科目を使う際、同じ勘定科目に変動費と固定費が混じらないように気をつけなければなりません。**

変動損益計算書

変動費…売上高に比例して増える経費

固定費…売上高の増減とは無関係な経費

限界利益＝売上高－変動費

限界利益率＝限界利益／売上高

　38頁で、「原価率に大きなブレがないかチェックするためにエクセルシートを用意する」とお伝えしました。

　経営分析を学ぶと、「利益を上げるために限界利益率を上げる」ということがいわれますが、どんな会社にも取引先があり、業界的なポジションが確立されていますから、薄利多売モデルの会社が急に高品質なものを作っても売れませんし、その逆もまた然りです。ですから、限界利益率は一般的に大きく上下することはありません。「いつも通っている寿司屋のネタが落ちたり、逆に急に値段が上がったりしたら客離れを起こす」ということを想像してみていただければ理解できるでしょう。

　実際の経営においては、限界利益率はその増減に一喜一憂するのではなくブレがないかを管理すべき項目です。

　また、限界利益率のブレの少なさが試算表の精度を左右するといっても過言ではありません。

　ですから、会計処理の際に、変動費と固定費の勘定科目を分けておかないと、限界利益率がブレたときに原因を分析することができません。

　ただし、基本的に一定とはいえ、仕入品の値上げのような変動費の単価変動があった場合には、当然、限界利益率は変わります。その際に、値上げすべきかどうか、これも経営判断ということになります。

　変動費は、一般的にその性質に着目して分類、処理することがほとんどですが、エクセルシートの「相関係数」関数（@correl）を使って簡易的に調べることも可能です。

　損益計算書の月次推移表により、横軸に時間をとり、縦軸に売上高と費用を並べて、費用ごとの相関係数を調べ、相関係数が高いもの（−１～１で表わされ、０が無関係、１に近づくほど比例、−１に近づくほど反比例する。一般的には相関係数｜0.6｜が相関係数が高いとされます）が変動費である可能性が高いといえます。

	20**年4月	20**年5月	20**年6月	20**年1月	20**年2月	20**年3月	相関係数 (correl)	
売上高	5,000,000	6,600,000	3,000,000	3,000,000	3,500,000	3,000,000		
仕入	2,000,000	2,700,000	1,300,000	1,100,000	1,500,000	1,000,000	0.98423413	` =CORREL (B2: M2, B4: M4)`
外注加工費	450,000	594,000	280,000	270,000	315,000	270,000	0.97972092	` =CORREL (B2: M2, B5: M5)`
給料手当	350,000	350,000	300,000	300,000	300,000	300,000	0.43464190	` =CORREL (B2: M2, B7: M7)`
旅費交通費	50,000	50,000	50,000	50,000	50,000	50,000	-0.54125383	` =CORREL (B2: M2, B8: M8)`
地代家賃	100,000	100,000	100,000	110,000	110,000	110,000	-0.48190330	` =CORREL (B2: M2, B9: M9)`

　また、変動費は、性質からみて売上高と比例していなければならないものですが、広告宣伝費のように経費に比例して売上高が増える経費もあり

ます。WEBアプリ業界におけるネット広告などは変動費とはいえませんが、これなくしては売上が立ちませんから、ある意味で原価の一つといえるかもしれません。用語の厳密な定義にかかわらずに、売上と関係の深い経費ついて傾向をみておく必要があります。

■ 会計基準より意思決定を優先しよう

　会計基準においては、売上は引渡基準が基本とされています。「利益を控えめに」考えるのは、会計基準が株主、債権者といった「何かあったら迷惑がかかる」第三者のために作られたものだからです。

　しかし、年に3〜4棟しか完成しない建設業やソフトウェア開発業でこれをやっていては、逆に現状を正しく表しているとはいえません。

　月次試算表においては、「いくら利益が出て、いくら使ってよいのか」を知るためにも、進行基準による売上を採用した方がよいでしょう。

　特に、利益の計上を先送りすることが意思決定に役立つことはないからです。意思決定のためには、今認識すべき利益は今認識される必要があります。また、部分完成、又は進行度合いに応じて入金がある場合には、利益はほぼ確定しているといってよいですし、経営者の感覚とも合っています。

　また、棚卸資産の中でも、特に、「仕掛かり」の評価は困難です。進捗率という要素が加味されるからです。現実的には売価還元法で評価されることが多いことを考えると、同じように進捗率を採用するのであれば、売上高に進捗率を加味して利益を可視化する方が簡単で現実的です。

　さらに、製造業においては、変動費は売上高でなく生産高（生産量）に比例します。その意味では、完成引渡しではなく、生産時点で売上を認識した方が経営管理しやすくなる場合があります。

　製造業の場合、通常は買取条件のついた発注や内示がある場合が多く、製造した時点で販売が確約されていることを考えても、あながち間違いで

はありません。製品を売価にて評価することで、生産高に応じた利益を加味することが可能になります。

　もちろん、決算書作成時には、これらについて会計基準に直して処理する必要があります。

■ 修正は遡って行おう

　データのチェックを進めるに当たり、お客様からの連絡や回答が月をまたいだり、次月になって誤りであることに気付いたりすることが当然起こります。そのようなとき、データの修正は遡って行うべきでしょうか？それとも、誤りを発見した月に行うべきでしょうか？

　月次試算表の作成において「その月の損益が合っているか」は他の何より優先されなければなりません。ですから、例えば前月の数値が間違っていたとするならば、前月を直さなければ意味がありません。前月の会計データを今月修正しても累計でみれば合いますが、先月も今月もデータとしての意味を持たなくなってしまいます。

　仮に、今期はそれでも事情が分かっているのでよいかもしれませんが、次の期になって、前年データと比較しようと思ったとき、間違ったデータと比較することになってしまいます。

　会計手続き的なことはさておき、「良いデータを作る」ことに主眼を置いた処理を行うようにしましょう。

■ 流動負債は厳密に押さえよ

　中小企業の経営上、貸借対照表上で最も大切なのが流動比率（流動資産÷流動負債）です。これが 1 を切ると黒字でも倒産します。ですから、流動比率を流動と固定の区分、特に負債については厳密に行わなければなりません。

　1 年内返済予定長期借入金を流動負債として処理するのは当然として、

割賦やリースについても同じことがいえますし、逆に期日が1年を超える手形は固定負債として処理する必要があります。

　そして、流動比率が下がっていないか、さらには流動負債に占める現預金の比率が下がっていないかに注意しましょう。

Ⅱ

お客様への報告と黒字確保のポイント

① お客様に最低限お伝えすべき、情報、報告、確認事項、提案

　繰り返しになりますが、試算表作成は経営者の意思決定のためにあります。経理担当者に報告をしても意味がありません。

　報告は必ず意思決定をする経営者に対して行うようにしましょう。

　経営者への報告においては、精度の高さもさることながら、それよりも「処理したことと、処理していないこと」をしっかりと伝えることの方が大切です。正確さとスピードはトレードオフの関係にあるので、スピードを上げて作った試算表にはどうしても積み残しが残ります。

　しかし、積み残し事項があっても、それがきちんと伝えることができれば、経営者は頭の中で補正することが可能です。積み残しがあってもその報告がある試算表より、積み残しがなくてもその報告のない試算表の方が信用されません。言い換えると、やったことの報告よりもやってないことの報告の方が大切ということになります。

　また、チェックした結果、異常があったらあったと、なかったらなかったと報告することも大切です。車検後に修理工場から、車の異常の有無を知らされなかったら不信に思うのと同じです。

■ お客様に最低限お伝えすべき５つのこと

　お客様にお伝えすべきは、次の５つに大別されます。

> ①　今月の売上、経常利益
> ②　今期の着地予想
> ③　②の場合の税額
> ④　前期との差異の大きかった科目、前月との差異が大きかった科目
> ⑤　イレギュラーな項目

　会計ソフトから印刷して説明できるのは①しかありません。②から④はどれも別に準備することが必要になります。

①　今月の売上、経常利益
②　今期の着地予想
　単月及び累計の売上、経常利益をお伝えするとともに、現在の延長線上にある売上・経常利益の期末着地予想を報告します。

　予測については、

$$（当期累計－前期累計）×12÷経過月数＋前期決算値$$

というシンプルな算式で問題ないでしょう。複雑にしたところで精度がそれほど上がるわけではありません。算定根拠が曖昧だったり不明確な方がむしろ問題です。

　また、試算表は売上の修正や経費の計上漏れなど、お客様から連絡があったり、税理士事務所側から質問を投げかけたりしたことで、作成中に新たな情報が次々と入ってくるものです。

　これらを全て待ってから処理を始めたのでは、タイムリーさが失われてしまうので、どこかの時点で一度区切って処理をしないといけません。その意味では、連絡をもらっているが未反映という事項がある場合には、そ

の事項について報告するとともに、試算表が○月○日＊＊：＊＊の会計データをもとに作成したものであるのかを記しておく必要があります。

　さらに、試算表作成後も会計データは次々と更新されていくことでしょうから、試算表作成に使用したデータはできる限り保存し、次月の試算表報告の際には、前月までの試算表データで大きく修正が入った項目があれば報告することが必要です。

【例】　売上に関する報告

	売上	経常利益
単月	7,458,660 円	3,284,628 円
	(9,236,739 円)	(2,013,854 円)
累計	14,628,326 円	15,690,066 円
	(17,898,171 円)	(－1,716,894 円)
当期末予測	121,468,615 円	26,513,664 円
	(141,087,685 円)	(6,797,904 円)

（　）内は前年同月

※当期末予測＝(当期累計－前期累計)×12÷経過月数＋前期決算値

③　②の場合の税額

　②で求めた予測の経常利益に特別損益と繰越欠損金を加味して法人税の予想税額を計算して報告します。また、期中に支払う予定である納付期限と予定納税額も合わせてお伝えします。

　消費税についても、毎月、処理の終わった月までの税額を算出して報告するとともに、その月までの消費税確定額を残月の月数倍をして予想税額を求め、報告します。

　こうしておくことで、「こんなに税金を支払うとは聞いていなかった」というクレームを防ぐことができますし、決算後の資金繰りもしやすくなります。

④　**前期との差異の大きかった科目、前月との差異が大きかった科目**

　前期や前月との差異が大きかった項目については、単月ベースと累計ベースで科目を列挙し、原因をできる限り調べておきます。

　例えば、

・売上高上昇率を上回る経費（累計）で差額が10万円／月以上のもの（差額上位3〜5件）

・前期との差額が大きな経費で差額が10万円／月以上のもの（単月、累計、差額上位3〜5件）

・前月との差額が大きな経費で差額が10万円／月以上のもの（単月、差額上位3〜5件）

のように、基準を決めておくとよいでしょう。

⑤　**イレギュラーな項目**

　④と似ていますが、月次試算表チェックで判明したイレギュラーな項目についてもお伝えしておきましょう。例えば、以下のようなものが挙げられます。

・限界利益率の大きな変動

・新たに始まった取引又は終了した取引

・急激に伸びた取引、又は小さくなった取引

・毎月あるのに今月だけなかった取引、又は毎月ないのに今月だけあった取引

・入金又は支払いがあるはずなのにない取引

■ お客様との面談には変動損益計算書とキャッシュフロー計算書の月次推移表作成が必須

　前項では、報告すべき主な事項についてお伝えしてきましたが、面談・報告の目的は「経営者に判断データを渡し意思決定につなげてもらう」ことです。

　そのために大切なのは「今期の着地予想」です。

　着地予想は「いくら投資に回せるのか」につながります。

　予想を行う上で一番大切なのは「概況」の確認です。現状及びこれからどうしたいかを聞き取ります。この際、「先入観を排除して」話に耳を傾けることが大切です。

　あくまでも会計データは、金銭価値を測ることができるものだけの情報となっていますから、会計データ以外の情報が重要となってきます。例えば、売上高の増減などがあったとしても、数量の増減なのか、単価の増減なのかは聞き取りを行わないと分かりません。

　また、臨時の売上、収入、固定費損失があったときには、それが今後も続くのか、あるいは今回限りか、あるいは年に数回あるものか等を確認する必要があります。

　例えば、次頁のような項目について、報告又は聞き取りを行うとよいでしょう。

お客様への報連相

- ☑ 概要のヒアリング
- ☑ 月次試算表による概要確認
- ☑ 決算期までの見込みと決算対策
- ☑ 中期（1年）・短期（3か月）の会社からの
  ヒアリング－税務・会計上の留意点検討
- ☑ 前回訪問時の宿題事項の確認
- ☑ 確認事項等の報告と質問
- ☑ 予定納税などのお知らせ
- ☑ 当事務所からのご提案（資金繰り、節税）▶
- ☑ お客様からの質疑応答
- ☑ 宿題事項の確認
- ☑ 次回訪問の日程調整
- ☑ （決算前月）動きのない科目の内容確認
- ☑ （決算前月）貸倒処理の提案
- ☑ （決算月）　棚卸依頼、除却資産確認
- ☑ （1か月目）役員報酬の決定

> ❶ 決算書のどこに目をつけるか
> ❶ 抱えているリスクとその対策案をどう説明すべきか
> ❶ 決算・業績等でアピールすべき点はどこか
> ❶ 評価を上げるために具体的にどのような行動をすべきか

　また、着地予想は「利益」と「資金」の両方について行う必要があります。その際の資料として有効なのが、次頁の**「変動損益計算書の月次推移表」**と**「キャッシュフロー計算書の月次推移表」**です。

変動損益計算書の月次推移表

月次変動損益計算書

○○○○○株式会社　第○○期　　7か月経過　　　　　　自 令和00年04月01日　至 令和00年10月31日
単位：千円

勘定科目	月平均 前々期	月平均 前期	月平均 当期	4月	5月	2月	3月	実績累計
売上高	26,262	28,387	30,467	27,125	31,204			213,268
売上高計	26,262	28,387	30,467	27,125	31,204			213,268
前期売上高				24,730	29,371	30,636	27,868	198,709
期首棚卸高								
仕入高	19,184	18,452	17,033	16,570	20,155			119,234
期首材料棚卸高								
材料仕入高	279	2,826	2,826	1,516	2,205			19,785
期末材料								
その他変動費	175	407	407	171	176			2,847
期末棚卸高								
変動費計	19,638	21,685	20,267	18,258	22,536			141,866
粗利益	6,624	6,702	10,200	8,867	8,668			71,403
（粗利益率）	(25.2%)	(23.6%)	(33.5%)	(32.7%)	(27.8%)			(33.5%)
前期粗利益				5,421	5,249	8,927	9,802	46,914
役員報酬	800	800	817	820	800			5,720
給料手当	1,332	1,332	1,992	1,921	2,101			13,947
賞与	556	556	556					3,895
法定福利費	244	246	227	215	215			1,592
福利厚生費	22	24	24	4	5			169
人件費計	2,954	2,958	3,618	2,960	3,121			25,324
荷造運賃	416	419	420	341	339			2,941
交際費	64	73	86	73	95			601
旅費交通費	185	185	163	134	140			1,142
通信費	117	147	149	75	174			1,041
消耗品費	40	49	54	77	45			381
事務用品費	9	12	13	16				93
修繕費	30	30	29	133				201
水道光熱費	319	144	143	107	135			1,003
支払手数料	50	54	50	50	51			351
車両費	110	110	110	84	85			769
地代家賃	550	535	535	535	535			3,747
リース料	17	17	17	17	17			117
保険料	23	46	46	46	46			322
租税公課	25	25	27	140	25			186
減価償却費	336							
雑収入								
消耗工具費	6	6	6					45
賃借	43	43	43	43	43			298
期首仕掛品								
その他経費								
経費計	2,338	1,896	1,891	1,869	1,730			13,239
支払利息	95	35	21	25	22			150
割引料	1							
受取利息	△	△1	△1					△5
受取配当金	△	△	△1		△1			△1
金利計	96	34	21	25	21			144
採用教育費								
広告宣伝費	54	599	530					3,713
戦略費計	54	599	530					3,713
固定費計	5,442	5,486	6,060	4,855	4,872			42,420
経常利益	1,182	1,216	4,140	4,012	3,796			28,983
前期経常利益				1,435	867	3,857	5,100	8,510

会計データは月次推移で流れをつかむことが重要です。単月の試算表を
もってして、経営が良くなっているのか、あるいは悪くなっているのかを
評価することは不可能です。経営を見直す上でも過去のデータをベンチマ

ークとすることは非常に重要ですし、データ自体の信ぴょう性を測る上で
も、過去の傾向をみるのが一番的確です。

　また、月次においても、会計データは損益計算書ではなく、変動費と固
定費の区分に分けた変動損益計算書から検討します。限界利益率や固定費
に大きな変動はないかを経営者と確認しながら、今月の損益がどうなりそ
うか、次月以降の見込みはどうかなどを確認しつつ、着地を探ります。

　次頁のキャッシュフロー計算書においては、特に、借入金の毎月の借入
返済額とその増減を確認しながら、このまま返済が進んだ場合の資金残高
について確認します。

月次キャッシュフロー計算書

○○○○○株式会社　第00期

自　令和00年04月01日　至　令和00年10月31日
7か月経過
単位：千円

キャッシュフロー項目			4月	5月	6月	…	3月	合計
営業キャッシュフロー	非資金項目の調整	税引前当期純利益	4,012	3,796	2,544			28,983
		減価償却費						
		引当金増減額						
		受取利息・受取配当金		△1				△6
		支払利息	25	22	21			150
		有価証券売却損益						
		固定資産売却損益						
		固定資産除却損						
		その他非資金項目の増減						
	運転資金等の増減	売上債権の増減額	△7,882	△6,411	△5,440			△19,839
		棚卸資産の増減額						
		その他資産の増減額	△166	10	10			△107
		仕入債務の増減額	△209	4,233	1,796			△1,459
		割引手形・裏書手形の増減						
		未払金・未払費用の増減						
		未払法人税等の増減						
		未払消費税等の増減	435	△1,819	256			324
		その他負債の増減	219	219	219			680
		役員賞与の支払額						
		（　小　計　）	△3,566	48	△644			8,727
	営業外	利息及び配当金の受取額		1				6
		利息の支払額	△25	△22	△21			△150
		法人税等の支払額		△1,900				△1,902
		合　計	△3,591	△1,873	△666			6,682
投資キャッシュフロー	収入	定期預金等の払戻						
		固定資産等の売却						
		有価証券売却による収入						
		保険積立金による収入						
		貸付金の回収による収入						
		その他投資等の収入						
	支出	定期預金等の預入						△2
		固定資産等の取得						
		有価証券取得による支出						
		保険積立金による支出						
		貸付金による支出						
		その他投資等の支出						
		合　計						△2
		フリー・キャッシュフロー	△3,591	△1,873	△666			6,680
財務キャッシュフロー	収入	短期借入れによる収入	1,000		500			1,500
		長期借入れによる収入						
		株式発行による収入						
		その他財務活動による収入						
	支出	短期借入金の返済による支出						△500
		長期借入金の返済による支出	△442	△442	△443			△3,101
		配当金の支払額						
		その他財務活動による支出						
		合　計	558	△442	57			△2,101
換　算　差　額								
預金及び現金同等物の増加額			△3,032	△2,315	△608			4,578
現金・現金同等物の繰越残			103,701	100,669	98,353			103,701
現金・現金同等物の末残高			100,669	98,353	97,745			108,280

　営業キャッシュフローは月々の変動があるので、単月の増減に一喜一憂する必要はありませんが、後述するように、運転資金増加に伴う資金減が発生しているようであれば、追加で融資を受ける必要が生じますので、半年毎に一度は傾向を確認するようにしましょう。また、**法人税・消費税・**

源泉所得税のみならず、自動車税・固定資産税、さらには、労働保険のように、平常月よりも支出が多く見込まれる支出について、何月に資金が必要になるのか押さえ、納付等に備えるようにしたいところです。

■ お客様がイメージを膨らませるための補足資料

また、これらの補足資料として、視覚をもって直感的に理解できるようなグラフなども準備しておくとよいでしょう。

例えば、次のグラフなどを用意して、3期程度の増減を確認するとよいでしょう。

・売上、粗利、経常利益の3期比較棒グラフ
・売上、経常利益の移動年計グラフ

■ 投資に回せるのはいくらかはこうして計算する

最後に、いくら投資に回せるのかについてお伝えしたいと思います。

経営者との面談においてこれを検討することは、非常に重要です。

経営者の最大の関心事は「いま、いくら使って良いのか」にあるといっても過言ではないでしょう。

投資といっても、教育費のように目に見えないもの、広告宣伝費のように効果の測定できるもの、接待交際費のように効果を測ることが難しいもの、設備投資のように形に残るもの、あるいは、新店の出店などのように様々なものがあります。

まずは、回収予定がみえやすい投資から検討しましょう。

例えば、賃貸で借りていた店舗を買い上げて自社所有とする場合などです。この場合は、全額融資を受けられることが条件となりますが、その購入資産の減価償却費（及び保険や固定資産税等の維持費）が現在の賃貸料を下回っていれば、資金的にも損益的にも問題ありません。

ただし、これらの投資によって売上増が見込まれる場合には、その増加

運転資金の確保についても考えておくことが必要になります。

回収予定のみえやすい投資（設備投資）

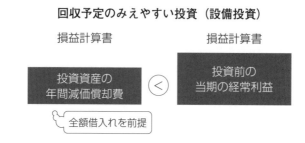

続いて、研究開発費、広告宣伝費、接待交際費、人件費のように形に残りにくいものに対していくらまで投資してよいかを考えてみましょう。これらの特徴は「回収予定を予想しにくい」という点にあります。

これらについては、基本的に、回収できなくても会社が傾かないところまでしか投資できませんから、余りそうな（余った）資金と投資前の経常利益を比べてどちらか低い方が限度となります。

余りそうな資金は営業キャッシュフローと1年内の融資返済額の差額となります。つまり、返済額が営業キャッシュフローを上回っているうちは、こういった投資をする余裕はないということです。お金を借りてギャンブルに興ずるのと同じことになります。

回収予定が決まっていない投資（研究開発・広告宣伝）

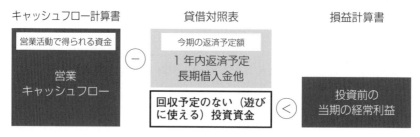

■ 税務署、銀行がどこに目をつけそうかを伝えておこう

また、経営者との面談では、税務署や銀行が現在の試算表又は決算書でどこに目をつけそうかなどを伝えておくとよいでしょう。会社にとって良いこともあるでしょうし、悪いこともあると思います。

税務上のリスクなどは他書にお任せするとして、銀行が試算表をとりにきたときにアピールしておくべきことを伝えておきましょう。例えば、前期よりも利益が出ているようであれば、「利益を背景にもっと強気に出てもよい」と、伝えておくだけで、経営者は銀行に対して交渉前のジャブを打っておくことが可能になります。

また、65頁の❸でお伝えするネガティブな状態は、決算までに解消できるようであれば、解消を促しておくとよいでしょう。

■ 次の一手を経営者と導き出そう

月次試算表が精緻化されると推移表を統計的に解析することも可能になります。

変動損益計算書や相関係数（@correl）を使い、そのシミュレーション結果を伝えることで、経営者が自ら、「まず現状できることは何か？」「何から改善できるか、又は、できそうか？」に気付いて行動できるよう、会計・税務と合わせて提案できるとよいでしょう。

例えば、以下のようなものが考えられます。

・目標経常利益を達成するための売上

・不採算先への販売単価の見直しによる利益への影響額

・粗利益率を変えずに売上を増やした場合の影響額

・人員増により売上アップを図った場合の採算ライン

・広告宣伝費増加に伴なう売上増加の効果

・設備投資や店舗移転をした場合の売上増加見込みと利益の関係とイニシャルコストの予想回収期間

・仕入又は外注単価の減額による利益への影響額

・仕入量の増加による仕入単価引下げの利益への影響

・在庫管理の徹底による二重仕入減少の利益への影響

・削減しても売上高に影響ない固定費

② 経常利益は絶対に黒字に

　会社が生き残っていくための2要件は、「利益を出し続けること」と「資金を切らさないこと」です。

　ここでは、まず利益を出し続けることについてお伝えしていきます。資金を切らさないことについては、第3章以降の銀行融資を絡めたところでお伝えします。

会社が生き残っていくための2要件

利益を 出し続ける	資金を 切らさない

　経営者と面談することによって、現時点の利益を正しく認識してもらい、目標の利益に達していないようであれば、新商品、新市場等の開発・開拓、あるいは既存顧客を深掘りする等の営業努力を促すことが必要です。

　しかし、売上というのは他人あってのことですし、景気動向などにも左右されますから、自社の努力だけではどうにもならないことも多いと思います。ですから、会社の業績は一定を保つことは難しく、波があるのは当然といえます。

　一方で、企業努力とは別に会計戦略上で黒字を維持するための「基本的な決算方針」というものも存在します。まずは、これからお伝えする方針に従って、できる限り黒字を保てるようにすることが大切です。

　決算数値は結果ではなく作るものです。もちろん、作るといっても粉飾ではありません。

　基本的な決算方針を一言で表すと「費用を先取りする」というだけのことです。

　費用を先取りすることで、次期以降の利益を確保します。

　基本的には毎年一定の利益を確保したいところですが、次期以降には不確定要素が多いため、黒字が確保できる保証はありません。ですから、**赤字のときも黒字のときも常に費用を先取りすることを基本に処理します。**

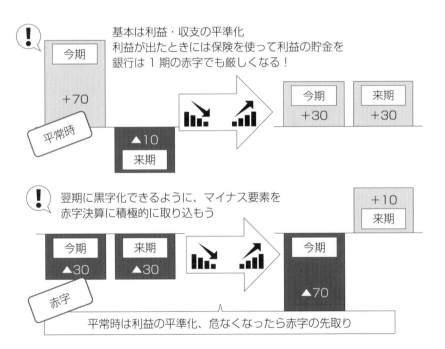

例えば上図のように、当期がプラス70、来期の見込みがマイナス10であれば、来期に発生する費用の40を当期に取り込むことで、今期も来期

も 30 の黒字を確保することが可能となります。

　あるいは、今期も来期もマイナス 30 と、マイナスが 2 期連続となりそうな場合でも、来期に発生する費用の 40 を当期に取り込むことで、今期マイナス 70 になっても、来期はプラス 10 の黒字を確保することが可能となります。

　下り坂の将来では前向きな意思決定を導きにくいですし、役員や従業員、あるいは金融機関にも説明しにくくなります。

　費用の前倒しには次のような方法が考えられます。

・月払い経費（保険料、地代家賃等）を契約変更により年払いに変更する
・特別償却を実施する
・30 万円未満の少額減価償却資産を全額償却する
・定期的な修繕を前倒し実施する
・定期的に一定量を消費する備品・消耗品を多めに買っておく
・政策的な先行投資をする
・不良在庫を決算までに売却
・不良債権を貸倒損失として計上する

　また、費用の前倒しではありませんが、「売上高の計上時期を後ずらし」することも大切です。もちろん、税務上問題になるようなことをしてはいけませんが、受注や引渡しの時期等を後ろに調整できるのであれば調整します。

　経費の前倒し、売上の後ずらしともに、税務的な問題が懸念されるようであれば、申告調整を積極的に活用することも一つです。

■ 確保すべき利益の大きさは？

　それでは、費用を先取りした結果として、どれくらい利益を確保したらよいでしょうか？　私たち資産調達相談士協会では「借入総額の 1% 程度の法人税を支払うくらいが丁度よい。つまり、税率を約 30% と考えて、3% 程度の経常利益を確保しましょう」とアドバイスしています。つ

まり、法人税を金融費用の一つと考えるわけです。例えば、借入総額が1億円であれば100万円程度法人税を支払う。法人税率を30%とすれば、約300万円程度の経常利益を計上することをお勧めしています。

　これ以上利益が出そうであれば先送りを考えるということを一つの目安と考えています。

■ 残念な経営は○○の設定間違いから始まる

　しかし、これも事前に対策が打てることが前提となります。費用を先取りしすぎて赤字になっては元も子もないからです。つまり、「当期の見込みが立てやすい」ということが条件となるわけです。

　しかし、どんなに試算表の精度を高めても将来の利益の予想はつけにくいものです。

　利益の予想がつけにくいから、投資をしにくいし、粉飾や脱税を考えたくなってしまうのです。

　利益の予想ができれば対策も打てるというものです。

　利益が出過ぎそうならば、何か買うとか節税をするとか、無理のない範囲で売上を先延ばしすればよいわけです。

　逆に、損失になりそうであれば、賞与をはじめとした経費を抑えるとか、保険解約益を計上するとか、無理のない範囲で売上を前倒しできるように進捗を早めるといったことをすればよいわけです。

　そもそも売上の増減などは景気に左右されやすく、不確実なものですし、これからもますますその不確実性は大きくなっていくことでしょう。しかし、会社が自らその予想をつけづらくしてしまっていることがあります。それは何でしょうか？

　それは会計期間、つまり決算月の設定です。**会計期間の設定を間違える**

と、利益が予想しにくくなり、その結果、利益を確保しにくくなるのです。

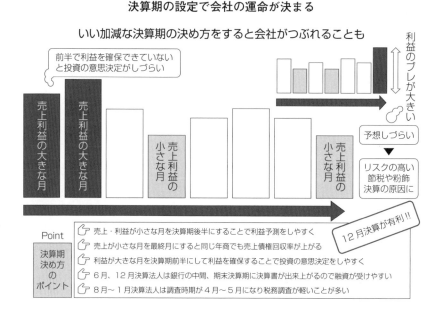

決算期の設定で会社の運命が決まる

いい加減な決算期の決め方をすると会社がつぶれることも

前半で利益を確保できていないと投資の意思決定がしづらい

売上利益の大きな月

売上利益の大きな月

売上利益の小さな月

売上利益の小さな月

利益のブレが大きい

予想しづらい

リスクの高い節税や粉飾決算の原因に

12月決算が有利!!

Point

決算期決め方のポイント

- 売上・利益が小さな月を決算期後半にすることで利益予測をしやすく
- 売上が小さな月を最終月にすると同じ年商でも売上債権回収率が上がる
- 利益が大きな月を決算期前半にして利益を確保することで投資の意思決定をしやすく
- 6 月、12 月決算法人は銀行の中間、期末決算期に決算書が出来上がるので融資が受けやすい
- 8 月～ 1 月決算法人は調査時期が 4 月～ 5 月になり税務調査が軽いことが多い

　例えば、会計期間の前半が赤字で、終盤にならないと利益が出ないような設定であったらどうでしょうか？

　いくら短期計画をしっかり立てても、足元の利益を確保できていない状態では、本当の意味で思い切った意思決定、すなわち投資の決断をするのは難しいものです。

　さらに、会計期間の最終月に一番大きな売上が上がる月がくるような設定であったらどうでしょうか？　一番大きな売上が上がるということは、年によって一番大きなブレの月が一番最後にくることになります。

　例えば、2,000 万円の ± 20% は 800 万円ですが、5,000 万円の ± 20% は 2,000 万円です。決算期の最後に 2,000 万円の月がくるよりは 5,000 万円の

月がきた方が予測は立てにくくなります。最終月の売上高が最高5,000万円の会社でブレ幅が2,000万円もあったときには、最後の最後まで赤字か黒字か分からなくなってしまいます。だから無理な節税や粉飾に手を出さざるを得なくなるわけです。

　会計期間の設定とはそれほど大切なものなのです。

　伸び続ける会社からは無理なお願いをされない理由、そしてその共通点は会計期間の設定にあります。

　会計期間の前半に売上の大きな月、また、利益の大きな月を持ってきて、ブレが大きくても後半で対策を打てるように、投資に回せる利益の見通しをつけられるようにすることが大切です。そして、会計期間の後半にできるだけ売上が小さくブレが少ない月を持ってくることで、期末における利益の予想を立てやすくしましょう。

　そうすることで、投資意欲を維持しつつ、計画的な経営ができるので、利益を確保しつつ、無理な節税や粉飾といったことを考えずに済むようになります。

　できれば、前半で利益を確保できることが分かったら、後半は（税務的に）無理のない範囲で経費を先取りしたり、翌期に回せる売上を翌期に回したりしましょう。こうすることで、翌期もまたスタートダッシュができるようになり、投資の意思決定において心理的に大きな支えを得ることができます。

　もちろんこれは、精度の高い試算表で利益が出ているかどうかを月々確認できていること、そして投資に回せる資金的な裏付けがあることが前提になります。利益の確証、手元の利益、資金の確保が意思決定に欠くことのできない要素になります。

■　会計期間を考える上での3つの要素

　では、最後に、多くの会社に見られる、8月と12・1月、いわゆる盆・

　暮れに売上が低くなり、年度末の３月に売上が一番高くなる業種における
「理想の会計期間の設定」について考えてみたいと思います。

　先ほどお伝えしたことを踏まえると、決算月は３月の直前である２月、
つまり、会計期間は３月１日〜２月28日が良いということになります。

　ではさらに、税務の視点と、銀行融資の視点を加味してみたいと思いま
す。

　税務においては事務年度が７月に始まり６月で終わります。

　税務調査は９月から11月が最盛期となり、12月から３月は年末調整と
確定申告で、まったく調査がないとはいいませんが、９月から11月ほど
ではなくなります。そして、４月から５月が春の調査の最盛期となり、６
月着手は珍しいといえましょう。

　９月から11月の調査と４月から５月の調査では、期間的には事務年度
の前半の調査、すなわち９月から11月の方が長期で臨むことができ、４
月から５月は事務年度の終わりがみえているので、長期化が見込まれるも
のは着手しにくいといえましょう。

　また、税務調査中に会計期間が終わってしまうと、処理を決算に折り込
む・折り込まないといった問題が発生するので、３月から８月決算の会社
が９月から11月に、９月から２月決算の会社が４月から５月に税務調査
着手となることが多いようです。

　税務の視点からは、決算月、つまり会計期間の終わりは９月から２月に
設定した方がよいということになります。

　続いて、銀行融資の観点からみてみましょう。

　銀行業務は９月の中間決算と３月の決算が節目となっています。

　この９月と３月は、融資ノルマも上がるので、金利や融資の条件も会社
にとって有利なものが提示されることが多いようです。

　ところで、融資に際して「試算表を用意してください」と言われることがあると思います。それはなぜでしょうか？

　答えは簡単で、決算月から時間が経ってしまっているからです。

　決算月から３か月以上経つと試算表を求められることが多いようです。

　では、決算書と試算表ではどちらの信頼性が高いでしょうか？

　それは決算書です。

　つまり、９月と３月に申込みができるように、８月か２月に決算書を銀行に手渡せる状態がベストということになります。

　したがって、銀行融資の視点では、決算月は６、12月決算あたりがよいということがいえます。

　以上から、売上の大小、税務調査、銀行融資、この３つを加味したベストの決算月は11月又は12月、すなわち「12月から翌年11月」又は「１月から12月」という会計期間が導き出されます。

❸ 決算前に清算しておきたい「仮払金」「貸付金」「ノンバンクからの借入れ」

　決算書に載っていると銀行が嫌がる勘定科目があります。科目の振替だけで済むものもありますが、現預金を動かさなければ精算できないものもあります。期末までの月次の段階で次の勘定科目はできる限り整理しておくことが重要です。

■ 「仮払金」は決算書に残さない

　仮払金はなぜ計上されるのでしょうか？

　大きくは２つのパターンが想定されます。「何に使ったか使途が不明な仮払い」と「使途は分かるが処理が分からない仮払い」です。まず、何に

使ったか使途が不明では仕方がありませんので、調査してもらい、その使途を判明する必要があることは言うまでもありません。

　また、「資産を購入するための仮払い」か、「経費を支払うための仮払い」のように使途が分かるものであれば、その処理をしておきたいところです。

　資産を購入するための前払いであれば、「前払金」勘定又は「建設仮勘定」を使うようにしましょう。全額支払済みの場合で、決算までに事業に使用しているなら、固定資産科目に振り替えた上で、減価償却費を計上します。

　また、社員が経費精算を忘れている場合もあります。決算期末までに調査し、返金や振替処理をするようにしましょう。

　実態のないものを「仮払金」として資産に計上するずさんな処理は、決算書の信用を落とすことになります。

■　「貸付金」は決算書に絶対残さない

　社長や同族会社等に対する貸付金を決算書にそのまま残してはいけません。これらに対する貸付金は通常「ある時払いの催促なし」だからです。つまり、銀行にしてみれば不良債権ということになります。銀行では貸借対照表の純資産から社長親族等の貸付金をマイナスして実質の純資産額を算定することになります。その結果純資産が小さくなってしまい、融資が受けにくくなってしまうのです。

　さらに、会社と個人を区別する認識が甘いととられ、銀行からの評価が低下します。

　また、その資金の全部又は一部を社長や同族会社に貸し付けているということは、銀行からの融資を迂回して、社長や同族会社に貸し付けたと受け取られかねません。

　役員貸付金、役員仮払金は決算までには０円にできるように精算することをお勧めします。

　全額回収できない場合は、回収不能債権として扱われないように、金銭消費賃借契約書や返済計画書を作成して返済を受け、残高が減っていることを説明できるようにしましょう。また、そのためにも、最低限、残高は期末の方が期首より小さくなるよう、月次の打合せでアドバイスしておきましょう。

■ ノンバンクからの借入れを残さない

　会社であれば、よほど資金繰りに困らない限りはノンバンクから融資を受けることはないでしょう。しかし、審査が緩いからと中には安直に手を出してしまうことがあるようです。

　ただし、**決算書に「ノンバンク」からの**（銀行系ノンバンクのリース取引や割賦取引を除く）**融資があると、銀行からの融資が厳しくなります。**「他の銀行が貸さなかったからノンバンクから借りざるを得なかったのだろう」と、考えるためです。
　事業年度中の一時的な資金繰りとして使うのであればしかたありませんが、決算までには返済する必要があります。
　他から借りてでも、決算書にノンバンクからの借入れが残らないよう注意してください。

■ 税金や社会保険料の納付漏れに注意

　税金や社会保険料関係の滞納は、融資の評価に響きます。取り立ての厳しい税金関係を滞納するということは、銀行の返済もきっと後回しにすると考えるからです。
　また、源泉所得税を毎月納付している会社は、決算で残高は０円又は１か月分が残り、納期の特例を選択している会社では最高半年分が残ることになります。通常の支払サイクルどおりであれば何ら問題ありませんが、社会保険労務士、司法書士に対する源泉所得税が後から判明することもあ

ります。小まめにチェックして、なるべく決算期末に残さないよう注意し
ましょう。

Ⅲ

融資を受けるために決算書は
こう組み立てる！

　ここまで、月次試算表の作成、報告、運用上の注意点などをお伝えしてきました。決算になってから慌てて何かするということではなく、期中において、問題を抽出し解決していくことが基本となります。

　基本的には、経営に役立つ試算表をもとに作成された決算書は、銀行も喜ぶ融資の受けやすい決算書となります。

　ここからは、融資を受けやすくするための「経常黒字の死守」「中小企業の会計に関する基本要領の適用」「一年内返済予定長期借入金とキャッシュフロー計算書の計算」といった決算書の表示についてお伝えします。

　また、最後に節税についてのスタンスについても触れたいと思います。

❶　経常黒字を死守せよ

■　経常黒字確保のためのチェックポイント

　まず大前提は、「経常黒字の確保」です。

　経常利益の黒字は銀行交渉の条件の一つになりますし、黒字でないとプロパー融資（信用保証協会の保証をつけない融資、後ほど詳しくお伝えします）を受けることが難しくなります。

　これまでお伝えしてきた方法によって、経費の調整や決算月を見直すことにより、コンスタントに黒字を出せるようにしましょう。

　しかし、もう少し丁寧に処理すれば経常利益を確保できたのに、処理が雑なために赤字となってしまっていたケースをこれまで数多くみてきまし

た。例えば、以下のようなケースです。

①　特別な経費が販売費及び一般管理費や製造原価で処理されているケース

　臨時又は巨額な経費が販売費及び一般管理費や製造原価で処理されているケースを見受けます。例えば、**本店移転に伴う経費**や、**本店の社屋建築に関わる租税公課**、あるいは、**大規模修繕費**、少人数な会社の滅多に出ない**退職者に支出した退職金**、**特別（臨時）償却費**、**臨時巨額の貸倒損失（あるいは貸倒引当金繰入）**等などです。これらについては、特別損失で処理するようにしましょう。

　前年対比や前月対比により、製造原価が製品の付加価値を構成するものだけになっているか、販売費及び一般管理費が経常的に発生する費用だけになっているかを確認することでこれらが浮かび上がってきます。

②　営業外収益に対応する費用が販売費及び一般管理費や製造原価で処理されているケース

　例えば、従業員から徴収する社宅家賃や関連会社への賃貸料収入が営業外収益として処理されているのであれば、それに関わる支払家賃、減価償却費、租税公課等が、販売費及び一般管理費や製造原価で処理されていることはないでしょうか？

　また、細かいようですが、融資に関わる手数料や印紙代が販売費及び一般管理費で処理されているケースも多く見受けます。これらは営業外費用で処理すべきです。

　さらに、外注業者から安全管理費等の名目で徴収するリベートは、外注費の値引きですから、原価からマイナスすべきですが、これが営業外収入になっていることはないでしょうか？

　収益が営業外で処理されているのに、その費用が販売費及び一般管理費や製造原価で処理されていると、営業利益が本来より小さくなってしまいます。

　例えば、コロナ特例で支給されていた雇用調整助成金が雑収入で処理されているケースが散見されましたが、これは助成金の立替払いですから、製造原価や販売費及び一般管理費のマイナスとして処理すべきでした。

　このような取引の処理を見直すことにより、正当に営業利益をより大きくみせることができるようになります。

③　営業外収益が大きく、営業赤字、経常黒字になっているケース

　営業外収益についても大きなものについては、会社の定款に定めた事業目的を見直しましょう。こうすることで「売上高」として処理することが可能になるので検討してみるとよいでしょう。

② 決算書の表示におけるチェックポイント

■ 会計ルールに則った処理のアドバイスも税理士事務所の責任

　お客様は、「税理士事務所に頼んだのだから、当然会計ルールに則った処理をしてくれている」と思っているに違いありません。

　税務上問題ないからといって、会計ルールから逸脱した処理をしていて、銀行から指摘を受けるようでは問題です。

　また、「中小企業の会計に関する基本要領」の適用に関するチェックリストを添付することで、日本政策金融公庫では利率が低くなる制度や信用保証協会の保証料が割り引かれる制度がありますが、このためにお客様からチェックリストの作成を依頼されることもあるでしょう。そのときにあまりにも「NO」の項目が多いというのも問題です。

　会計基準を全て準拠することは難しくとも、最低限度、「中小企業の会計に関する基本要領」を適用した処理をしたいところです。

　以下は「中小企業の会計に関する基本要領」の適用と同要領の適用に関するチェックリストのチェックの際のポイントになります。

①　商品、製品等売上高は出荷基準、引渡基準、検収基準により毎期継続

して計上する。

② 　売上原価は上記の実現した売上高に対応した仕入原価を計上する。

③ 　販売費及び一般管理費は売上原価以外の費用として発生主義により計
上する。

④ 　資産は原則として取得価額（購入金額等）で計上する。

⑤ 　負債は原則として債務額（将来の支払金額）で計上する。

　上記①〜⑤を大原則として、各 No. の勘定項目等で該当しないものは
「無」に○をします。

　各 No. の勘定項目等で該当するものは原則「YES」に○印がつくように
確認し、処理をするようにしましょう。また、「NO」に○印をつけた項
目は「所見」欄にその理由等を記載する必要があります。

■ ここを注意すると決算書がグッと引き締まる

① 　株主借入金、役員借入金、資本性借入金

　「中小企業の会計に関する基本要領」にはありませんが、実質的に返済
されていない株主借入金、役員借入金があれば、株主長期借入金、役員長
期借入金、資本性借入金として固定負債に独立表示するようにしましょ
う。金融機関が評価する際に資本とみなしてくれます。

② 　1 年以内返済予定長期借入金

　証書貸付で決算後 1 年以内に返済される借入金額のことを「1 年以内返
済予定長期借入金」といいますが、その金額は流動負債に計上しておきま
しょう。**翌期の返済額が一目で分かるので便利です。**

　なお、借入れごとに補助科目を設定し、補助科目名を「銀行名＋月々の
元金返済額」としておくと、元金返済額×12 と期末残高のいずれか小さ
い方がその額となりますので、計算が楽になります。

③　キャッシュフロー計算書をつけよう

キャッシュフロー計算書の作成は中小企業には強制されていませんが、作成しないと、正しい情報が伝わりません。

また、後ほど詳しく説明しますが、キャッシュフロー計算書を作成しておくことで、**当期にいくら借りれば手元資金が減らないか**を簡単に求めることができるようになります。

会計ソフトに付属されているキャッシュフロー計算書を使用して作成できれば簡単ですが、キャッシュフロー計算書の設定や仕訳処理が適切でないとうまく計算できません。

ここで、2期分の決算書を使ってキャッシュフロー計算書を作成するための方法を説明しておきます。

簡単にいうと、負債・資本の増加額から資産の増加額を引いたものが現金の増加額になります。この性質を利用し、基本的には貸借対照表を2期並べて、現金以外の資産については増加額をキャッシュフローの減少額、負債・資本については増加額をキャッシュフローの増加額とします。

ただし、これだけですと、投資キャッシュフローと財務キャッシュフローが正しく表現できません。投資キャッシュフローを計算するために、減価償却費と固定資産売却損益を加味し、借入金の増減については、決算書だけでなく、試算表の借方、貸方の数字を使って収入と支出に分けて表示できるようにします。

特に、リース債務や割賦債務など、借入金以外で財務キャッシュフローとして扱われるものについて加味し忘れないようにしましょう。

簡単なサンプルを次頁に掲げましたので、計算構造を確認してみてください。

	当期決算書①	前期決算書②	①-②	キャッシュフロー計算書		加減	区分
貸借対照表							
現預金	185	160	25	25	現預金増減額		現預金増減額
				▲160	期首現預金		期首現預金
				185	期末現預金		期末現預金
売掛金	170	150	20	-20	売上債権増減額	-	営業
棚卸資産	60	50	10	-10	棚卸資産増減額	-	営業
その他流動資産	150	160	-10	10	その他資産増減額	-	営業
貸倒引当金	-15	-10	-5	5	貸倒引当金増減額	+	営業
固定資産	140	70	70				
固定資産（借方）	100			-100	固定資産購入額	-	投資
固定資産（貸方）	30			30	固定資産売却収入	+	投資
減価償却累計額	-50	-30	-20	20	固定資産売却収入	-	投資
投資等	60	60	0	0	その他資産増減額	-	営業
資産計	700	610	90				
買掛金	130	120	10	10	仕入債務増減額	+	営業
未払法人税等	15	10	5	5	法人税等	+	営業
未払消費税等	90	80	10	10	未払消費税等増減額	+	営業
短期借入金	30	30	0	0	短期借入金増減額	+	財務
その他流動負債	10	20	-10	-10	その他負債増減額	+	営業
長期借入金	150	100	50				
長期借入金（借方）	50		50	-50	長期借入金返済支出	-	財務
長期借入金（貸方）	100		100	100	長期借入金借入収入	+	財務
資本金	100	100	0	0			
未処分利益	175	150	25				
負債・資本計	700	610	90				
損益計算書							
減価償却費	20	-		20	減価償却費	+	営業
				-20	固定資産売却収入	-	投資
固定資産売却益		-		0	固定資産売却益	-	営業
				0	固定資産売却収入	+	投資
固定資産除売却損	5			5	固定資産除売却損	+	営業
				-5	固定資産売却収入	-	投資
税引前当期純利益	40	-		40	税引前当期純利益		営業
法人税等	15	-		-15	法人税等	-	営業

③　利益と節税〜結局○○税が一番お得

　最後に、決算と節税についてお伝えしたいと思います。

■　保険による節税は実質○○になってから

　令和元年の保険通達改正により節税効果が限定されましたので、今後は保険を節税に使うことはほとんどないかもしれません。

　ただし、今後も養老保険については、全従業員加入等の一定の要件を満たせば、保険料の2分の1を損金とすることができます。養老保険を使って従業員の退職金準備に充てるということは従来から行われてきました。しかし、これについても、現在のように法人税率が低率である場合には、社外に流出してしまう資金、節税額、社外キャッシュアウトする保険料を比べると効果は限定されていることが分かります。

　実質無借金会社でないのであれば、資金を減らし、それを補うために借りてまで節税する意味があるのかは疑問です。退職給付会計及び税効果会計により、引当処理をすることで退職に備えつつ、社内に資金をとどめておくこともできるので、実質無借金以外の会社ではこうすべきです。

　資金流出を伴う節税は実質無借金になってから行うようにしましょう。

■　役員報酬増額による節税

　また、役員報酬を増額して会社の法人税を引き下げる方法もあります。しかし、役員報酬には個人所得税、住民税、社会保険料、さらに、社会保険料には会社負担分がかかりますから、基本的には法人税等の方が支払いは少なくなります。

　さらに、保険料の支払いや役員報酬の増額については、どちらもこれを理由とした融資を受けることはできませんので、どちらも手元資金が減ってしまうという問題があるので注意しましょう。

■ 安全かつ効率的に簿外預金を作る経営セーフティ共済

　一方、経営セーフティ共済は40か月以上の継続で、解約しても掛け金が全額返戻される上、掛け金の増減も柔軟にできますから、手元流動性を確保することが可能です。

　さらに、貸借対照表に資産計上した上で、法人税の申告調整による損金算入が認められていますから、損益を傷めずに節税効果だけを享受できる面でも優れています。

　ただし、掛け金の上限が月20万円と限定されている上に、最大800万円までしか積み立てることができないので、大きな節税を期待したい会社にとっては物足りないかもしれません。

■ 税額控除、特別償却、準備金方式を上手に使いこなすには

　費用の前倒しという観点からは、特別償却はもっとも好ましいといえます。ただし、会計上は準備金方式の方が望ましいとされていますので、どちらを採用するかは検討が必要になります。

　準備金方式を採用した場合においても、会計上の利益を確保しつつ節税メリットだけを享受できるのは非常に魅力的です。さらに、特別償却か準備金方式かは、決算上の利益をみてから申告の段階で選ぶことができるので、利益確保の観点からも優れています。

　また、特別償却の対象となる資産の取得に関しては銀行からの融資が受けやすいので、手元資金を減らさずに節税できるという面でも優れています。

　ところで、特別償却が認められている資産の取得については、そのほとんどが税額控除との選択制となっています。税の軽減効果だけをみれば、税額控除を選択すべきところですが、それを差し引いても費用の前倒し効果は魅力的です。できる限り、賃上げ税制などの資産の取得にかかわらない税制で税額控除の枠をいっぱいまで使い、資産の取得に係るものについては、特別償却を選択するようにしたいところです。

すぐできて効果バツグン！財務改善ポイント

- ☑ 試算表で把握した経営成績は経営者に直接報告・確認しよう
- ☑ 試算表作成でも、売上・原価・人件費は月末締めを徹底しよう
- ☑ 金額の大きな、または、数量（単価）の月内の変動の大きな在庫だけでも毎月（帳簿）棚卸してもらう
- ☑ 売上計上基準を経営者、社員と共有しよう
- ☑ 売上に補助科目をつけよう
- ☑ 経営者への試算表報告時に処理の積み残しを報告しよう
- ☑ （当月累計－前月累計）×12÷経過月数＋前期決算値で予測して、毎月納税額を伝えよう
- ☑ いまいくら使って良いのかを伝えよう
- ☑ 費用を先取りして利益を平準化しよう
- ☑ 売上の大きな月が会計期間の最後に来ない設定をしよう
- ☑ １年以内返済予定長期借入金を流動負債に独立表示しよう
- ☑ 株主借入金、役員借入金、資本性借入金を固定負債に独立表示しよう

第3章

金融機関及び融資の知識
～融資を常時引き出すために～

第3章の狙い、主旨

　第1章では「資金繰りの重要性」、第2章では「試算表及び決算のポイント」についてお伝えしてきました。本章においては、融資申込先（交渉先）となる金融機関について理解していただきます。

　「金融機関とはどういうところなのか？」という基本的な点についてお伝えします。

I

決算報告で一年分の資金調達を

ここまで、財務方針と利益管理についてお伝えしてきました。

経営者の仕事は利益を出すこと、そして、その利益を再投資し、拡大再生産を続けることです。

しかし、いくら利益が出ても、投資したいときに手元に資金がなければ、それもかないません。手元資金を常に月商の２か月分以上、できれば、３か月以上持つことが望ましいとお伝えしましたが、手元資金は成り行きで増えるものではありません。

お伝えしたとおり、むしろ、売上が増えれば資金は減っていきます。

つまり、**銀行からの融資を受けずに、会社を拡大する**ことは基本的には**無理**ですし、借金しない範囲で経営したいということであれば、ある意味では会社の成長をあきらめざるを得なくなります。

ところが、多くの経営者は赤字で手元資金（預金）がなくなりそうなときにこそ、お金を借りたいと考えます。しかし、**実際には手元資金がなくなったタイミングで金融機関から融資を受けることは困難**です。

銀行からは借りたいときに借りられるわけではありません。銀行が貸したいときに借りられるだけなのです。

ところで、本書をここまでお読みいただき、「机上でしか銀行を知らないのに、お客様に知ったふうなことはいえない」と感じている方もいらっしゃるでしょう。

金融機関がどういうところかを知る前に、まずは自然な形で金融機関と接点を持ち、かつ、金融機関からお客様の評価が上がる方法をお伝えしま

す。

　その上で、金融機関がどういうところなのか、そして、どうすれば融資を引き出すことができるのかをお伝えしていきたいと思います。

■ 銀行交渉の2大前提

　ところで、そもそも融資額や金利や融資期間について銀行と交渉できること自体を知らない経営者もいます。つまり、融資額や金利や融資期間などは銀行が評価したものが絶対で、銀行からのお達しのとおりにしかならないと考えているのです。

　あるいは、交渉できることを知っていても、いつ切り出してよいのか分からないという経営者もいます。

　金利などの条件面や経営者保証の解除、プロパー融資への切り替えなどは交渉しない限り改善されません。また、利益を出し筋肉質の決算書を作れば、銀行が評価を上げて自らこちらに良い条件を提示してくれるということもありません。

　まず、金融機関と交渉するには、次の2つの条件が必要となってきます。

① 　直近の決算で経常黒字かつ資産超過である

② 　複数銀行と取引をする

　①については、前章まででそのコツなどをお伝えしてきました。また、最終章においても、改善までのステップをお伝えしていきたいと思います。少なくともこれを解消してから交渉に臨みましょう。

　②については、競争原理が働かないと交渉はそもそも成り立たないからです。一行だけの取引の場合は、競争相手がいないので、こちらから強気の条件を出しても、断られたら終わりです。

　また、例えば融資を断られた場合に、会社側に問題があったのか、銀行側の都合なのかといった原因の判別もつきません。さらに、不利な条件を

押し付けられても気付くことすらできません。

● **一行としか取引していないと…**

☑ 相場より不利な条件を押し付けられても気づかない

☑ 融資失敗の原因が自社にあるのか、銀行にあるのか判断がつかない

☑ いざという時にそっぽ向かれても頼る相手がいない

複数行取引が銀行交渉の最低条件！

■ 最も交渉を有利に運び、かつ、金融機関と自然な形で接点を持つことができる決算報告

　税理士事務所が銀行と接点を持つことは重要です。

　銀行と接点を持つことにより、銀行がどういうところなのかを実体験として持つことができるようになるので、お客様への説明に説得力が出ますし、何より、銀行からのお客様の紹介も期待できるので一石二鳥です。

　その具体的な方法が「銀行へ決算報告の同席」です。

　まずは、黒字で銀行とも良好な関係にあるお客様を選び、そのお客様の会社に銀行担当者を呼んで、月次試算表の報告と併せて行うのがよいかもしれません。

　決算報告と聞くと、「準備が大変なのでは？」と思われるかもしれませんが、前章までの決算書の作成方法を踏まえて作成していただいた決算書さえあれば、他に準備はいりませんし、何も問題ありません。

　ただし、「銀行への決算報告」には裏の目的が存在します。**その裏目的とは「銀行融資の相見積り」です。**この裏の目的こそが重要な点となります。

　購買において２社以上の相見積りを義務づけている会社が多いと思いま

すが、銀行交渉においても相見積りを行うことは非常に有効です。

　当然、購買と同じように銀行との力関係次第ではありますが、先ほどお伝えした、「直近の決算で経常黒字かつ資産超過である」「複数銀行と取引をする」の2つさえ満たしていれば、十分に交渉は可能です。

　その前に、決算報告と融資の相見積りを併せて行う2つの理由をお伝えしておきます。

　まず、決算時に借りておかないと、審査の際に「試算表の提出」を求められます。第2章でお伝えしたとおり、試算表と決算書では、決算書の方が信頼度が高い資料となります。ちなみに「計画書」を作成すること自体は、「計数管理能力が高い」という評価につながりますが、その数値自体の信頼度は、試算表より低くなります。ですから、**信頼度が最も高い決算書で審査をしてもらうのが一番有利**ということになります。

資料の信用度は？

決算書		試算表		計画書
70	対	**29**	対	**1**

　もう一つの理由は、「お金を借りたい」とこちらから言わないためです。

　当然ですが、「こちらからお金を借りたい」といったときの条件と、「銀行からお金を貸したい」といったときの条件は異なります。

　そこで、**決算のときに年間の必要資金を借りてしまい、必要の都度、借りるということをやめるというのが第一の目的**となります。そして、第二の目的は、「決算報告で融資してもらいたい額はお伝えしたが、融資するのは銀行さんのタイミングで結構です」という状況を作るところにあります。さらにもう一つ、こちらから借りたいと言わないための大切なキーワードがあるのですが、これは88頁でお伝えします。

　必要になってから、その都度、必要な額を借りようとするから銀行に足元をみられるのです。その意味で、年 1 回調達は会社に有利になります。

　銀行交渉と決算報告を同時に行うわけですから、「決算書」と「いくら借りたいかを計算しておくこと」が必要になります。

　もちろん、これ以降で、より有利に交渉を進める方法をお伝えしていきますが、まずは、ここまでお読みいただいたところまでの知識と試算表、決算書で挑戦してみましょう。

■ 銀行交渉のタイミング

　まずは、お客様から銀行に対して、決算書をとりに来てほしい旨を連絡してもらいます。

　銀行の人事については後ほど詳しくお伝えしますが、いつも会社に来てくれる担当者（渉外係）はレベルがまちまちで、決算書を読み解く力が必ずしも高いわけではないので、できれば、融資の役席か支店長に同席してもらえるようにお願いしてもらいましょう。

　決算書・申告書が出来上がった翌月の月次訪問のタイミングに合わせるとよいでしょう。

■ 銀行交渉前に準備する資料

　準備する資料は以下の 2 点です。

・決算書（申告書）

・売上高の得意先別 2 期比較

　決算書はできればコピーを準備しておきましょう。銀行員に持ち帰ってもらい、コピーをしてもらってから、再度会社に返却してもらうことになると、いくつもの銀行に報告するには不都合です。

　また、前章の 37 頁で「セグメント別 2 期比較をとれるように、売上高に補助科目を設定しましょう」とお伝えしたのは、ここで使うためです。

■ 決算報告の役割分担と説明のポイント

　銀行報告に同席するのは、社長と税理士事務所の担当者だけで十分でしょう。社長が話すレベルの決算報告では、税理士事務所の担当者が同席すれば、会社の経理担当者は同席しなくても問題ありません。

　社長と税理士事務所の担当者の役割担当ですが、大きく分けると**社長が損益計算書と会社の未来、税理士事務所の担当者が貸借対照表と会社の過去**についての説明をします。

決算報告での役割分担

　席に着いたら、決算書と売上高2期比較を担当者に渡し、その内容をみてもらいましょう。銀行が決算書のどこから見始めるかは、後ほど詳しく説明いたします。

　こちらのペースで進めるためにも、決算書を渡すタイミングで経常利益がどれくらいであったかを話すとともに、社長から売上高2期比較の説明を始めてもらいます。決算書が読めない社長でも、売上高の増減についての説明はできるはずです。

　また、併せて当期の売上見込みがどうなりそうかの話ができればベターでしょう。

　なお、次のような会社の差別化ポイントまで併せて説明できれば100点です。

売上系

・主力としている製商品（又はサービス）の動向
・主要な得意先に対する年間売上の前期－当期比較と、同得意先に対する主な製商品（又はサービス）の動向、また今後の売上見込み
・主要な取引先の入れ替えがあった場合にはその年間売上金額と今後の売上に対する影響、新規取引先に提供する主な商品
・業界、同業他社の動向・新商品開発の取組み

経費系

・改善（管理体制（内部統制）、不良品対策、製品のクオリティ）への取組み状況と評価、今後の取組み
・前期に行った設備投資に対する効果の説明と当期の投資予定
・人材育成に対する取組み状況と当期の採用予定

　ここで、一通り社長からの説明が終わり、税理士事務所の担当者にバトンタッチする際に、必ず、社長から言っていただきたいセリフがあります。

　「概略の説明は以上です。**細かな数値は税理士事務所の担当者に任せたいと思います**」

　この一言が、非常に大切で、「数字に強い社長」を印象づけるのです。

　やはり、銀行としては、数字音痴には融資をしたくありません。

　さらに、税理士事務所の担当者は、貸借対照表の増減のあった科目について説明します。

　また、次のような説明ができればベストでしょう。

・税理士事務所の関与度合いと決算資料の信用性の説明
・財務体質改善の方針について、税理士事務所として指導していること
・利益予測・返済計画の信頼性に関する見解、過去の傾向の説明

・借入目的説明の補完（借入れの必要性の数字的な裏付け）

・適切な融資商品の引出し

　続いて、当期の必要融資（資金）額をお伝えします。

　当期の必要資金額は、決算書の「1年内返済予定長期借入金」と営業キャッシュフローの差額にて求めます。この分が当期のキャッシュ減少予想額だからです。

　なお、前章で「1年内返済予定長期借入金」の計算と、キャッシュフロー計算書の作成をお願いしたのはこのためです。

　確かに、短期の事業計画書を作って必要資金額を計算した方が説得力が上がりますが、結局、短期の事業計画の多くは前年をもとに作成しますから、この方法も、安易なようで、それなりに説得力を持つのです。決算書により具体的な数値が示されているという点では、むしろ優れているといえます。

年1回の調達額は1年以内返済予定長期借入金から計算する

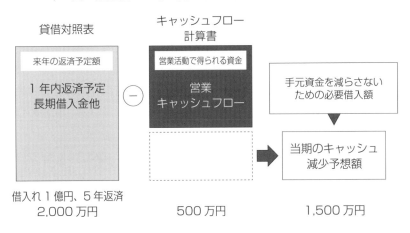

貸借対照表　借入れ1億円、5年返済　2,000万円

キャッシュフロー計算書　500万円

1,500万円

　必要資金額の説明が終わったら、今回の話を何行にしているかをお伝えし、83頁で予告したキーワードで締めくくります。

そのキーワードとは「良いご提案をお願いします」です。

決して、「融資をお願いします」と、こちらからお願いしてはいけません。

あとは反応を待つだけです。これで決算報告は終わりです。経験的には一行当たり1時間弱で終わります。

また、「融資の時期については、3月や9月など、銀行さんのやりやすい時期で結構です」と、伝えておくことも忘れないようにしましょう。

3月は銀行の決算、9月は中間決算です。前章でお伝えしましたが、決算時期が6月又は12月だと、決算書・申告書が出来上がるのが8月、2月となり、この3月、9月の1か月前といううまいタイミングになるので、銀行も会社も手間が省けるので理想的です。

また、いくつかの銀行と面談してみると、前向きなところと、そうでもないところに差があることに気付かれるのではないかと思います。

■ 銀行対策で最も大切なことは？

ところで、税理士事務所がイメージする銀行対策とはどのようなものでしょうか？

利益を出す利益対策、債務を減らす債務対策、あるいは計画書を含めた融資書類の作成など、決算書、計画書に係るものがイメージされるのではないかと思います。

しかし、実際に銀行対策で一番大切なのは、「会社に合った銀行と取引する」ことです。

会社に合っているとは、進んで融資をしてくれるということです。

会社に合った銀行と取引できれば、銀行対策は成功したも同然です。

逆に、会社に合わない銀行には、利益を出そうが、債務を減らそうが、計画書を出そうが、ほとんど効果はありません。

　次頁からは、まず、なぜ、合う銀行、合わない銀行といった差が生まれ
るのか、どこの銀行、支店と付き合えばよいのか、さらに、どこからいく
ら借りたらよいのかなどについて、お伝えしたいと思います。

Ⅱ

金融機関の組織と仕組みを知って誰と交渉すればよいか理解しよう

　先ほどお伝えしたように、銀行対策で一番大切なのは、自社に合った銀行と付き合うことです。それは言い換えると、自社に合った支店と付き合うということになります。

　そこでまずは、銀行の組織についてお伝えしたいと思います。

① 自社に合った支店と付き合おう

　銀行には、融資、経営支援、人事、業務推進等の金融機関の業務を円滑に推進するための部門が置かれています。

　本部には銀行の運営に当たり重要な部門が存在していますが、全てを本部に集中させてしまうと、お客様対応などで円滑な運営ができなくなるため、それぞれの地域に配置した営業店（支店）に一定の権限を与えています。

　本部は企画、市場把握、国際関係、システム、リスク管理、事務、そして審査などの部門があり、支店にはその支店に許容された範囲での審査、営業、事務の部門があります。

　支店は営業エリアや、地域の中心店舗か否かによって規模が異なり、それに伴って支店の融資決裁枠も変わってきます。**大きな支店には大きな決裁枠、小さな支店には小さな決裁枠**が設定されています。支店の決裁枠以上の案件になると、本部の融資審査部が融資における実質的な権限を持つ

ことになります。

　また、地域によっては法人のお客様が中心、個人のお客様が中心であったりします。

　融資は一銀行一支店からしか受けることができません。大きな会社が小さな支店に口座を開設して、融資をお願いしようとしてもすぐに決裁枠を超えてしまう、逆に、小さな会社が大きな支店と取引してしまい相手にされない、あるいは、個人中心の店舗に口座を開設したために、営業担当者の小回りが利かない、というミスマッチが起こり得ます。

　会社の近くだからという安直な理由で口座を開設してしまうと、後で会社の首を絞めることになりかねないので注意が必要です。

　会社に合ったサイズの支店と取引するようにアドバイスしたいところです。

　店舗の状況などにもよりますが、支店レベルでは融資額で成績が決まるので、基本的には融資に積極的です。一方、本部の融資審査部は、支店から上がってきた稟議書などほぼ書類のみで審査をするため、かなり堅めの判断となります。

　つまり、支店長決裁内で済む金額の融資を受ける方がスムーズということです。

　そのため、お客様が必要としている資金額を正確に把握して、支店レベルで決裁権限があるものなのか、本部まで上げないといけないものなのかをあらかじめ確認しておく必要があります。

　また、一般的には預金口座を開設した支店が、その会社の担当支店となります。

② 会社に合った支店長や行員と付き合おう

　支店の規模によって役職は多少変わりますが、ほとんどの支店が支店長を頂点とし、副支店長・次長・課長、支店長代理・係長、主任、一般行員といった順番になっています。

　支店における最終決裁権は支店長にあり、支店における支店長は絶対的なものです。支店長次第で支店の融資の傾向も変わってしまいます。また、前任の支店長が融資に関して前向きであった場合、後任の支店長は融資に関して慎重な姿勢になる傾向があります。

　また、支店長は約2年〜3年、その他の行員は約2年〜5年で異動になります。会社に合った銀行と付き合うことが銀行対策の重要事項とお伝えしましたが、**支店長が変わると融資姿勢が大きく変わるので、一度合った銀行を見つけたからといって、決してそれは長続きするものではないと認識しておくことが必要です。**この意味でも、多少多めの銀行と取引しておくことが大切になります。

　支店長の過去に勤務された支店等も重要な情報となりますので、つかんでおくとよいでしょう。

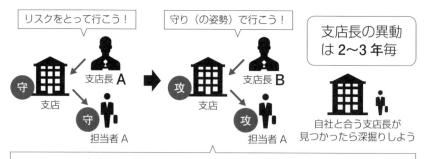

| リスクをとって行こう！ | 守り（の姿勢）で行こう！ | 支店長の異動は2〜3年毎 |

自社と合う支店長が見つかったら深掘りしよう

支店長は支店運営に関して絶対の権限を持っている

経歴によって異なる融資姿勢…	支店長以外の融資姿勢の変更	支店長交代で融資姿勢が硬化…
ずっと「渉外（いわゆる営業マン）」か「審査」や「回収」から異動になった人かによって融資姿勢に差があるので注意	統廃合による支店の位置づけの転換や、銀行の方針転換（銀行自体の決算内容の浮き沈み）などによっても融資姿勢が変わる	次の支店長交代まで待つのが最も効果的！そのためにも複数行と取引を

　また、新しい地域で業務拡大を図る地方銀行の県外支店や、新規出店の支店などは、その地域における切り込み隊長的な役割を担っているので、融資に関して積極的な支店長が配属されます。融資のスムーズな実行も新規取引先の獲得に際して重要といえるからです。融資を受けたい、より良い条件を引き出したいという場合には、これらの支店と取引するのも有効な手段となります。

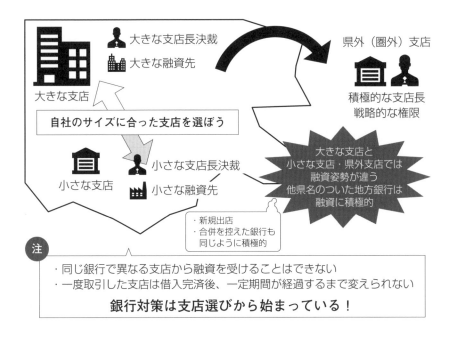

大きな支店長決裁
大きな融資先

大きな支店

自社のサイズに合った支店を選ぼう

小さな支店長決裁
小さな支店　　小さな融資先

県外（圏外）支店

積極的な支店長
戦略的な権限

大きな支店と
小さな支店・県外支店では
融資姿勢が違う
他県名のついた地方銀行は
融資に積極的

・新規出店
・合併を控えた銀行も
　同じように積極的

注

・同じ銀行で異なる支店から融資を受けることはできない
・一度取引した支店は借入完済後、一定期間が経過するまで変えられない
銀行対策は支店選びから始まっている！

❸　職務ごとの役割を理解しよう

　渉外課は地域や個人、法人等の区分ごとにお客様を訪問し、資金ニーズ等を知り、金融商品等を提供する業務を行います。一般的に会社の担当者と呼ばれるのはこの渉外課の行員です。

　融資課は新規貸出業務や貸出金の管理業務等を行います。融資課というと融資に積極的なイメージがあるかと思いますが、逆に管理する側なので、こちらから進んで融資の意義や会社の状況をよく理解してもらえるよ

うに仕向けないとスムーズに融資が下りません。

　内務課・事務課は窓口業務や銀行内の内部事務作業を行います。内務課、事務課は融資とかかわらないので、窓口の行員といくら仲良くなっても融資が円滑に進むことはありません。

④ 支店の決裁枠を知って申し込む融資額を調整しよう

　融資の決裁ですが、支店においてはまず渉外担当者から融資課長に借入れに関する稟議書が提出されます。融資課長から副支店長、支店長の順番で稟議書が検討されていきます。

　当然ですが、役職の高い職員の方が経験も多く、融資を通す能力も上がります。

　先ほどお伝えしたように決算報告の際、担当の渉外係だけでなく、融資課長又は支店長といった役席に同席してもらうことで、融資を通りやすくする効果があります。

　逆に、役職の高い職員を知っているからといって、頭越しに交渉しても、結局稟議書を書くのは渉外担当者なので、気分を害するだけのことになりかねないので注意が必要です。

　最後に、一般的に支店に任されている融資の決裁権限について触れておきます。

　まず、信用保証協会付きの融資であれば、支店での決裁が可能になります。

　次に、時価が高い不動産などを担保として差し入れる融資の場合にも、一定の範囲（金融機関によって異なります）で支店での決裁が可能になります。

　詳しくは後ほど説明しますが、**決裁枠は金融機関によっても異なり、具**

体的には信用金庫の場合は 500 万円〜1,000 万円、地方銀行の場合は
5,000 万円前後、地域の中核になる大規模支店の場合は 1 億円〜2 億円
となっていることが多いようです。

　決裁枠は秘密事項ではないので、担当者に決裁枠を確認してもらうとよ
いでしょう。

Ⅲ

中小企業が付き合うべき金融機関とは

　ここまで、金融機関の組織についてお伝えしてきましたが、ここから
は、金融機関の種類と特色をお伝えしていきます。

　金融機関の種類ごとに特色があり、行員もその特色に沿った形で融資を
しています。

1 株式会社日本政策金融公庫

　日本政策金融公庫は、いわゆる政府系金融機関です。政府が100％出資
した金融機関で、政策に沿った投融資を手掛けています。

　主に財政投融資から原資を調達するほか、国から補給金などを受けてい
ます。

　日本政策金融公庫は、民間の金融機関と違って預金がありません。つま
り、預金担保がないし、貸付先のリアルタイムでの現状も把握できませ
ん。

　よって、過去の返済実績や信用でしかお金を貸せません。

　逆に（不動産担保はありますが）信用のみで融資をすることが一番の特
徴といえます。

　ですから、一旦信用さえ得られれば融資は比較的簡単に受けられます
が、信用がなければ何があっても融資を受けられないということになりま
す。日本政策金融公庫は、借りやすい、又は、全然貸してくれないと、評
価が極端に分かれる理由はここにあります。

　日本政策金融公庫は、国民一般向けの国民生活事業、中小企業向けの中小企業事業、農林水産事業者向けの農林水産事業、そして大規模災害等が生じた場合において対応する危機対応等円滑化業務から構成されています。

■ 創業・小口なら国民生活事業

　国民生活事業は、民間金融機関の手が届きにくい小口融資や創業融資を得意としています。1社当たりの平均融資残高も銀行や信用金庫等と比較して少額となっています。

　事業実績がない、あるいは少ない創業者や女性、若者、シニアの経営者についても、特別金利等を適用する等、積極的に融資を行う傾向にあります。

　さらに、国が特に発展させたい地域などに本店を置いている会社には、優遇金利が適用される制度もあり、商工会議所・商工会と連携し、小規模事業者経営改善資金（マル経融資）を行っていることも、政府系金融機関ならではといえます。

　政府系金融機関であることから、社会的課題の解決を目的とするNPO法人等に対して融資を行うソーシャルビジネス支援資金のように、国の政策によって融資業務も変わっていくことがあります。

　日本政策金融公庫には、セーフティネット貸付や新企業育成貸付、企業活力強化資金等の融資制度があります。

　特に中小企業経営力強化資金は、認定支援機関の指導及び助言を受け、自ら事業計画を策定する場合、融資限度額のうち2,000万円までを無担保・無保証人とすることができる制度です。

　お客様への融資をサポートする専門家として、熟知しておくことが大切になります。

　そして、**融資の審査が早いことも**特徴の一つです。

　税理士が事前に相談し、税理士経由で申し込んだ融資の中には、3営業日程度で融資が実行されたケースもあるようです。税理士会と連携した中小企業支援が年々強化されていますから、税理士は融資が円滑に進むようサポートしていきたいところです。

　ただし、便利で小回りが利く反面、金利は民間の金融機関における「信用保証協会の保証料プラス銀行利息程度」と若干高めとなります。

　ところで、経営に慣れない経営者は、複数の銀行から融資を受ける勇気を持てない場合があります。初めての融資を受ける先を国民生活事業にしておけば、逆に国民生活事業は他行の参入を歓迎する金融機関です。

　また、預金口座を持たない金融機関ですから、返済については民間の金融機関を指定することになります。この返済口座に指定した金融機関を、2つ目の金融機関として保証協会付融資などを受けるようにすると心理的にストレスを感じることなく、スムーズに進められることでしょう。

　さらに、返済実績を非常に重視する金融機関ですから、会社が赤字であっても返済実績があれば、折り返し融資を受けることが可能な場合が多く、貸し剥がしなどは行いません。

　折り返し融資とは、融資を受けてから一定期間を経過すると、当初の融資額を基準に再び融資を受けることができる、銀行取引の基本となるものです。

　なお、折り返し融資とは、一旦、古い借入れを全額返済し、新しい契約として借り換える形式をとる融資です。ただし形式上の返済なので、実際には古い借入れに相当する残高を口座に置いておく必要はありません。

　若干金利は高めであるものの、融資ポートフォリオの一つとして、もし

ものときに備えて、取引を維持しておくことをお勧めします。

■ 大口の融資も受けられる中小企業事業

中小企業事業は、最低融資額が 3,000 万円程度と比較的金額の大きな融資を扱う機関になります。融資の上限も数億円と多額になります。

製造業に強く、工場抵当法などを熟知しており、対象となる機械などを担保に融資を受けることも可能です。

また、国民生活事業もそうですが、中小企業事業は設備に対して最長 20 年といった超長期の返済期間の融資をより積極的に勧める特徴があります。各種助成金・補助金と関係する商品もあり、組合せによっては 0.2％ 程度の超低利となることもあります。

ただしその分、融資の際に事業計画の提出などを求められ、審査にも時間がかかります。

国民生活事業よりも支店数が少なく、また、比較的知名度も高くないことから、取引している中小企業は多くはありませんが、大きな設備投資などを検討している場合には利用すべき金融機関といえます。

ちなみに、国民生活事業とは別組織となっていますので、両方の組織から融資を受けることも可能です。

■ 農林水産事業はその他の事業と全く別

農林水産事業は、その名のとおり、農林水産業者への融資に特化した金融機関です。ここでは、農業者への制度についてのみお伝えします。

融資の 75％ に農業経営基盤強化資金（スーパー L 資金）という制度を利用しています。この制度は、認定農業者（農業経営改善計画を作成して市町村長の認定を受けた個人・法人）で、都道府県への経営改善資金計画書の承認を受けた個人・法人のみが対象となります。**貸付当初は利子助成があり、金利は 0％** です。機械の取得や運転資金、さらには農地の取得や法人への出資金とその資金使途は幅広いことが特徴です。また、返済期

間も 25 年以内（うち据置期間 10 年以内）と、一般の商工業と比べて極端に優遇された制度となっています。

　また、農業特有の事情を汲み、返済時期も収穫に合わせて、年 1 回とすることが認められることも多くあります。

　これまでは、農業への融資というと JA バンク（農協）がほとんどのシェアを握っていましたが、近年は、日本政策金融公庫がシェアを上げ、肉薄してきています。

❷　信用金庫、信用組合

　信用金庫は、信用金庫法によって設立された法人で、信金（しんきん）と略称されます。

　また、信用協同組合とは、中小企業等協同組合法によって設立された金融機関です。信用組合という呼称が一般的で、略称は信組ですが、読み方について業界団体では「しんくみ」で統一しています。

　特徴として、営業エリアが定められていること、そして、従業員数 300 人以下又は資本金 9 億円以下（信用組合は一定の場合を除いて 3 億円以下）の営業エリア内の中小企業が融資対象と制限されることが挙げられます。

　信用金庫は、出資者（会員）に対して、信用組合は、組合員に対してといったように、営業エリアや融資対象が限定されていることから、きめ細かい対応が可能であり、創業当初や成長過程にあるお客様にとって必要となる金融機関といえます。

　メガバンクや地方銀行に比べて、接触頻度が多いため、人に対するコストも高くなる傾向にあります。相対的に金利も高めになる傾向ですが、そもそも地域のお金を地域に還元し、地域社会の発展に貢献することが目的であるため、地域企業との関係性を重視し、様々な相談に乗ってくれる傾

向にあります。

　このような特徴を有していることからメガバンクや地方銀行に比べてかなり足で稼ぐ営業をしています。

　例えば、新規融資を獲得するために行う飛び込み営業が挙げられるでしょう。

　そこで社長と名刺交換をしてもらうだけでもその職員は評価されます。どれだけ名刺を獲得したかも重要になってくるのです。

　後ほど詳しく説明いたしますが、金融機関は基本的に飛び込み営業をしないので、飛び込み営業が来たときはチャンスと考え、丁重に対応することで今後の取引が円滑になる可能性が高くなります。

③　地方銀行、都市銀行

■　地方銀行

　地方銀行とは、一般社団法人全国地方銀行協会と一般社団法人第二地方銀行協会の会員である銀行を指します。

　営業エリアは基本的に都道府県単位で、比較的広いエリアで営業を行っていることから、成長過程にあるお客様の融資相談先として必要になる金融機関といえます。

　私たちのお客様である中小企業は、必ず地方銀行とは良い関係を築けるようにしなければなりません。目安として、借入総額が3,000万円を超えるようなら地方銀行をメインとするのがよいでしょう。

　しかし、少子高齢化等の要因により、銀行も本業そのもので利益を出すことが容易ではない状況になってきています。そのため、今後は合併や統合といった再編が進んでいく可能性も決して低くはありません。

　複数の地方銀行と取引していたのに、気が付けば統合されて取引銀行が減ってしまったという状況が生ずる可能性もあるので、その情勢には注意

が必要です。

■ 都市銀行（メガバンク）

　都市銀行とは、普通銀行の中で、東京・大阪などの大都市に本店を構え、広域展開している銀行で、いわゆるメガバンクのことです。法的根拠はなく、明確な基準を持たない一方で、その対象は限定されており、現在は、みずほ銀行、三井住友銀行、三菱 UFJ 銀行、りそな銀行の 4 行が該当するといわれています。

　営業網が全国に及んでいるため、お客様の事業規模が大きくなるほど、メインバンクとする会社が増える傾向にあります。事業規模が大きいため、多額の資金を低金利で貸せる体力を持っています。

　しかし、接触頻度は地方銀行や信用金庫（又は信用組合）に比べて少ない傾向にあるため、金融機関との接触頻度を重要視するお客様には、注意する必要があります。

　基本的には大口の案件を好む傾向があるので、一定規模以下の中小企業への融資は消極的です。

　しかし最近では、大口の案件だけでは経営が苦しいため、ある程度リスクをとって、新設法人の支援に力を入れたり、子会社を通じて中小企業のマーケットに参入しようとしたりする動きがあります。

　小規模あるいは零細企業は、あまりなじみのない金融機関といえますが、海外へのチャンネルが広いので海外展開を考えているなら付き合うべき機関です。

　また、焦げ付きそうな債権について、地方銀行や信用金庫（又は信用組合）と比べて、サービサー（債権回収会社。金融機関等から債務を譲り受けて回収を行う会社）への債権譲渡を比較的早めに行う傾向があります。

④　信用保証協会

　信用保証協会とは、中小企業者などに対する金融の円滑化を図ることを目的として設立された公的機関です。

　信用度の高くない会社が金融機関から事業資金の調達をしたいとき、信用保証協会に保証を申し込み、これに基づいて信用保証協会が債務の保証を行うことにより資金の調達をスムーズにする仕組みで、これを「信用保証制度」といいます。

　万が一返済ができなくなったときに信用保証協会が金融機関に債務者に代わって返済をし、信用保証協会が債務者から回収することになります。

　信用保証協会を利用できる企業規模（資本金・従業員数）が業種別に定まっているので、事業規模拡大時には注意が必要です。個人事業主は資本金がないため、従業員数のみが要件となります。

業種	資本金
製造業	3億円以下
卸売業	1億円以下
小売業、飲食業	5,000万円以下
サービス業	5,000万円以下
ソフトウェア業、情報処理サービス業	3億円以下

　農林漁業や金融業等の一部の業種を除く、ほとんどの業種が保証の対象になります。業種については、定款や全部事項証明書等で対象外の業種が含まれていないか事前に確認しておく必要があります。また、許認可等を必要としている事業の場合には、許認可等を受けているか否かも重要になります。

　保証対象となる融資は、事業を運営する上で必要な機械購入等の設備資

金と、仕入や人件費等の運転資金が対象になります。保証人については法人の代表者のみを連帯保証人とし、他は原則として不要になります。担保については、信用保証協会の保証を受ける融資の合計額が 8,000 万円以下であれば、原則として不要となります。しかし、事業内容等によって必要とされる場合がありますので、注意が必要です。

　民間金融機関ではリスクを少しでも軽減させるために、信用保証協会の保証付融資を優先する傾向があります。

　そのため、貸付先の倒産等の負担が信用保証協会に発生し、日本政策金融公庫が補塡する金額も大きくなってしまったことが問題になりました。

　そこで、最近では信用保証協会と金融機関が連携を図り、金融機関のプロパー融資と組み合わせて、リスクの分担を図っています。そして、金融機関の紹介をしてほしいなどの要望についても、金融機関紹介窓口を設置している信用保証協会も一部出てきています。

　都道府県と市区町村それぞれに信用保証協会がある地域もあり、こういった地域では、それぞれの信用保証協会から保証を受けられるので有効活用しましょう。

⑤　その他（商工中金など）

■ 商工中金（株式会社商工組合中央金庫）

　中小企業等協同組合その他、主として中小規模の事業者を構成員とする団体及びその構成員に対する金融の円滑化を図るために必要な業務を営むことを目的とした政府と民間団体が共同で出資している政府系金融機関です。

　商工中金株主団体とその構成員が融資対象となっています。融資の種類

としては、設備資金、運転資金といった一般的な融資の他、トラック運送
業や運送事業の業界団体の制度融資等があります。

　日本政策金融公庫と同じ政府系金融機関ではありますが、**日本政策金融
公庫の融資には信用保証協会の保証が求められることがないのに対して、
商工中金の融資では求められることがあります。**

　また他の金融機関と比較して、審査が厳しいことで有名です。そのた
め、**商工中金から融資を受けていることで他の金融機関に対する信用度が
アップすることがあります。**

■ JA バンク

　これまで農家への融資については JA バンクがそのシェアの大半を占め
てきました。

　農業近代化資金は日本政策金融公庫のスーパー L 資金と同様に認定農
業者・認定新規就農者が使える制度で、同じく金利は 0% です。こちらも
設備から運転資金まで幅広く使え、償還期間は原則 15 年以内（うち据置
期間 3 年以内）となっています。

　また、日本政策金融公庫と同様に返済も収穫時期の年 1 回などが認めら
れることも多くあります。

■ ノンバンク

　ノンバンクとは、預金等を受け入れないで与信業務を営む企業の総称を
いいます。信販会社やクレジットカード会社等の消費者向けと、リース会
社や事業金融会社等の事業主向けのノンバンクがあります。

　銀行などに比べると業務運営面での自由度が高い傾向にあります。比較
的スピーディに融資の可否を決めることもあり、貸倒れリスクをとること
になるので、一般の貸出金利と比較して高くなっています。

　ABL（売掛金・在庫担保融資）といった、通常の金融機関の融資では

評価しない売掛金や在庫を担保として融資をしたり、生命保険の保険積立金を担保評価に加えて融資したり、不動産や動産を買い取り、同額を融資するリースバック取引などがあります。こういった融資では、赤字であったりリスケジュール中であったりしても融資を受けられる場合があるので、資金調達手段の一つとして覚えておく必要があります。

Ⅳ

新規取引銀行の増やし方

① 新規取引銀行を作るのは容易でない

　これまでそれぞれの金融機関がどのような特徴があるのかをお伝えしてきました。

　しかし、実際にこれらの金融機関とどうやって取引を始めればよいのかが分からなければ意味がありません。

　では、取引銀行数を増やすために、金融機関との新規取引を希望するお客様がいた場合、どうすればよいでしょうか。

　まず、アポイントなしで金融機関の窓口に行って融資の相談をしてはいけません。金融機関はアポイントなしで窓口に直接相談に来るお客様を、金融機関にとって警戒すべき客として対応します。「何か困ったことがあるからうちに来たのだろう」と、考えるからです。お金を貸すことが仕事のはずですが、実際にアポイントなしで窓口に相談に来られたお客様を、金融機関はこのようにみています。

　一度このような印象がついてしまうと、それを後から覆すのは非常に困難ですから、注意してください。

　金融機関には事前にアポをとって伺う、又は、来てもらうように伝えましょう。

　また、債務超過、あるいは赤字の場合には新規取引を始めるのは極めて困難といってよいでしょう。**黒字のうちに新規取引銀行を探しておくこと**

は必須といえます。

　黒字で、資産超過で預貯金残高もしっかり確保されていて、かつ、資金
使途がはっきりしていることが重要です。

　しかし、これらの条件を満たしていたとしても新規取引はスムーズにい
くものではありません。

　基本的に銀行は自分から貸してくださいという会社を信用しないからで
す。なぜなら、「他から断られたから当行に借りにきたのでは？」と、考
えるからです。

　では、どうすれば取引金融機関を増やすことができるようになるでしょ
うか。

　まずは私たち税理士事務所からの紹介です。そのためにも、決算説明な
どの機会を通じて、多くの銀行員と知り合い、お客様に紹介できる体制を
日頃からコツコツ積み上げていくことが大切です。日頃から付き合いのあ
る税理士事務所から、その顧客を紹介してもらうというのは金融機関にと
っては安心の材料になります。日々の帳簿を見ており、いろいろな背景を
知っている税理士からの紹介であれば、ある程度信頼性があるからです。

　もう一つの方法は、金回りの良い経営者から紹介をしてもらうことで
す。

　金融機関は、融資先を絶えず探している状況です。本当は貸したいのに
貸す先が見当たらずに苦労しています。金融機関としても大口の経営者か
らの紹介であれば無下にもできません。

　紹介を受ける際には、本部の役員や行員よりも、成績に直結する現場の
支店の行員、できれば支店長につないでもらった方が話がスムーズに進み
ます。

☑ 銀行は自分から「A銀行からB銀行へ変えたい」という人を疑う
☑ 「借りたい」と言ってくる会社を疑い、「もういいよ」と言っている会社に
　貸したがる

新規の取引銀行を会社主導で増やすのは難しい

◎　　　　　　　　　○　　　　　　　　×　　　　　だから

税理士事務所商工会議所の紹介	大口優良会社は特に◎	知り合いの社長の紹介	銀行窓口への直接訪問	銀行が取り組みやすい信用保証協会枠をとっておこう

最低限度！

☑ 銀行からの飛び込み営業・電話営業を断らない
☑ 借りなくても（取引がなくても）決算書を請求されたら渡しておこう

　逆に金融機関から新規取引先を増やしたいと飛び込みや電話でのアポをとってきた場合は絶好のチャンスです。

　飛び込みに来るというのは、会社に興味があるということです。必ず社長が時間を作って面談し、必要があれば決算書等を渡すようアドバイスしてください。そして社長には「うちに何か良い融資の提案があれば持ってきて」と金融機関に対して言うようにお伝えしましょう。

　たとえそこで条件が合わなくても構いません。その条件をもって既存の金融機関と交渉することが可能になるからです。

　また、金融機関からの飛び込みを受けやすくする方法として、民間の調査会社に協力をするという手もあります。

　信用金庫などは飛び込み営業をしますが、メガバンクや地方銀行はあてのない飛び込み営業をしません。飛び込み先が赤字の場合には融資ができないばかりか、「あのとき貸すと言った、言わない」といったトラブルになるリスクがあるからです。

　そのため、メガバンクや地方銀行は「帝国データバンク」や「商工リサ

ーチ」などの民間の調査会社のデータをあらかじめ参照してから、見込みのありそうな融資先を選定しているようです。

　そこで評点が高い会社を見つけ、営業先としてピックアップしているのです。ですから、データが載っていない会社に飛び込み営業が来ることはありません。

　民間調査会社には必ず応ずるようアドバイスしてください。

　また、実際に取引が始まる場合においても、新規融資はその金融機関への取引実績がないため、信用されていません。

　そのため、信用保証協会付きの少額な融資から始まり、実績を積み上げていくことが多くなります。

　できれば新規取引銀行を増やすためにも、信用保証協会の保証枠を確保しておく方がよいでしょう。

　さらに、**振出人がしっかりした会社である場合の手形割引は、金融機関としても取り扱いやすい融資の形態となります。新規の取引銀行を見つける際に、手形割引から取引を始めてみるのもよい手段**です。

② 新規取引で金融機関はどこをみる？

　新規の取引銀行との交渉では、まずは決算書を3期分程度要求されます。

　まずは、担当者が稟議を上げるためにその場でチェックをすることになりますが、その際に確認するのは、以下のような項目になります。

☑ **債務超過でないか**

☑ **直前期は利益が出ているか**

☑ **預金と借入残高は売上高の何か月分あるか**

「債務超過でないか」と「利益が出ているか」は当然として、借入残高が売上の何か月分あるかも非常に大切な項目となります。

「借入総額が売上高の年商の２分の１以下」という基準があります。これを超えると返済が滞り始めることが多いからです。以前から取引があって、徐々に増えて２分の１を超えたのであればともかく、初回取引時に超えていると、担当者レベルでは厳しい印象を持つことでしょう。

同様に、借入総額が当期利益の10〜20倍を超えている、税の滞納があるといった場合には、返済能力に問題があるとみられ、新規取引は難しくなります。

ただでさえ、初回取引は条件が厳しいので、税の滞納は事前に解消しておく必要があります。

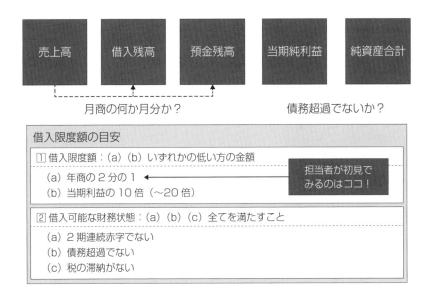

3　銀行と支店の大きさによって変わる融資額と金利

先ほどもお伝えしましたが、融資額や金利は銀行の大小によって異なり

ますし、同じ銀行でも支店の大きさが違えば異なります。

　さらに、初回取引かどうかでも異なってきます。

　目安は下記の図のとおりですが、これを超えると本部に稟議を上げなければならなくなってしまうので、審査に時間がかかりますし、場合によっては通らない可能性が出てくるので注意が必要です。

　大まかには、日本政策金融公庫や信用金庫については初回取引なら500万円程度で融資を申し込むべきで、2回目以降からは1,000万円程度、地方銀行や信用金庫でも大きめの支店であれば初回取引は1,000万円程度で、2回目以降は2,000〜3,000万円程度で回すのがよいでしょう。

　特に初回取引から大きな金額を期待して、取引自体がダメになるということがないように気をつけねばなりません。

銀行種別によるプロパー融資の借入目安

初回取引は 決裁枠が小さい		国民生活事業 (日本政策金融公庫)	地方銀行（小） 信用金庫	都市銀行 地方銀行（大） 信用金庫（大）	中小企業事業 (日本政策金融公庫) 商工中金
初回取引	額	500万円まで	500万円まで	1,000万円まで	3,000万円から
	率	1.9％程度	1.9％程度	1.6％程度	1.6％程度
標準	額	1,000万円まで	500万円まで	3,000万円まで	1億円まで
	率	1.6％程度	1.0％程度	0.8％程度	0.8％程度
支店長決裁枠	額	1,000万円まで	1,000万円まで	1億円まで	2億円まで
	率	1.4％程度	0.7％程度	0.4％程度	0.2％程度

小　──────────→ 支店での決裁枠 大

V

融資の種類と資金使途

① 何と言って借りればよいのか

　ここまで、銀行の仕組みについてお伝えしてきましたので、ここからは、借入れの理由、つまり、「資金使途」と、融資の種類・制度についてみていきたいと思います。

　融資は信用に基づいて行われる契約ですから、当初の条件を勝手に変えてはいけません。運転資金で借りたら運転資金として使わなければなりませんし、設備資金で借りたら対象となる設備投資に使わなければなりません。

　運転資金とは、売上を上げるのに必要な仕入や人件費等の事業を運営していくために必要な資金です。設備資金とは、建物や機械等の資産を購入するために必要な資金です。

　設備資金に関しては、見積書等のエビデンスを用意することが必要になります。

　資金使途を変にごまかして伝えてはいけません。

　運転資金を調達したいのであれば、単純に「手元資金を厚くしておきたい」で十分なのです。 もっというと、「儲かっているからお金を借りたい」がベストな答えです。

　売上が伸びているときに資金が足りなくなることは、財務上当然のことです。

変にごまかさず「手元資金を減らしたくないから増加運転資金として借りておきたい」と伝えることがベストです。

運転資金に関して、「資金使途を金融機関から尋ねられた場合に、具体的に答えられないから、金融機関に相談できない」と考えてしまう会社も多いので、税理士事務所でフォローすることが大切です。

逆に、**投機や赤字の補塡は融資の対象となりません。**

借入れを自転車操業的に返すための資金は「ハネ資金」といって、これも融資の対象になりません。究極的には運転資金の折り返し融資と取引形態に変わりはないのですが、手元資金が少なくなってから融資を受けようとすると、「返済に窮したのかな？」と、思われてしまう可能性があるので注意が必要です。

そのためにも手元資金を厚めに持っておくことが大切なのです。

■ 長期と短期、融資形態の基本

長期か短期かどう借りるべきかをお伝えする前に、融資の形態をみてみることにしましょう。

金融機関からの融資は大きく分けて、手形による手形貸付と証書による証書貸付に分類されます。

① 手形貸付

手形貸付は一般的に１、３、６、12か月以内の期日が設けられ、短期の融資に使われます。

資金使途を制限されない運転資金や、資金使途に制限のある賞与資金、納税資金、季節資金などに手形貸付が使われるのが一般的です。

証書の代わりに手形が使われるので、焦げ付いた場合には手形法が適用され、銀行取引停止処分となります。

また、一般的に利息は、融資実行時に一括で差し引かれる形で支払いま

す。

　特に最近は、手形貸付を運転資金として折り返し（期日が来ても返済額と同額を再び融資する）前提で融資する「短コロ（ベタ貸し、経常短期、継続短期とも呼ばれます）」を金融庁が推奨しています。

　この形式で融資を受けると、毎月の返済がないので、資金繰りは楽になります。

　一方で、手形期日に金融機関が確実に書き換えてくれる保証はありません。バブル崩壊時にはこの手形貸付の書き換えを拒否する「貸し剥がし」が横行し、社会問題となりました。

②　証書貸付

　一方、証書貸付は長期資金の融資に使われることが多い形式です。

　運転資金や設備資金の融資に使われます。

　一括弁済もごくまれにありますが、分割弁済がほとんどになります。また、利息は月々の残高に対して支払う形式が一般的です。

　ところで、銀行から融資を受ける際には、手形貸付であれ、証書貸付であれ、「銀行取引約定書」という基本取引契約を結ぶことになりますが、ここには「期限の利益の喪失」という項目があります。

　期限の利益というのは、残高を一括返済しなくてよい権利です。

　分割弁済の場合、基本的には滞納しない限り一括弁済を求められることはありません。

③　手形割引

　会社が受け取った手形を金融機関に手形額面で売却し、手形期日までの間の利子に相当する金額を引き去って資金化する仕組みです。

　純粋な意味での融資ではありませんが、融資の一種類として考えること

が一般的です。

　手形貸付や証書貸付に比べて利率（割引料）は高めになります。

　優良会社が振出人となっている手形は、金融機関にはほぼリスクがないので、進んで割引してくれます。

　最近は「でんさい」といい、手形の電子化が進められてきています。

④　その他の融資形態

　手形貸付、証書貸付以外には、当座貸越契約、社債（少人数私募債）があります。

　当座貸越契約は銀行と極度額を設定して1〜2年の期間を決め、極度額の範囲であれば出し入れ自由となります。また、極度額に応じた設定手数料と残高に応じた金利を支払います。

　手形貸付の短コロと同じように毎月の返済がないので、資金繰りは楽になります。

　一般的には所有不動産に対して、根抵当権にて極度額を設定して運用します。

　手形貸付のような短期の書き換えの危険はないものの、証書貸付のように、「延滞しない限り残額の一括返済を求められることがない期限の利益」があいまいですから、会社の経営状態が危うくなったときに銀行から取引を解除されてしまう可能性があるので注意が必要です。

　社債は、いわゆる銀行引き受け少人数私募債になります。まれに分割弁済の形をとりますが、一般的には3年から5年後の一括弁済となります。

　利息については、半年又は1年ごととなっている場合がほとんどです。

　また、利息のほかに社債発行手数料や保証料などを支払います。

　以前は、これらの費用を全て合計すると証書貸付よりも割高になっていましたが、最近は、証書貸付と同程度の費用となっていることが多くなってきています。

　当座貸越契約、社債は、ともに一般の融資よりも審査が厳しく、銀行からの信用度が高くなければ設定してもらえません。逆に設定してもらえると、他行に対しても信頼度が上がります。

■ 代表的な融資の商品

　ここまで融資の形態をみてきましたが、今度は切り口を変えて、商品の種類についてお伝えしたいと思います。

①　マル保融資

　信用保証協会の保証が付いた融資をいいます。信用保証協会の保証がついているため、無担保、無保証人（法人代表者は連帯保証人を求められ、個人事業主は保証人不要）で融資が受けやすくなります。信用力が低い会社等へ融資をする際には積極的に活用されています。

　「責任共有制度」といって、信用保証協会の保証がついていても、その融資が焦げ付いた場合には融資額の 20% を金融機関が負担することになっています。

　原則全ての保証が責任共有制度の対象となりますが、創業関連保証やセーフティネット保証の一部など適用除外となっています。

　銀行に対する金利に加えて、信用保証協会に保証料を支払うことになります。保証料は融資時に全額支払うことも、返済期間に応じて年ごとに支払うことも可能です。

②　プロパー融資

　マル保融資以外の銀行融資をプロパー融資といいます。担保の有無を問いません。

③　マル経融資

　商工会議所等での 6 か月以上の経営指導を受け、事業改善に取り組んでいて、常時従事する従業員が 20 人（商業・サービス業は 5 人以下）の法人・個人事業主で一定の要件を満たす場合に、無担保・無保証で日本政策金融公庫に融資を申し込むことができる国の制度です。

　一定の要件とは、経営指導を受ける商工会議所の地区内で事業を行っていること、所得税、法人税、事業税、都道府県民税等の税金を完納していること、日本政策金融公庫の融資対象となる業種であることです。貸付限度額は 2,000 万円、返済期間は運転資金 7 年・設備資金 10 年です。

　商工会議所や商工会にも活発な団体とそうでもない団体があります。加盟する場合は、ある程度調べてから加入されることをお勧めいたします。

④　制度融資と利子補給

　都道府県及び各市区町村が産業振興のために中小企業や個人事業主の事業資金の調達をスムーズにする趣旨で設けられている融資制度です。

　都道府県や市区町村により異なりますが、金利も抑え目になっており、固定金利で融資を行います。また、基本的には無担保で、第三者保証人をつけない信用保証協会の保証付融資となっています。

　ただし、都道府県や市区町村の審査を受ける必要があるので、融資までに時間と手間がかかるという短所もあります。

　この制度融資に伴い、借入れを受ける法人や個人事業主の負担を軽減するため、利子補給が行われることもあります。これは行っている都道府県や市区町村でまちまちであり、事前に調べることが大切になります。専門家として知っているとお客様から喜ばれます。

　また、制度融資と利子補給は、会社の所在地以外に融資を受ける銀行の支店の所在地によって取扱いができる・できないがあるので、確認が必要です。

　なお、①や④のマル保融資における保証協会による保証額や、制度融資にはそれぞれ「限度額」が設定されていますが、これは企業の財務内容に関係なく設定されるものではありません。あくまでも、保証額や融資額は会社の財務内容次第ですから、むしろ限度額まで借りられる会社の方が少ないので注意が必要です。

⑤　中小企業経営力強化資金

　経営革新等支援機関（認定支援機関）による指導及び助言を受けている会社が対象の日本政策金融公庫（国民生活事業、中小企業事業）の融資制度で、既存事業者も創業事業者も利用することができます。創業融資制度の場合に課される自己資金要件がないところが特徴です。

　ただし、経営革新等支援機関の支援、事業計画書の策定、経過報告という３つの要件が課されています。

　経営革新等支援機関に対しては半年ごと、日本政策金融公庫には１年ごとに経過報告をする必要があります。

　運転資金、設備資金の両方に使うことができます。

⑥　コベナンツ融資

　コベナンツ（契約条件）が設定された融資で、最近増加傾向にあります。

　①財務状況や経営状況を融資期間中に定期的に開示する「情報開示義務」、②２期連続経常赤字を避けること、純資産額が前年度の75％以上といった財務内容を一定以上の水準に保たれなければならないとする「財務制限条項」、③会社の資産を売却や処分をする場合、大株主が変わる場合には事前に相談し了承を得る必要のある「資産処分等一定の行為に対する制限」等の条件がついた融資になります。

　担保・保証がなくても高額の資金調達が可能であったり、金利などの条件が良かったりというメリットがあります。

　これらの条項に抵触又は違反が認められた場合に、借入条件が悪化したり、即時返済を求められたりすることになるので、決算を組む際に注意が必要です。

　特に、コロナ化で赤字に陥った企業がコベナンツに抵触していることがあるので、確認しておきましょう。

⑦　シンジケートローン

　多額の資金を必要とする事業を行う場合の融資で、特定の銀行一行ではリスクを負いきれないと判断された場合に、複数の金融機関が資金を出し合って融資する形態です。

　シンジケートローンでは、アレンジャーと呼ばれる代表の金融機関が、他の参加金融機関をまとめて、全ての金融機関に対して同じ条件・契約書をもって、1社に融資を行います。

　返済も決められた口座に一括で行い、それをエージェント（≒アレンジャー）と呼ばれる金融機関が管理します。

　シンジケートローンでは関係者が多くなることから、融資条件や融資取組みの前提条件、表明保証などの様々な取り決めを記載する必要があります。そのため、契約書が長文で複雑なものになります。

　また、シンジケートローンでは、基本的にコベナンツが設定されます。

　さらに、シンジケートローンは、アレンジメントフィー、エージェントフィー、その他、契約更新などにかかる手数料がかかり、通常の融資よりはコストが高くなります。

　また、参加金融機関が多いと契約書に係る印紙代が高額になることがあるので、注意が必要です。

⑧　資本性ローン

資本性ローンによる借入金は、金融機関の資産査定上、自己資本とみなすことができる※ので、財務体質強化につながります。また、資本性資金でありながら、株式ではないため、既存株主の持株比率を低下させることもありません。また、万が一、倒産した場合でも、全ての債務（償還順位が同等以下とされているものを除く）に劣後します。

※　借入金ではなく、自己資本としてみなせる額は次のとおりです。

　　償還期限まで、5年以上有する債務については、残高の100%をみなし自己資本とします。残存期間が5年未満となった債務については、1年ごとに20%ずつみなし自己資本の割合が逓減します。

●資本性ローンの特徴

(1)　期限一括返済

　　最終回の一括払いとなり、それまでの間は、利息のみの支払いとなります。そのため、ご融資期間中は元金の返済負担がなく、月々の資金操り負担を軽減することができます。

　　逆に、ご融資後5年間は、原則として期限前返済はできません。

(2)　業績に応じた金利設定

　　純利益がプラスかマイナスかで金利が変わります。マイナスであれば0.5% 程度の低利ですが、プラスになると返済期間により、3.6%から4.65% と、比較的高めの金利となります（2023 年9 月19 日現在）。

　　前述のとおり、原則的に期限前返済はできないので、業績が悪いときに融資を受け、業績が好転して金利が高くなるからといって解約できないので、高い金利を支払う必要があります。

●挑戦支援資本強化特別貸付（資本性ローン）の概要（日本公庫）

・要件

(1)　民間金融機関からの支援を受けて事業計画書を策定していること。

(2)　事業計画上必要となる資金から自己資金による調達を控除した額の
うち、事業計画書の策定支援を実施した民間金融機関によるご融資金
額が、原則として 2 分の 1 超であること。

(3)　貸付後 3 年間、支援金融機関に対して事業計画の進捗状況を報告す
るとともに、支援金融機関からの経営指導を受けること。

⑨　AI 融資

イ　AI 融資とは？

「AI 融資」とは、"ヒト" が融資の審査をするのではなく、"AI"（Arti-
ficial Intelligence：人工知能）が融資の審査を行います。つまり、人間の
主観を入れず、過去の取引記録等から客観的に会社等の信用力を判断する
融資になります。

例えば、この後お伝えする事業性評価融資などはヒトが介在して、審査
に関しても時間がかかります。

このように事業の内容をみて判断するという融資手法は、金融機関の本
来あるべき姿といえます。しかしながら、AI 融資はヒトが主ではなく AI
が主となって短期間で審査する手法です。今後は、この相反するように思
われる 2 つの手法が主流となっていくと予想されます。

ロ　AI 融資の分類

AI 融資の先駆的金融会社としては、個人向けにおいては、みずほ銀行
とソフトバンク株式会社により設立された株式会社 J. Score（ジェイスコ
ア）、法人向けとしては、弥生株式会社とオリックス株式会社によって設
立されたアルトア株式会社（なお、2021 年 4 月 9 日より、アルトアの融
資業務は、オリックス株式会社に事業移管されています。）などがありま
す。都市銀行などでは、みずほ銀行の「みずほスマートビジネスローン」
（2023 年 3 月 13 日にて終了しました。）、三菱 UFJ 銀行の「Biz LEND-

ING」などがあります。

　また、Amazonレンディング、楽天スーパービジネスローンエクスプレスなどはトランザクションレンディングといって、あるプラットフォーム内（ECサイト等）での取引データ等（売買実績や入出金状況等）、決済情報、口コミなどをベースに融資審査をするサービスなどから、AIを駆使して融資を行うサービスになります。

ハ　AI融資と従来の融資との違い

　AI融資の主な特徴は、「審査が早い（2～3日以内）」「決算書や事業計画書などが不要」「オンラインでの手続が中心」などです。その他、「無担保・無保証人」「小口の短期返済」などの特徴もあります。例えば、三菱UFJ銀行は、AIで過去の入出金履歴を分析し、無担保無保証人にて1,000万円以内の融資を最短2日で実行するというスキームです。

ニ　AI融資の攻略3つのポイント

　令和元年時点においては、まだまだAI融資は少額・高金利・短期日で、銀行などの主流となっているとは言い難いのですが、今後は、金融機関以外の参入も見込まれ、急速に浸透していくことが考えられます。

　AI融資は、入出金の推移（日々の資金のやりとり）、インターネット販売の取引履歴、会計ソフトの入力データ等を分析して返済能力を判断します。AI融資の詳細な審査基準は、各金融機関などから情報公開されているわけではありませんので分かりませんが、その仕組みから察すると以下の3つのポイントがあると思われます。

---

①　入出金の管理を確実に行うこと
②　インターネットバンキングで記録の残る取引をすること
③　会計ソフトでルールに則った適切な経理処理を行うこと

123

この３つのポイントは、「入出金」や「日々の資金のやりとり」などを明確にすることを意味しています。

今後のAI融資の審査は、ビッグデータを含め、あらゆるデータを分析して審査をするようになっていくことでしょう。また、通常の融資や事業性評価融資などの審査においても、さらにAIが活用されつつあります。"ヒト"では認識できないことも、"AI"なら短時間で大量の情報を分析して判断することができます。なお、2022年の中小企業白書では「中小企業の資金調達における選択肢の多様化を通じて資金繰りの更なる円滑化に貢献しうるため、社会にとって望ましいことである」と言及されており、さらに、AI審査をベースとした「オンライン型ファクタリング」なども紹介されています。今後の動向に注目したいところです。

■ 融資の受け方の大原則とは

ここまで様々な融資の形態と種類についてお伝えしてきましたが、最後に「どのように借りるべきか」の大原則をお伝えしたいと思います。

会社としては、なるべく長期で借りることが基本的な戦略です。

銀行からは借りたいときに借りられるわけではなく、銀行が貸したいときに借りられるだけだからです。

賞与資金や納税資金といった短期の融資は、受けようと思っても、思ったときに借りられる保証はありません。例えば、大型の受注案件がとれそうなときに、タイミングよく仕入資金の融資が受けられないとなると会社の損益に大きく関わることになります。

ですから、基本的には**長期の運転資金で常に手元資金を厚く持っておく**ことが大切です。

見直しの頻度が多いほど銀行としての監視が効くので銀行に有利、少ないほど会社に有利となります。

ですから、銀行としてはまずは短期の融資を勧めます。

しかし、会社側としては、**設備の購入に際しては設備資金を優先**、そうでなければ、**長期の運転資金を優先**し、**短期の運転資金は最後に考えるべき**です。

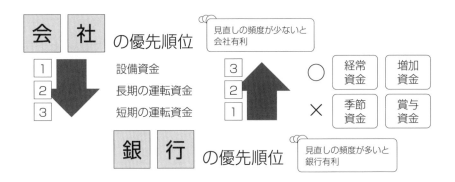

ところで、設備資金は返済期間が長くなる分、会社にとっても銀行にとっても手続が面倒です。ですから、金融機関によっては「長期の運転資金でも一緒ですよ」と、あたかも違いがないような説明をしてくることがあります。

しかしながら、設備資金には設備資金の枠、運転資金には運転資金の枠があります。設備を買うのに運転資金を使ってしまっては、本当に運転資金を借りたいときに枠が一杯ということも考えられますから注意が必要です。

また、手形貸付も期日における手形書換を前提とはいいますが、本当に書き換えてくれるかは、そのときになってみないと分かりません。そのときの会社の状況が悪ければ、金利が上がったり、担保の差し入れが必要となったりと条件が変わる、あるいは、最悪、書き換えてくれないという状況も想定しておかなければ危険です。

「返済がない分資金繰りが楽になる」と考えるか、折り返し融資が受けられるのであれば、返済があっても長期的には残高が変わらないと考える

か、よく検討すべきといえましょう。

　一方で、最近では金融庁の指導もあり、金融機関では運転資金（売上債務＋棚卸資産－仕入債務）については短コロ（手形貸付、当座貸越）を中心に融資する方針が定着しつつあります。

　折り返し融資が受けられない可能性もありますが、当座貸越契約で期間が2年以上のものであればその懸念も小さくなりますので、長期の証書貸付より優先しても良いでしょう。

　借りたい順にまとめると、
①　社債（期日一括弁済）
②　短コロ
③　資本性ローン
④　期限後一括弁済の長期の証書貸付
⑤　分割弁済の長期の証書貸付
⑥　季節性の手形貸付
という順序になります。

　また、余談になりますが、会社が実質無借金でないのに、個人の住宅ローンを繰り上げ返済しようとする経営者がたまにいますが、これは間違いです。住宅ローンほど長期で低金利な融資はありません。繰り上げ返済するくらいであれば、その浮いた資金を会社に入れて、会社の手元資金を厚くするよう、アドバイスしましょう。

Ⅵ

融資と担保・保証人の関係

　融資先の会社が業績不振や倒産した場合に備えて担保が設定されることがあります。担保には、人的担保と物的担保の2つがあります。

　人的担保は社長等の個人保証で、物的担保は一般的に会社所有や経営者の自宅といった不動産担保となります。

　個人保証をする保証人にも2つあります。一つは普通保証人でもう一つは連帯保証人です。

　普通保証人には催告の抗弁権（もっときちんと債務者本人に請求・催告してほしいと主張する権利）と検索の抗弁権（債務者本人の財産で弁済できないか調査してほしいと主張する権利）があります。

　しかし、連帯保証人にはこの2つの権利がありません。さらに、保証人が複数人いる場合の「分別の利益」もありません。

　実務上、銀行等が融資に当たり要求するのは、連帯保証人です。つまり、融資条件において、会社が「期限の利益」を失うと、連帯保証人は即時保証債務を一括返済しなくてはならなくなります。

　なお、連帯保証債務は保証人死亡の場合、遺族に包括的に引き継がれることになります。

保証について

	保証人	連帯保証人
催告の抗弁権	○	×
検索の抗弁権	○	×
分別の利益		×

前述の信用保証協会による保証も担保の一つとなります。

創業したてで会社に信用がないうちは、信用保証協会の保証に加えて代表者を連帯保証人とすることがほとんどです。

会社の利益が経常的に見込まれ、かつ、安定し、交渉力が出てくると信用保証協会の保証が外れ、代表者の連帯保証だけで足りるようになります。

なお、最近は代表者以外の連帯保証を求められることはほとんどなく、民法改正で令和2年4月1日からは、会社の代表取締役や経営に密接に関わっている個人が保証人になる場合を除いて、公正証書を用意しなければならなくなるので、第三者の連帯保証が求められることはますます少なくなるでしょう。

ところで、「住むなら賃貸か持家か」という議論がありますが、**経営者であれば持家の方をお勧めします**。やはり、持家の方が代表者としての保証能力が上がるためです。

■ 経営者保証に頼らない融資を考える

このように、通常、会社が金融機関から融資を受ける際には、一般的には経営者自身が連帯保証人になることが求められています。

金融機関の債権を保全するために必要ではありますが、事業承継や事業再生時の足かせになることも否めません。

そこで一定の要件を満たす場合、経営者の保証をつけない、あるいは外すことを金融機関に求めることができる「経営者保証に関するガイドライン」を金融庁が設定しました。

一定要件とは、①法人と経営者の関係の明確な区分・分離、②財務基盤の強化、③財務状況の適時適切な情報開示、が挙げられます。つまり、法人が単体で信用を担保できると金融機関が判断できるように体制を整えて

おけば経営者保証を外すことができるということです。

　さらに、金融庁は、経営者保証に依存しない融資慣行の確立をさらに加速させるため、令和4年12月に「経営者保証改革プログラム」を策定し、民間金融機関による融資に関し、監督指針を改正しました。

　プログラムには、民間金融機関が経営者保証を徴求する際の手続きを厳格化することで、安易な個人保証に依存した融資を抑制するとともに、事業者・保証人の納得感を向上させるための施策などを盛り込んでおります。

■ 金融機関は経営者保証の必要性等について詳細な説明が必要になります

　今後は、経営者等との間で保証契約を締結する場合には、保証契約の必要性等について、「経営者保証に関するガイドライン」に基づき主債務者と保証人に対して、個別具体的に以下の説明をすることを金融機関に求めています。

　　・どの部分が十分ではないために保証契約が必要となるのか

　　・どのような改善を図れば保証契約の変更・解除の可能性が高まるか

■「経営者保証に関するガイドライン」の内容が使われている融資制度

　では、「経営者保証に関するガイドライン」の内容が使われている融資制度を見てみます。

　今回の監督指針の改正に伴い実施される、信用保証協会付き融資の際の「経営者保証を不要とする取り扱い」です。信用保証協会付き融資で経営者保証を不要とできる類型として、①金融機関連携型、②財務要件型、③担保充足型があります。

　この中で最も活用されている類型が、①金融機関連携型です。金融機関

連携型は、「経営者保証に関するガイドライン」の３つの要件を勘案する内容です。財務的な要件として、①直近の決算期において債務超過ではない、②直近２期の決算期において減価償却前経常利益が連続して赤字ではない、の２つを満たしていることが重要です。また、申込金融機関において、経営者保証を不要とし、かつ、保全のないプロパー融資残高があることも求められています。

　また、日本政策金融公庫では、経営者保証免除特例制度があります。これは、財務的な要件としては、信用保証協会付き融資の金融機関連携型と同様の内容です。加えて、「経営者保証に関するガイドライン」の３要件に近い内容と税務申告を２期以上実施していることも挙げられています。参考として、2022年12月に中小企業収益力改善支援研究会が示した「収益力改善支援に関する実務指針」の「ガバナンス体制の整備に関するチェックシート https://www.chusho.meti.go.jp/kinyu/2023/230220startup_check_sheet.xlsx」が参考になります。

　今後、金融機関に融資を申し込む際には、直近の決算が債務超過ではないか、直近２期の決算が２期連続して黒字か、という事を念頭に入れて話されることが大切です。しかし、今は条件を満たさなくても１つずつ要件を克服してくことで、将来的に経営者保証を外せる可能性は増えてします。スムーズな事業承継等を考える際にとても大切なことだといえます。

■ スタートアップ創出促進保証制度

　現在の日本経済の潜在成長力が低下している中で、経済活性化を促すためにスタートアップを含む起業家・創業者の育成が急務です。しかし、起業を阻害する大きな要因が「借金や個人保証を抱えること」です。この問題を解決するために、前述のとおり、金融庁は「経営者保証改革プログラム」を財務省との連携のもと策定しました。この経営者保証改革プログラ

ムの目玉となっているのが「スタートアップ創出促進保証制度」です。

　この制度は、経営者保証及び担保が不要で、最大 3,500 万円まで融資が可能であり、創業予定者及び創業 5 年未満の法人が対象（創業予定者と税務申告 1 期未終了者に関しては、一部自己資金が必要）となっております。運転資金、設備資金どちらでも対応可能で、信用保証協会が 100% 保証をする制度です。

　この制度を適用して信用保証付融資を受けた場合、原則として会社を設立して 3 年目及び 5 年目のタイミングで中小企業活性化協議会による「ガバナンス体制の整備に関するチェックシート」に基づいた確認及び助言を受けなければなりません。（下図参照）

　ガバナンスチェックに基づく助言などを通じて、創業者の持続的な成長と中長期的な企業価値の向上に繋げていく狙いがあります。

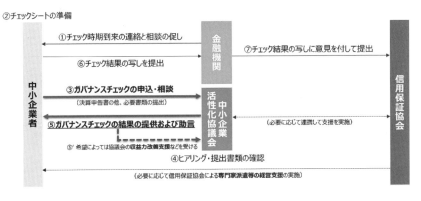

（中小企業庁 HP 参照）

●不動産への担保設定とその注意点

　不動産に設定する抵当権（担保）には、**一般抵当権**と**根抵当権**があります。

　一般抵当権は目的となる融資が完済することで効力を失いますが、根抵当権は決められた極度額以下の融資に対する担保となりますので、借換え

などで融資が継続している場合には、当初の借入れを返済しても効力は失われません。

　実務上は根抵当権が設定された場合、その銀行からの全ての融資を完済しない限り外すことができません。

　したがって、他行からは、その資産の担保価値が極度額分目減りしてみえますので、抵当権設定の際には、まずは一般の抵当権で交渉することをお勧めします。

　また、定期的に担保設定状況を確認し、抵当権の消し忘れがないか、さらに、融資の状況よりも根抵当権の極度額が過大ではないか見直すことが大切です。

　また、不動産を購入するときには、物的担保として購入物件を差し入れるのが基本となります。ただし、担保さえ差し入れれば、不動産購入資金を借りられるかというとそうではなく、あくまでも「キャッシュフローが回るかどうか」が重要になります。

　例えば、「購入前の賃貸料がなくなるので、その分を返済資金に回せる」といったような返済見込みが立つことが前提となります。

　これは運転資金についても同じことがいえ、「経営が苦しくなったので、自宅を担保に入れて借入れをしたい」と、安直に期待する人がいますが、事業の再生見込みがない場合には、いくら担保を差し入れても融資を受けることはできません。

　さらに、信用保証協会が融資に対して保証する際、銀行と「協会優先充当契約」という契約を結ぶことがあります。融資が焦げ付いて担保資産を処分した際には、信用保証協会が保証した債権から優先的に充当するという契約です。

　信用保証協会を使い、かつ、不動産担保を銀行に差し入れている場合には、この契約の有無を金融機関に確認しておく必要があります。実質的に信用保証協会が担保をとったことになるので、優先充当契約がある融資を優先充当契約がない融資に借り換えることが難しくなります。

　基本的にはプロパー資金で全額を肩代わりしてくれる金融機関が現れない限り、借換えが難しくなるので注意しましょう。

すぐできて効果バツグン！財務改善ポイント

☑ 銀行への決算報告に同席しよう

☑ 決算報告を引き金にして銀行員の知り合いを作り、他のお客様に
も紹介できる体制を作ろう

☑ 不動産の担保設定状況を毎期見直そう

第4章

融資審査と財務分析及び
ローカルベンチマークの
知識

第4章の狙い、主旨

　融資審査の根幹は「格付」です。その格付の第一ステージは「定量分析（財務分析）」です。また、今後における融資審査の中心となる事業性評価融資においても「財務」がとても重要であることは何ら変わりありません。

　本章においては、格付と融資審査のポイントや損益計算書、貸借対照表の金融機関のチェックポイントについて解説いたします。また、現在、国が共通ツール（財務ツール）として金融機関などに推奨しているローカルベンチマークについて解説いたします。

I

融資の審査のポイント

① 銀行を理解するのに欠かせない金融庁検査とは

　金融機関には、監督官庁である金融庁の検査を受けることが定められています。

　かつての護送船団方式はなくなりましたが、今なお、金融庁は金融機関に強い影響力がありますから、金融機関は金融庁の動きを無視することはできません。

　これまでの銀行検査は、金融検査マニュアルに従い、いかに不良債権を出さないか、削減するかの視点といった、過去の処理の適正性を詳細まで確認するような検査でした。

　しかし最近では、この画一的な検査が金融機関を委縮させ、稼ぐ力を削いできたと考えられはじめました。低金利、人口減少により、金融機関を取り巻く経営環境は厳しくなる一方であるからです。

　そこで、これまでの金融検査を主導してきたといわれている金融検査マニュアルが令和元年12月に廃止され、不良債権などの捉え方は銀行の裁量に任せ、銀行自体の稼ぐ力を重視するという方針転換が図られています。

　しかしながら、金融検査マニュアルの廃止は、金融庁から「これまでに定着した金融機関の実務を否定するものではない」と明確に公表されていますし、債務者区分は貸倒引当金の設定率に直結していますから、財務や決算内容が今後も重要であることに何ら変わりありません。

　また、金融機関による柔軟な評価を認める方針が打ち出されてはいますが、金融庁が金融機関に要求する自己査定によって個々の債権に対する引当金繰入額が決まる以上、これからも自己査定が銀行から会社への融資の審査に直結することに変わりありません。

　ここからは、自己査定による債務者区分やスコアリング、及び融資審査の際の評価項目についてお伝えしたいと思います。

② 債務者区分、信用格付とは

■ なぜ銀行は自己査定を行わなければならないのか

　自己査定とは、金融検査マニュアルに則った金融機関が自ら定める基準に基づいて、保有する債権（つまり融資）等を回収の危険性や価値の毀損の危険性の度合いに従って、償却や貸倒引当金の計上を行うことをいいます。

　まずは、債権等を回収可能性の高低を示す担保等の有無により、優良保証あり〜担保なしの間で把握します。

　続いて、価値の毀損の危険性を知るための財務内容の健全性の有無により、財務内容が健全〜不良までで把握します。

　担保の有無を財務の健全性という2つの基準に基づいて、①正常債権、②回収に注意を要する債権、③回収に重大な懸念がある債権、④回収不能債権の4つに分類し、自行において保有する債権等の償却や引当てを決めます。

■ 銀行の業績に直結する債務者区分

　債務者区分とは、債務者の財務状況、資金繰り、収益力等から返済能力を判定し、その状況に応じて債務者を区分したものをいいます。

①　正常先

　正常先とは、業績が良好かつ財務内容にも特別の問題がないと認められる債務者のことを指します。貸倒引当金計上額は貸付金額から担保額を引いた額の 0.3%〜0.5% です。

②　要注意先

　要注意先とは、会社の業績が振るわない及び財務内容に不安定な問題がある等、今後の債権管理に当たって注意をしなければいけないとみられる債務者（その他要注意先）、又は、金利の軽減や免除、返済の一時ストップを行っている等の貸出条件に問題がある債務者、借入金の返済あるいは借入金の利息の支払いが事実上延滞している等の履行状況に問題がある債務者（要管理先）のことを指します。

　正常先と要注意先の間に明確な線引きはありませんが、連続赤字や債務超過となる場合に要注意先として区分されることが多いようです。

　要注意先は、要管理先とその他の要注意先に分けられます。

　要管理先の貸倒引当金の計上額は貸付金額から担保額を引いた額の 15% 程度です。

③　破綻懸念先

　破綻懸念先とは、今は経営破綻状態になっていないが、実質債務超過状態に陥っていて、経営状況が厳しい状態にあり、貸付金の元本及び利息が最後まで回収できるか重大な懸念がある、すなわち貸付金について損失が生じる可能性が高い状況で、今後経営破綻に陥る可能性が大きいと認められる債務者のことを指します。現在、金融機関等の支援継続中の債務者もこの区分に含まれます。

　破綻懸念先の貸倒引当金計上額は貸付金額から担保額を引いた額の 70% 程度です。

④　**実質破綻先**

　実質破綻先とは、事業を形式的には継続しているが、多額の不良資産を持つ、あるいは返済能力に比して明らかに過大な借入金があり、実質的に大幅な債務超過状態に相当な期間陥っている状態であり、事業好転の見通しもない状況、又は経済状況などの急変で大きな損失を生じ、再建の見通しが立たない状況において、貸付金の元金や利息について実質的に長期間延滞している債務者のことを指します。

　実質破綻先の貸倒引当金計上額は貸付金額から担保額を引いた額の100％です。

⑤　**破綻先**

　破綻先とは、破産、清算、会社整理、会社更生、民事再生、手形交換所の取引停止処分等の理由で経営破綻の事実が発生している債務者のことを指します。

　破綻先の貸倒引当金計上額は貸付金額から担保額を引いた額の100％です。

債務者区分・信用格付と取引方針の関係

債務者区分		概要	取引方針
1．正常先		財務内容に特段の問題ない債務者 （決算が黒字で累積損失がない）	積極推進方針先
2．要注意先		財務内容に問題がある等、注意を要する債務者	現状維持方針先
	その他 要注意先	要管理先以外の要注意先 （決算が赤字や累積損失あり）	消極方針先
	要管理先	返済猶予などの実施（条件緩和債権）、3か月以上延滞（延滞債権）	取引解消方針先
3．破綻懸念先		経営破綻に陥る可能性が高い （大幅債務超過、過大債務など）	
4．実質破綻先		廃業状態やそれに近い状態	
5．破綻先		法的整理・取引停止処分など	

■ 自社に対する銀行の取引方針を意識する

　銀行では会社から決算書を預かると、内容を確認したのち、決算書をもとにその会社の信用力を格付（信用格付）して、会社に対するその年1年の取引方針を決めます。

　格付の指標やウェイトは、金融庁が定めた自己査定と異なり、銀行独自のものとなっていて、一般的に公表されませんが、自己査定と連動した形になっていることが多いようです。

　また、取引状況なども勘案されますので、保険の手数料収入や、振込手数料、従業員の給与口座、代表者個人の定期預金などの状況も加味されることとなります。

　基本的には債務者区分における正常先を積極推進方針、現状維持方針に、要注意先を消極方針に、それ以外を取引解消方針に、というように分類し、融資の限度額や金利等の方針を決めることになります。

その際に関係するのが、過去における自行から融資を行った**最大融資残高**と、その会社における借入残高の自行の占めるシェアとなります。

例えば、「積極推進方針先」には過去の最大融資残高を超えて融資を行い、金利も他行が提示するより低い利率を提案し、融資残高シェアを拡大する。「現状維持方針先」には過去の最大融資残高の範囲で折り返し融資を行い、金利は据え置く。また、融資残高シェアも現状を維持する。「消極方針先（マル保のみ）」、「取引解消方針先（回収専一）」には基本的に新規融資は行わず、取引の解消に努める、といったような形になります。

基本的には1年間、この方針が変わることがありません。「融資判断は試算表で、金利判断は決算書で」となる銀行が多いのはこのためです。

■ 金融機関に提出する書類はこれ

金融機関は、会社が融資を申し込んだ際、また、融資が実行された期以降の毎期に決算書（実際には税務申告書）の提出を求めます。新規の融資の申込みのときには3期分の決算書と試算表、融資を実行した以降は直近の決算書になります。

> ☑ 決算書・申告書　3期分
> ☑ 直近の試算表
> ☑ 収入印紙（公庫）
> ☑ 金銭消費貸借契約書（銀）
> ☑ 個人情報の取扱いに関する同意書（銀）
> ☑ 暴力団等反社会的勢力でないこと等に関する表明・確約（銀）
> ☑ 銀行取引約定書（銀・初）
> ☑ 登記簿謄本（登記事項証明書）（初）
> ☑ 印鑑証明書（初）
> ※　（銀）は銀行が準備する書類、（初）は初回融資時のみに求められる書類

決算書・申告書は、内訳書、事業概況書を含め税務署に提出した全ての

資料の提出を求められます。また、売上高を確認するため、消費税申告書の提出を求められることもあります。

　収入印紙を求められるのは日本政策金融公庫のみで、民間金融機関の場合は銀行で立替払いをし、融資資金の振込みの際に差し引かれることがほとんどです。

　金銭消費貸借契約書、個人情報の取扱いに関する同意書、暴力団等反社会的勢力でないこと等に関する表明・確約、銀行取引約定書は、金融機関が用意します。

　登記簿謄本（登記事項証明書）、印鑑証明書、銀行取引約定書は初回取引のみ提出します。

　なお、**暴力団等反社会的勢力に該当する場合には、融資だけでなく銀行口座を開設することすらできません。**

❸　スコアリングの流れを知って格付アップ

　担当者は決算書を預かった後、決算書を本部に送り、分析を依頼します。

　この分析は、決算書から機械的に定められた財務指標を算出し、それをもとにスコアリング（これを第１次評価といいます）をします。

　そして第２次評価である定性評価、第３次評価である実態評価に進みます。

銀行の格付

第１次評価（定量分析）

⬇

第２次評価（定性分析）

⬇

第３次評価（実態評価）

■ 最も重要な第1次評価（定量分析）

　金融機関は、会計上の財務分析の観点ではなく、会社に融資した貸金が回収できるかという観点から決算書を分析します。

　その1段階目となるのが定量分析と呼ばれる第1次評価で、財務諸表から評価するものとなります。

　この**第1次評価のスコアで融資枠や利率など、大枠の条件が決まります**ので非常に重要です。

　具体的には、安全性項目・収益性項目・成長性項目・債務返済項目の4つの観点から、次に掲げる13の財務指標をもとにしていきます。

安全性項目
- ☑ 自己資本比率
  - ➡ 純資産合計金額／総資本
- ☑ ギアリングレシオ
  - ➡ 総負債（流動負債＋固定負債）／純資産合計金額
  - ＊短期借入金及び長期借入金に含まれる役員借入金は純資産額に加算する
- ☑ 流動比率
  - ➡ 流動資産／流動負債
- ☑ 固定長期適合率
  - ➡ 固定資産／（固定負債＋純資産額合計金額）

収益性項目
- ☑ 売上高経常利益率
  - ➡ 経常利益／売上高
- ☑ 総資本経常利益率
  - ➡ 経常利益／総資本
- ☑ 収益フロー
  - ➡ 3期の経常利益がプラスかマイナスか

成長性項目

☑ 経常利益増加率
- ➡ （当期経常利益額－前期経常利益額）／前期経常利益額

☑ 自己資本額
- ➡ 純資産合計

☑ 売上高
- ➡ 評価年度の売上高

債務返済能力

☑ 債務償還年数
- ➡ （金融機関融資残高合計－所要運転資金）／（減価償却費＋経常利益－法人税等）

☑ インタレストカバレッジレシオ
- ➡ （営業利益＋受取利息＋受取配当金）／（支払利息＋割引料）

☑ 償却前営業利益
- ➡ 減価償却費＋営業利益

　以上の項目からポイントをつけ、それを合計したもので債務者区分を決定します。

　純資産（自己資本）と営業利益と経常利益に関する項目が配点されている割合が高いため、格付アップをするには、これらの項目を大きくすることが重要となります。

■ 銀行は法人税申告書のここをみる

　また、決算書のみではなく、法人税の申告書も融資の際の重要な資料となります。ここでは銀行がチェックするポイントをお伝えします。

① 別表１：法人税額の計算

　税務署に提出した申告書かどうかを確認します。

　書類提出の場合は税務署受領印で本物であることを確認します。最近は

電子申告も増えてきましたので電子申告を完了した証明書（受信通知）を確認します。

受信通知サンプル

出典：国税庁ホームページ（https://www.e-tax.nta.go.jp/sakusei/messagebox-web-method.htm#Link1）（令和元年 11 月現在）

②　別表２：同族会社等の判定に関する明細書

株主構成をみます。

経営者が株式 100％ 所有しているオーナー経営者なのか他に株主がいるのかを確認し、経営者との関係を確認します。また、経営者の親族なのか、友人なのか、当会社の社員なのか、誰にどのような理由で株主になってもらっているのかを確認をします。

株主は分散させないのが基本です。経営者や経営者一族で 100％ 株主である方が安定しているとみられます。

逆に経営者が株式を全く所有していなかったり、所有していないのと同等の数％ 以下しか所有してなかったりする、いわゆる雇われ経営者の場

合には、経営者と実質オーナーとの融資に対する事業計画や融資に対する
考え方が一致しているかを確認します。

　また、株主から親会社や兄弟会社の存在が明らかとなった場合には、そ
の経営状況の確認のために決算書の提出を求めます。
　さらに、反社会的な人物が株主にいないかを確認します。

同族会社等の判定に関する明細書

事業年度又は連結事業年度	・　・ ・　・	法人名	

別表二　平三十一・四・一以後終了事業年度又は連結事業年度分

同族会社の判定

期末現在の発行済株式の総数又は出資の総額	1	内	300
(19)と(21)の上位3順位の株式数又は出資の金額	2		300
株式数等による判定 $\frac{(2)}{(1)}$	3	%	100
期末現在の議決権の総数	4	内	300
(20)と(22)の上位3順位の議決権の数	5		300
議決権の数による判定 $\frac{(5)}{(4)}$	6	%	100
期末現在の社員の総数	7		
社員の3人以下及びこれらの同族関係者の合計人数のうち最も多い数	8		
社員の数による判定 $\frac{(8)}{(7)}$	9	%	
同族会社の判定割合((3)、(6)又は(9)のうち最も高い割合)	10		100

特定同族会社の判定

(21)の上位1順位の株式数又は出資の金額	11	
株式数等による判定 $\frac{(11)}{(1)}$	12	%
(22)の上位1順位の議決権の数	13	
議決権の数による判定 $\frac{(13)}{(4)}$	14	%
(21)の社員の1人及びその同族関係者の合計人数のうち最も多い数	15	
社員の数による判定 $\frac{(15)}{(7)}$	16	%
特定同族会社の判定割合((12)、(14)又は(16)のうち最も高い割合)	17	

判　定　結　果	18	特定同族会社 (同　族　会　社) 非　同　族　会　社

判定基準となる株主等の株式数等の明細

順位		判定基準となる株主(社員)及び同族関係者		判定基準となる株主等との続柄	株式数又は出資の金額等			
					被支配会社でない法人株主等		その他の株主等	
株式数等	議決権数	住所又は所在地	氏名又は法人名		株式数又は出資の金額 19	議決権の数 20	株式数又は出資の金額 21	議決権の数 22
1	1	東京都…	○× □□	本　人			200	200
1	1	東京都…	○× ■■	子			50	50
2	2	埼玉県…	▲△ ○○	本　人			50	50

③　別表４：所得の金額の計算に関する明細書、別表５：利益積立金額及び資本金等の額の計算に関する明細書

　別表４の「1」の当期純利益額と損益計算書の当期純利益額が一致していることを確認します。また、別表５（1）の繰越利益金額が貸借対照表の繰越利益金額と一致していることを確認します。

別表４と損益計算書の関係

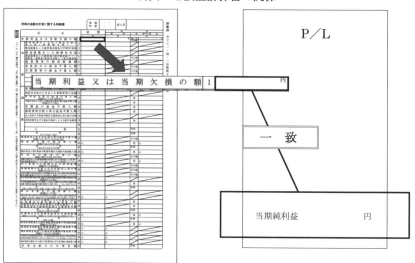

④　別表 11（1）：個別評価金銭債権に係る貸倒引当金の損金算入に関する明細書

　ここに計上された売上債権はほぼ全額回収不可能なものとして、滞留債権全額を純資産からマイナスをすることになります。

① 個別評価金銭債権に係る貸倒引当金の損金算入に関する明細書			事業年度又は連結事業年度	・　・ ～ ・　・	法人名	(	)	別表十一(一)
債務者	住　所　又　は　所　在　地	1	東京都××区…				計	平三十一・四・一以後終了事業年度又は連結事業年度分
	氏　名　又　は　名　称 （外国政府等の別）	2	×××（株） （　　　）	（　　　）	（　　　）	（　　　）		
	個　別　評　価　の　事　由	3	令第96条第1項 第3号ハ該当	令第96条第1項 第　号　該当	令第96条第1項 第　号　該当	令第96条第1項 第　号　該当		
	同　上　の　発　生　時　期	4	・　・	・　・	・　・	・　・		
	当　　期　　繰　　入　　額	5	円 300,000	円	円	円	円	
繰入限度額の計算	個　別　評　価　金　銭　債　権　の　額	6	300,000					
	(6)のうち5年以内に弁済される金額 （令第96条第1項第1号に該当する場合）	7						
	(6)のうち取立て等の見込額：担保権の実行による取立て等の見込額	8						
	他の者の保証による取立て等の見込額	9						
	その他による取立て等の見込額	10						
	(8)＋(9)＋(10)	11						
	(6)のうち実質的に債権とみられない部分の金額	12						
	(6)－(7)－(11)－(12)	13	300,000					
	繰入限度額：令第96条第1項第1号該当 (13)	14					円	
	令第96条第1項第2号該当 (13)	15						
	令第96条第1項第3号該当 (13)×50％	16	150,000					
	令第96条第1項第4号該当 (13)×50％	17						
繰　入　限　度　超　過　額 (5)－((14)、(15)、(16)又は(17))		18	150,000					
貸倒実績率の計算の基礎となる金額の明細	貸倒れによる損失の額等の合計額に加える金額 ((6)の個別評価金銭債権が売掛債権等である場合の(5)と((14)、(15)、(16)又は(17))のうち少ない金額)	19	150,000					
	貸倒れによる損失の額等の合計額から控除する金額：前期の個別評価金銭債権の額 （前期の(6)）	20						
	(20)の個別評価金銭債権が売掛債権等である場合の当該個別評価金銭債権に係る損金算入額 （前期の(19)）	21						
	(21)に係る売掛債権等が当期において貸倒れとなった場合のその貸倒れとなった金額	22						
	(21)に係る売掛債権等が当期においても個別評価の対象となった場合のその対象となった金額	23						
	(22)又は(23)に金額の記載がある場合の(21)の金額	24						

⑤　別表 16：減価償却資産の償却額の計算に関する明細書

　まずは「償却不足額」欄に数字が入っていないか確認します。基本的に
ここに数字が入っている場合には、これを「当期純利益」から差し引くこ
とになっていますので、説明を求められることになります。

① 旧定率法又は定率法による減価償却資産の償却額の計算に関する明細書

別表十六（二）

平三十一・四・一以後終了事業年度又は連結事業年度分

　損益計算書に計上された減価償却額と、貸借対照表に計上された各減価償却資産科目の未償却簿価が、この別表16関係に記載された金額と一致しているかを確認します。

　別表16は信用保証協会も確認をしているので、注意が必要です。

■ 意外と侮れない第2次評価（定性分析）

　多くの銀行対策の書籍で、「定性分析で評価が変わることはまれ」と紹介されていますが、実際の感覚からすると割と重視されています。

　主に会社の外部環境、内部環境などがみられます。

　例えば、**会社の主要な取引先が安定した大手先である場合**や、**評価の厳しい堅い銀行が取引銀行に含まれている場合**などには評価が上がります。

　逆に会社が属している**業界が斜陽産業**であると、その会社自身に力があっても融資が通りにくくなります。また、決算書に銀行系リースや割賦以外の「**ノンバンク**」からの融資があると、銀行からの融資は厳しくなります。

　さらに、会社だけでなく、**代表者の資産状況や役員報酬**なども加味されます。

　当然ですが、**個人の信用情報**も確認します。

　例えば、社長個人の携帯電話に本体代金の分割払い制度を使っていて、うっかり滞納してしまうと、信用情報に傷がつき、これがもとで融資を受けられなくなってしまうこともあるので注意しましょう。

　これらの評価は、支店の担当者や支店長の感覚によるところが大きいので、担当者や支店長の異動で会社の評価が一変することがあります。

　しつこいようですが、そのときに備えて、複数の金融機関と取引しておくことが大切です。

　また、「この決算内容では厳しいかも……」と、考えながら申し込んだ融資が通ることがあるのは、この定性分析のおかげです。

　決算書を見慣れてくると、決算内容次第で融資の可否が予想できるようになるものですが、どの部分が評価されるか分かりませんので、先入観にとらわれずに、融資を申し込んでみることも大切です。

銀行や支店長で異なる評価ポイント

☑ 返済実績　☑ 将来性　☑ 返済原資　☑ 業界動向
☑ 利益　　　☑ 主要取引先　☑ 年商　　☑ 取引銀行
☑ 技術力　　☑ 保有資産　☑ 担保　　☑ 手元資金

> どこを評価してくれるかは、
> その時、その銀行、
> その支店長によってまちまち

複数金融機関と取引し、適度な緊張感を保つことが銀行交渉の最低条件

■ 第3次評価　金融機関は決算書のここをみる

　最終的に金融機関では提出された貸借対照表から本当の資産価値を知るために不良資産などを控除したり、固定資産を時価に引き直したりして評価した「実態貸借対照表、損益計算書」を作成して返済能力を確認します。

資産の評価替え

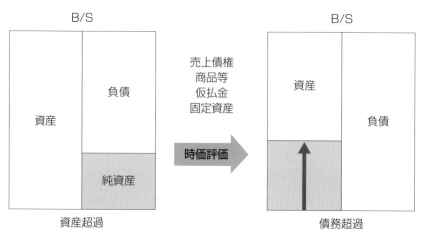

B/S

資産

負債

純資産

資産超過

売上債権
商品等
仮払金
固定資産

時価評価

B/S

資産

負債

債務超過

以下、代表的な資産の見方を紹介します。

①　売上債権（受取手形と売掛金）

受取手形や売掛金といった売上債権の中には回収できないものが存在することがあります。

金融機関では内訳書を比較し、何年も同額で計上されている債権を回収できないものと判断して、貸借対照表上は評価をせずにその金額がないものとして売上債権からマイナスします。

②　商品・製品などの棚卸し在庫

商品や製品については、陳腐化、減耗などしてしまい販売に適さないもの、あるいは、盗難等でそもそも会社に現物が存在しないことがあります。

金融機関はこのような販売に適さないなどの商品等を不良在庫として、その部分を商品等からマイナスします。

また、業界の平均的な在庫回転期間を大きく超える棚卸し在庫については、会社に棚卸表を求めて確認することになります。

③　仮払金（貸付金・仮払金・立替金）

金融機関が最も嫌う勘定科目です。

精算あるいは回収できるものであれば問題ないのですが、どんぶり勘定の会社では経営者に対する仮払金等が返済されないまま貸借対照表に何期も計上されていることがあります。

このような貸付金や仮払金・立替金は、金融機関では回収できないものとみなして、その金額をその資産からマイナスします。

④　固定資産

本社、工場、店舗などの建物、本業で利用する建物、機械、工具器具備品、車両運搬具は帳簿価額で評価します。

　一方で、土地、ゴルフ会員権、リゾート会員権などは帳簿価額と時価を比較して含み損がある場合にはその部分の金額をその資産からマイナスします。

⑤　減価償却

　法人税法上は減価償却をするかしないかは任意とされていますが、金融機関においては、適正な償却を行い、減価償却資産は法定償却額における償却後の帳簿価額で評価するとされています。

　150頁の⑤でお伝えしたとおり、**申告書の別表16（減価償却費の計算）において償却不足が生じている場合は粉飾とみなされ、最悪、融資を見送られてしまう場合があります。**

■　大切なのは経常利益が経常的な利益のみで構成されているか

　金融機関では、経常利益を重視します。

　本業の儲けである営業利益から利息を回収する必要があるので、経常利益がマイナスでは金融機関の儲けの源泉がなくなってしまうためです。

　ですから、決算書上は経常利益となっていても、それが「特別な収益」によって構成されている場合には損益計算書を修正します。

　例えば、雑収入の内訳に「保険解約益」などが含まれている場合、特別な利益とみなして経常利益からマイナスします。

Ⅱ

今後における融資審査のポイント

① 今後における金融庁の銀行検査

　これまでの金融庁検査は金融検査マニュアルに従った、いかに不良債権を出さないか、削減するかの視点で、過去の処理の適正性を詳細まで確認するものであり、金融機関にとって本当に注力しなければならない課題を検査しているものではありませんでした。

　つまり、「形式・過去・部分」を重視した検査でした。これが、「決算書で融資が決まる」と、いわれるゆえんでした。

　今後はその検査を「実質・未来・全体」に対象を変えていこうという取組みが行われています。

　実質とは、実質的に良質な金融サービスやリスク管理ができているか、未来とは、将来への健全性が確保されているか、全体とは、真に重要な問題への対応ができているかです。これらの要件を満たすためには、問題や対策の「見える化と探求的対話」が必要になってきます。

　金融機関にこれまでのような決算書をはじめとする過去の数字や担保等から融資先を評価するのではなく、ともに伴走をし、必要な金融サービスを提供できているかどうかを把握する必要が出てきたということです。

　具体的な検査のポイントを端的に説明すると、金融機関は、①中小企業を応援しているか、きちんとフォローをしているか、②担保評価や審査方法を再考しているか、③中小企業の経営支援、コンサルティングをしているか、④金融機関そのものの収益性の向上、の４点に取り組んでいるかを

対象に挙げています。

　つまり、これまでの融資は担保や過去の決算に基づいたものとなっているためにローリスク・ローリターンに陥ってしまい、銀行が利益を上げられなくなってきているので、これからは過去の決算が多少悪くとも将来性を汲んでミドルリスク・ミドルリターンを狙えということを要請しているのです。

　これに取り組めない金融機関は、生き残っていける可能性が低いので統廃合もやむなしという方針です。

　また、先ほどお伝えしたとおり、これを受け、金融検査マニュアルは令和元年12月に廃止され、企業の事業性に着目した事業性評価を融資する際の評価に取り入れることを推進しています。

■　事業性評価融資とは？

　事業性評価融資とは、「現時点での財務データや、担保・保証にとらわれず、会社訪問や経営相談等を通じて情報を収集し、事業の内容や成長可能性などを適切に評価する」手法のことをいいます。従来の融資審査においては、決算書などの"過去"情報を重視してきましたが、事業性評価融資においては、将来性などの"未来"情報を重視する点が大きく異なります。

■　事業性評価融資のポイント

　事業性評価融資は、担保・保証にとらわれず、会社の将来性などを重視する手法ですので、審査する金融機関側としてはとても大変な作業を強いられることになります。よって、会社としては、以下の3点を意識しながら、取り組む必要があります。

> ①　金融機関のコミュニケーションを大切にすること
> ②　会社側から積極的に情報を公開すること
> ③　事業性評価融資に関する必要な書類をしっかりそろえること

　その上で、①今後の会社の事業領域、地域において市場ニーズが継続して存在すること、②競合他社との優位性を持っていることを銀行に対してアピールしていきましょう。

　つまり、事業性評価融資においては、会社側からの金融機関に対する積極的な協力姿勢があってはじめてスムーズに進捗すると考えられます。

■　事業性評価融資に必要な書類について

　事業性評価融資の審査に必要な書類については、各金融機関によって異なります。事業性評価は、事業の内容や成長可能性などを適切に評価する手法ですので、それらをしっかりとアピールできる資料などをそろえる必要があります。

　下記の8つの資料をそろえれば金融機関としては審査をスムーズに進めることができるはずです。

＜事業性評価融資8大資料＞

> ①　企業概要書／事業性評価シート（企業の概要が分かる案内書）
> ②　俯瞰図／商流図／ビジネスモデル図、及びグループ図
> ③　損益実績表（創業から、又は直近10年実績）
> ④　5か年の損益計画書（貸借対照表）
> ⑤　資金繰り計画表
> ⑥　金融機関取引先一覧表
> ⑦　事業計画書（事業性評価融資の対象事業）
> ⑧　財務分析報告書

　あらゆる金融機関において、これら全ての資料が絶対的に必要というこ

とではありません。金融機関からの提案なども受けながら必要に応じて作成していきましょう。なお、「⑧財務分析報告書」については、この後でお伝えするローカルベンチマークでも代用可能と思われます。

■ 財務や決算内容は重視されなくなるのか？

今後、事業性評価融資が主流になると、決算内容や財務が重視されなくなるのか、あるいはすぐにミドルリスクの会社でも融資が受けやすくなるのかというと、決してそんなことはありません。金融機関が事業性評価融資を実施するにしても、やはり業績の良い会社から取り組まれることが予想されます。財務や決算内容の良い会社が、より良い条件で事業性評価融資を受けることができることに変わりはありません。

② 金融機関の事業性評価ツール、ローカルベンチマーク

事業性評価ツールの有力な選択肢の一つとして、ローカルベンチマークを活用している金融機関が増えつつあります。

■ ローカルベンチマークとは？

ローカルベンチマーク（通称"ロカベン"）は、平成28年3月に経済産業省が発表した企業の健康診断ツールです。

この健康診断ツールは、企業の経営者等や金融機関・支援機関等が、企業の状態を把握し、双方が同じ目線で対話を行うための基本的な枠組みであり、事業性評価の「入口」として活用されることが期待されています。

具体的には、「財務情報」（6つの指標）と「非財務情報」（商流・業務フロー／4つの視点）に関するデータや情報を入力することによって、企業の経営状態を把握することができるようになっています。

その結果として、経営状態の変化に早めに気付くことができるようになり、関係者間における早期の対話や支援につなげようというのが狙いです。

　金融機関によっては、自行の事業性評価シートにローカルベンチマークの考え方を導入して、企業との対話を通じて、実効的な支援策の実施や成長資金の供給につなげた事例などもあります。

　また、金融庁は、平成28年9月に「金融仲介機能のベンチマーク」を公表しました。

　金融仲介機能のベンチマークとは、金融機関における金融仲介機能の発揮状況を客観的に評価するための指標のことをいいます。

　その中には、「事業性評価に基づく融資等、担保・保証に過度に依存しない融資」という項目があり、「事業性評価の結果やローカルベンチマークを提示して対話を行っている取引先数、及び、左記のうち、労働生産性向上のための対話を行っている取引先数」というベンチマークがあります。

　事業性評価融資や、ローカルベンチマークの取り組み状況については、「事業性評価の対話を行っている件数」として公表している金融機関もあります。**金融機関の融資姿勢を知る重要な情報となるので、ホームページなどから確認してみるとよいでしょう。**

　このように金融機関もローカルベンチマークを活用しつつありますので、企業側から積極的にローカベンチマークを作成して、事業性評価のための"入口"の対話ツールの一つとして、活用することで融資を受けやすくなるでしょう。

　なお、一部の金融機関においては、事業性評価融資を推し進めるために融資先企業の事業性評価シートの作成について積極的に取り組んでいるところもあります。

　しかしながら、全取引先のシートを作成するのは相当の時間を要し、とても困難であると考えられます。よって、事業性評価シートの作成に関しては、ローカルベンチマークを通して企業側から金融機関に対して積極的に協力されることをお勧めします。

　なお、ローカルベンチマークはエクセルシートによって構成されており、経済産業省のホームページからダウンロードすることができます。

＜ローカルベンチマーク・ダウンロード＞

https://www.meti.go.jp/policy/economy/keiei_innovation/sangyokinyu/locaben/（令和 5 年 11 月現在）

■ 財務情報（6 つの指標）

　ローカルベンチマークにおいては、企業の成長性や持続性等を把握し、対話を行うためのきっかけとするために、以下の 6 つの指標を提示しています。

＜財務情報（6 つの指標）＞

① 売上増加率（＝（売上高／前年度売上高）－1）
② 営業利益率（＝営業利益／売上高）
③ 労働生産性（＝営業利益／従業員数）
④ EBITDA 有利子負債倍率（＝（借入金－現預金）／（営業利益＋減価償却費））
⑤ 営業運転資本回転期間（＝（売上債権＋棚卸資産－買入債務）／月商）
⑥ 自己資本比率（＝純資産／総資産）

　損益計算書や貸借対照表などの数値等をローカルベンチマークツール（エクセルシート）に入力することにより、これらの財務指標が自動計算され、その結果が総合評価点（ランク）及びレーダーチャートとして表示されます。

次に、財務情報（6つの指標）について簡潔にご説明します。

① 売上増加率とは、キャッシュフローの源泉であり、企業の成長ステージの判断に有用な指標です。

② 営業利益率とは、事業性を評価するための本業の収益性を測る重要な指標です。

③ 労働生産性とは、企業の成長力、競争力等を評価する指標であり、キャッシュフローを生み出す収益性の背景となる要因の一つといえるでしょう。また、地域企業の雇用貢献度や「多様な働き方」を考えれば、本来、「従業員の単位労働時間当たり」の付加価値額等で計測すべき指標ともいえます。

④ EBITDA有利子負債倍率とは、有利子負債がキャッシュフローの何倍かを示す指標です。有利子負債の返済能力を測る指標の一つです。

⑤ 営業運転資本回転期間は、過去の値と比較することで、売上増減と比べた運転資本の増減を計測し、回収や支払い等の取引条件の変化による必要運転資金の増減を把握するための指標です。

⑥ 自己資本比率とは、総資産のうち、返済義務のない自己資本が占める割合を示し、安全性分析の最も基本的な指標の一つです。自己資本の増加はキャッシュフローの改善につながります。

財務分析シートイメージ

※上図は、2022 年度版のシートです。

出典：経済産業省ウェブサイト（https://www.meti.go.jp/policy/economy/keiei_innovation/sangyokinyu/locaben/）（令和 5 年 11 月現在）

■ 非財務情報（商流・業務フロー）

　商流・業務フローとは、いわゆる俯瞰図のことをいいます。これを作成することによってビジネスモデルの全体像を把握することができるようになります。「業務フロー」によって、実施内容と差別化ポイントを把握し、「商流」によって、取引先と取引理由を整理し、どのような流れで顧客提供価値が生み出されているかについて把握することができます。

商流・業務フローイメージ

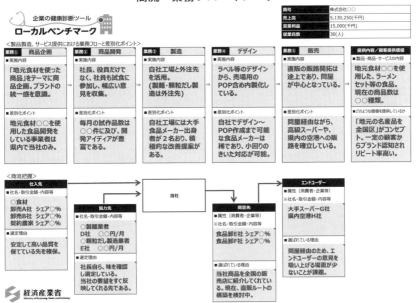

出典：経済産業省ウェブサイト（https://www.meti.go.jp/policy/economy/keiei_
innovation/sangyokinyu/locaben/）（令和元年11月現在）

■ 非財務情報（4つの視点）

　ローカルベンチマークでは、以下の4つの視点に基づく非財務情報について具体的に記載します。

　総括として「現状認識」と「将来目標」を明らかにして、「課題」と「対応策」について明らかにしていく構成となっています。

＜非財務情報（4つの視点）＞

①　経営者への着目
②　事業への着目
③　企業を取り巻く環境・関係者への着目
④　内部管理体制への着目

次に、これら4つの視点の具体例について説明いたします。

① 　経営者への着目とは、経営者自身のビジョン、経営理念、後継者の有無などのことです。

② 　事業への着目とは、事業の商流、ビジネスモデル、製品・サービスの内容、製品原価、市場規模・シェア、競合他社との比較、技術力、販売力の強み／弱み、IT の能力（イノベーションを生み出せているか）などのことです。

③ 　企業を取り巻く環境・関係者への着目とは、顧客リピート率、主力取引先企業の推移、従業員定着率、勤続日数、平均給与、取引金融機関数とその推移、金融機関との対話の状況などのことです。

④ 　内部管理体制への着目とは、組織体制、事業計画の有無、社内会議の実施状況、人事育成の取り組み状況などのことです。

４つの視点イメージ

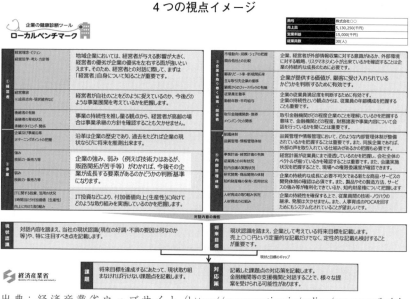

出典：経済産業省ウェブサイト（https://www.meti.go.jp/policy/economy/keiei_innovation/sangyokinyu/locaben/）（令和元年 11 月現在）

■ ローカルベンチマークの活用方法について

経済産業省から公表されているローカルベンチマーク・パンフレットに

は、商工会議所や金融機関による活用事例（経営者と後継者の気持ちをつなぐ事例、地域資源を生かした成長企業の事例、経営陣と従業員の気持ちをつなぐ事例、自社の顧客提供価値に気付く事例）が掲載されています。

<例>　経営者と後継者の気持ちをつなぐ事例

	内容
企業概要	従業員数4人の和竿製造会社。先代経営者から釣具店の経営にシフト。現在は経営者夫婦、後継者夫婦の4人で運営している。
Before	市場縮小により経営環境が悪化したが、後継者による独自ブランドの開発等により、業績が改善している。
ロカベン活用	商工会議所、金融機関、社長、後継者が対話を実施
After	後継者が店舗運営、通販サイト業務などに追われているため、独自商品の開発ができずに不安を抱えていることが分かった。 今後は、後継者の繁忙を解消し、時間を作り出すことにより、「オリジナル商品の販売に注力」「経営者と後継者の相互理解」を実現できるよう、商工会議所や金融機関が協力して支援を行っていくこととなった。

出典：「ローカルベンチマークパンフレット」（経済産業省）（https://www.meti.go.jp/policy/economy/keiei_innovation/sangyokinyu/locaben/）（令和元年11月現在）を加工して作成

なお、令和3年3月より開始された「事業再構築補助金」や2023年1月10日より開始された「コロナ借換保証制度」などで、ローカルベンチマークが活用されています。今後も様々な中小企業施策で活用されると思われます。

また、第6章で詳しくお伝えする事業計画作成にも役立ちます。

すぐできて効果バツグン！財務改善ポイント

☑ 金融機関ごとにお客様への最大融資残高を把握し、融資申込額を検討しよう

第5章

条件の良い融資を引き出すための金融機関との付き合い方

第5章の狙い、主旨

　第3章では金融機関及び融資の知識、第4章では融資の審査についてお伝えしました。ここでは、これらを踏まえて、銀行とどういうスタンスで付き合っていけばよいのか、その総論と会社の成長ステージごとの対策についてお伝えします。

I

金融機関との付き合い方における
基本スタンスと交渉

1　銀行の行動原理「晴れた日に傘を差し出し、雨の日に傘を取り上げる」

　ここまでは金融機関の、種類、仕組み、商品、審査などについてお伝えしてきました。

　ここからは、これを受けて、金融機関に対してどう接すればよいかについてお伝えします。

　よく金融機関は「晴れた日に傘を差し出し、雨の日に傘を取り上げる」と揶揄されます。

　返せそうな会社にお金を貸し、返せなさそうな会社にはお金を貸さない。

　銀行は、「預金者の預金を守る」という使命を持っているので、言ってみればこれは当たり前のことです。

　これまでは護送船団方式の下、利益よりも預金の保護が重視され、金融庁（旧大蔵省、金融監督庁）から監督を受けてきました。

　結果として、次のような行動原理が生じました。

☑ お金がないところには貸さず、お金があるところに貸したがる
☑ 他行が貸すならうちも貸す、他行が引きそうならうちも引く

　後ろ向きに感じるかもしれませんが、「預金の保護」のためですから、これも仕方がありません。

　そしてここから導き出される、銀行から融資を引き出す方法は、

☑ 銀行にとって貸さないと損をすると思わせる
☑ 「他行も貸したがっていて、貸さないと他行にシェアを奪われる」と思わせる

ということになります。
　ちなみに銀行にとって貸したくなる、あるいは貸したお金を返してもらえそうな会社像とは、次の４つです。
☑ 手元資金を持っている
☑ 他の銀行から評価されている
☑ 計画性がある
☑ 計数管理ができる

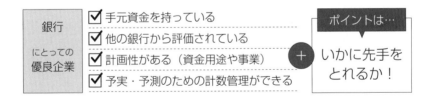

　なお、「頭を下げる」「泣きつく」ということは厳禁です。
　後手に回ってはいけません。「いかにして先手をとるか」が大切です。
　第３章でお伝えした決算説明を兼ねた融資コンペも先手をとるための一環です。
　さらに、繰り返しになりますが、銀行が貸したいときに借りられるだけで、会社が借りたいときに借りられるわけではありません。

　ここから会社がとるべき戦略は一つとなります。

　「貸そうと言ってくれる全ての銀行から最大限借り、手元資金を厚くしておく」

　これさえやっておけば、銀行にとっては常に「晴れた日」の会社ということになります。

　「晴れた日に傘を借りておいて、雨が降ったらその傘を使い、次の晴れる日まで乗り切る」という考え方が、会社を潰さないためにもとても重要な考え方なのです。

銀行を動かす2つの行動原理

１　お金がないところには貸さず、お金があるところに貸したがる

２　「右にならえ」の傾向があり、「他行が貸すならうちも貸す、他行が引くならうちも引く」

⬇

▶ 銀行にとって「貸さないと損をする」と思われるようにする

▶ 「他行も貸したがっていて、貸さないと他行にシェアを奪われる可能性がある」と思われるようにする

▶ 銀行が貸したいと判断したときに借りられるだけで、会社が借りたいときではない

⬇

 大原則　「頭を下げない、泣きつかない」

⬇

借入限度額まで長期資金を借り、手元資金を厚くする

　ここから、銀行との付き合い方をお伝えしますが、中心となるのはこの考え方に基づいています。

② 銀行との付き合い方の基本

■ 決算報告を軸に組み立てよう

　融資の相談時だけ連絡するのは問題で、さらには経営者自らが銀行に足を運ぶのは最悪です。

　第３章でお伝えした決算報告を中心に、銀行員とのコミュニケーションを組み立てるとよいでしょう。

　少なくとも年に一度は「決算報告」を行い、接触を図るようにしましょう。

　よほど変化がない、あるいは、資金的に余裕がありすぎる状態でないのなら、中間の試算表が出来上がったときにも銀行に渡す機会を設けた方がよいでしょう。

　第２章でお伝えした試算表や資料をそのまま銀行に渡してもらうだけでもよいのですが、お伝えした資料のほかに銀行向け資料として、全ての勘定科目の補助科目前年対比表、補助科目月次推移表などを作成して、会社に渡しておく、又は会社で作成できるようにしておくとよいでしょう。

　こうすることで、資料をとりにきた銀行に対して、社長は決算報告時と同じように、売上高の前年対比だけを説明すればよくなります。

　「細かいことは資料をみれば分かるから」と、社長が銀行に言い切れる資料を渡しておくことが大切です。

　また、毎月の経営者との面談で今期の利益着地、資金着地を予測して、「あらかじめこの時期にこれくらいのキャッシュが必要になる」ということを話し合っておけば、銀行が急に来ても概要を伝えることができるはずです。

■ 取引銀行数、手元資金、利益、キャッシュフローからみた銀行交渉のステップアップ

　銀行との交渉において、どちらが強い立場にあるか理解していないことほど恐ろしいことはありません。本当は押すべきところなのに引いてしまったり、引くべきところなのに押したりしてしまうのは命取りになりかねません。

逆に、そこを理解していない銀行員も多く、無謀と思われる要求をされるケースも見かけます。

①　借入維持がやっと

帳簿価額ベースで資産超過の状態ですが、不良債権や固定資産を時価に引き直したら債務超過の可能性がある状態です。

黒字、赤字を行ったり来たりしていますが、直前期は黒字という状態。

また、借入収入の方が借入返済を上回っていて、融資残高が減っていかない状態でもあります。

手元資金もカツカツで、信用保証協会の保証枠が空くたびに融資を申し込んでいる状態です。

このような状態では、借入れを維持することだけでやっとです。

間違っても銀行に強いことを言ってはいけません。

②　交渉の最低条件はクリア

不良債権や固定資産を時価に引き直した時価価額ベースで資産超過の状態の会社です。

また、小さいながらも毎期黒字で、ほとんど赤字になることはない状態です。

さらに、営業キャッシュフローもプラスになっており、融資残高は減らそうと思えば少しずつなら減らすことができる状態です。

手元資金は月商1か月程度持っていますが、賞与や納税などの大きな支払いがあるとドキッとする状態です。

また、融資は基本的に信用保証協会の保証付きが前提でしょう。

このような状態であれば、とりあえず銀行と交渉する最低条件は整っているといってよいでしょう。

新規に取引銀行を増やしていき、良い条件を引き出し、機会をみて信用保証協会を外してもらえるように交渉してみましょう。

③　交渉上やや有利

手元資金に換価できる資産を加えたものが債務を上回っている状態の会社です。

毎期、借入れの3％以上の経常黒字を計上し、ほとんど赤字になることはない状態です。

また、営業キャッシュフローもプラスになっており、融資残高も減らそうと思えば減らすことができる状態です。

手元資金は月商2か月程度持っていて、年1、2回まとめて調達することで十分な資金をキープできる状態です。

融資は基本的にプロパーが前提となります。

このような状態であれば、銀行と交渉しても押されることはありません。

銀行ごとの預金残高を調整し、より良い条件を引き出しましょう。

④　完全にこちらの手中

手元資金が債務を上回っている、実質無借金状態の会社です。

毎期、借入れの15％以上の経常黒字を計上し、ほとんど赤字になることはない状態です。

また、営業キャッシュフローも融資返済額を上回っており、自然と融資残高が減っていく状態です。

手元資金は月商3か月程度持っていて、年一でまとめて調達すれば十分な資金をキープできる状態です。

融資は基本的にプロパーが前提となります。

このような状態であれば、完全にこちらが手札を握っている状態といえましょう。

言い換えると、金融機関から借りている状態ではありませんので、無茶な依頼をしてくる金融機関はお引き取り願えばよいだけです。

社債などを有利な条件で引き受けてもらい、より良い条件で手元資金を

調達できるようにしておきましょう。

		➡ 借入維持	☑ 最低条件クリア	💡 やや有利	✋ こちらの手中
前提条件	融資の形式	保証協会付き	保証協会付き	プロパーあり	プロパーのみ
	メイン銀行融資額（利息ベース）			1億円以上又は年利100万円以上	3億円以上又は年利300万円以上
	取引銀行数		2行以上	3行以上	4行以上
ストック	資産・負債のバランス	資産超過（簿価ベース）	資産超過（実質及び時価ベース）	（手元資金＋担保資産）＞借入れ	手元資金＞借入れ ※実質無借金
	手元資金		月商1か月分	月商2か月分	月商3か月分
	担保（個人資産含む）			あり	担保＞借入れ
フロー	利益	・当期赤字見込 ・黒字／赤字	前期黒字だが経常利益は借入額の3%以下（前々期赤字でも可）	前期借入れの3%以上の経常黒字（前々期黒字でも可）	☑ 前期借入れの3%以上の経常黒字 ☑ 前々期黒字
	キャッシュフロー	借入収入＞返済支出	営業CFが黒字	営業CFが借入れの1/10、又は1年以内返済予定長期借入金以上	営業CFが借入れの1/10、かつ、1年以内返済予定長期借入金以上

■ 融資の依頼時は銀行に来てもらえ

　また、これが一番重要なことですが、どんなに借りたくてもこちらから借りたいと言ってはいけません。金融機関が貸したい、あるいは、貸さなければ損をすると思わせなければいけません。

　あくまでもこちらのスタンスは、「良い提案があればお願いします」としなければなりません。

　融資を依頼するときは、必ず担当者に来てもらうようにしてください。

　決算報告以外は銀行に出向く必要はありません。

　逆に融資のときだけ銀行に訪問しても、「資金繰りに困っているからわざわざ相談に来るのだな」と、思われるだけです。

　融資の判断は、こちらから訪問しようと、銀行員に来てもらおうと変わりません。

　むしろ、銀行員に来てくれるように依頼したのに難色を示されたときや、間隔が空く場合には、先ほどお伝えした「取引方針」が「現状維持方針先」又は「消極方針先」となっている可能性があります。

■　相性の合わない銀行と取引しても無駄

　第3章では「合う銀行と取引する」ことの重要性をお伝えしましたが、合わない金融機関と付き合うのは無駄です。

　約束を守らなかったり、急に条件を変えたりする金融機関は、取引方針が「消極方針先」となっている可能性が高いといえます。

　金融機関の気分を害すると大変だと、意味もなく下手に出る人がいますが、意味のない行為です。

　消極方針先や取引解消方針先としてとらえられてしまった会社がその事業年度に評価を覆すことは非常に困難です。

　苦しいときにお世話になったことがある銀行だったとしても、早めに付き合い方を考え直して他行を当たることが重要です。

　逆に、疎遠になりすぎると人間関係的にもギクシャクしてしまうこともあり得ます。そんなときは冷静になってその銀行とは付き合わないようにするのが賢明です。

　仮に銀行員に対して声を荒らげてしまったりすると、それが履歴として残ってしまい、後々まで厄介な経営者として警戒されてしまう可能性があるのでご注意ください。

　とにかく相性が良い金融機関とお付き合いすることが大切です。

　相性が良いとは年間取引方針で「積極方針先」ととらえてくれていることを意味します。定量、定性要因ともに評価してくれている銀行です。

　こういう銀行とはどんどん取引を広げて、融資シェアを伸ばしてもらいましょう。

また繰り返しになりますが、そのためにも**絶えず複数の銀行と取引して**おくことが大切です。

こうしておくことで初めて競争原理が生まれ、金融機関と交渉をするという土台を作り、金融機関と良好な関係を築くことができるのです。

さらに、**絶えず他行の存在を匂わせておくことも大切**です。

できれば、決算説明や試算表の説明時には、会社の来社記録等で他行の存在が分かる、あるいは、本当に銀行同士がかち合うような時間を設定するようにアドバイスしましょう。

■ 金融機関から頼まれた場合、どの程度までお付き合いすればよい？

「金融機関から保険や投資信託を勧められるのですが、契約した方がよいですか」と、質問されたことはないでしょうか？

基本的に銀行の取引方針の90％は決算書の内容で決まりますが、残りの10％には銀行がその得られる利益も含まれていますから、他に優先する付き合いがなく、いずれにせよどこかで契約することが必要と考えているのであれば、お付き合いした方がよいわけです。

しかし、無理に入る必要はありませんし、ましてや損をするのが分かっているような取引に付き合ってはいけません。

そのような場合には、「金融機関の方は弊社の財務面でのパートナーだと思っています。弊社にとってあなたの勧めるその○○は、弊社の経営上本当に必要だと思いますか？　弊社の決算書を見ている立場として、率直な意見を聞かせてください」とお伝えするのも一法です。

その依頼は、逆にいうと、その担当者が融資だけでは十分な利益を確保できていない力不足から来ていると疑ってみることも大切です。

対等のパートナーとしてコミュニケーションをとっておくことがベター

な付き合い方といえます。

■ 絶えず銀行情報を取得しよう

　また、どの金融機関と付き合うかも大切ですが、どの金融機関が安全かも知っておく必要があります。

　各金融機関が出しているディスクロージャー誌などで金融機関の財務状況を知っておくことはとても大切です。

　各金融機関のディスクロージャー誌には、各金融機関の金融仲介機能のベンチマークが記載されています。

　事業性評価の時代に向けて、金融機関がどのようなことに注力していくのかを事前に知っておくことはとても大切になります。

　また、経済紙などで金融庁の動向、銀行同士の経営統合や合併、新店舗の解説等の情報を入手することも大切です。

　さらに、日本銀行のホームページには「貸出約定平均金利」の情報が公開され、毎日更新されています。融資の実効金利の動向も欠かさずにチェックしておきたいところです。

〈日本銀行「貸出約定平均金利」〉

https://www.boj.or.jp/statistics/dl/loan/yaku/index.htm/（令和 5 年 11 月現在）

③ 銀行との交渉材料

■ タイミングを誤ると怖い銀行交渉

　一度決めた融資の条件は変えられません。

　ですから、現在借りている融資の返済期間や金利の引下げを交渉するこ

とはできません。

　唯一認められる（お願いして認めてもらう）のがリスケジュール（条件変更）のときです。

　では、いつ交渉をしたらよいのでしょうか？

　それは「折り返し融資」又は「新規借入れ」のときです。

　特に折り返し融資の場合、既に返済実績があるため、比較的融資をしてもらいやすくなります。

　この「折り返し融資」や「新規借入れ」時に、「他行がもっと良い条件を提示している」と担当者に伝えることで、より良い条件を引き出すことが可能になります。

　稟議書に「他行と条件を合わせるため」という大義名分を与えることになるからです。

　金融機関というのは、付き合い始めるまでは慎重ですが、一旦取引が始まればこちらがお客様に変わります。

　そして、金融機関と会社をつなぎとめているものは、融資しかないのです。借入金がなくなるということは、大事な取引先を失ってしまうということなのです。

　そして、融資そのものは、融資額、返済期間、金利以外に差別化ができません。提示する条件が他行よりも悪ければ、他の金融機関に移ってしまうかもしれないと考えます。

　こうなると、返済実績のある既存のお客様はどんなことがあっても貸したい相手となるのです。

■　メイン銀行に預金を集中

　例えば、5,000万円年利2%の借入れがあったとして、普通預金口座に

2,500 万円あったなら、金融機関からは実質は 2,500 万円しか借りていないことになります。

これを**実質融資額**といいます。また、2,500 万円の融資で年 100 万円の利息が得られるわけですから、実質の金利は 4% ということになります。

銀行としては効率よく稼がせてくれているお客様ということになります。

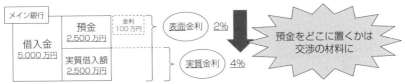

考えてみてください。本当に借りているのは貴社だけですか？

実質的な借入額は 2,500 万円。それに対して 100 万円の金利を支払っているということは、実質 4%の金利！

取立手形に預入れや、役員個人の預金や従業員の給与口座を同行・同支店にするのも同じ効果があります。

なぜ従業員の給与が？　と思われるかもしれませんが、同行・同支店への従業員給与の支払いは、会社から資金は出ていきますが、銀行目線でみると、同行・同支店内に預金としてとどまったままの状態となるからです。

支店は本部から資金調達して融資に回すので、支店内に資金がとどまることを良しとします。

銀行から「当行の預金に残高を置いてください」、あるいは、「定期預金をください」といわれる理由はここにあります。

もちろん、最悪の場合の担保と考えていることもありますが、実質融資額、実質金利を気にしていることがほとんどです。

逆にいえば、**預金残高をどこに置くかで金利の交渉ができるということ**になります。

　例えば、5,000 万円年利 2％ で提案が来ていたとして、普通預金口座の残高を 1,000 万円（実質金利は 2.5％）から 3,000 万円に増やすから、利率を 1％ に下げてくれ（同じく実質金利は 2.5％）という交渉が可能であるということになります。

　可能であれば、預金口座のない日本政策金融公庫からの融資をメイン銀行にそのまま預けてみてください。こうしてメイン銀行の預金残高を増やすことで「実質的にメイン銀行からは借りていない」という状況を作り出すことができます。

　こうなるとメイン銀行も高い金利をとる理由が作りにくくなります。

　逆にこういう状況を作っても、融資の条件が良くならない場合には、その銀行をメインとしておくこと自体がリスクとなります。場合によっては、メイン銀行変更を検討した方がよいかもしれません。

　金利の低さは信用の表れの一つです。メイン銀行の金利動向をサブ銀行は注目しています。

　メイン銀行の金利が低ければ、それより融資残高の少ないメイン以外の銀行が高い金利を要求することは難しくなります。

　ここから、「メイン銀行に預金を集めておく」という基本戦略が導き出されます。

■ 本当に貸しているのは銀行なのか？　常にチェックしよう

　また、うっかり逆転している場合もあります。

　実際には銀行からお金を借りているようでいて、実質は会社が銀行に貸し付けているといえる場合があるので注意が必要です。

　特に借りてもいない銀行を売上入金口座にしている場合に、こういうことが起こりがちです。こうなると、借りている銀行に対する交渉余地を自ら放棄しているといえなくもありません。

できる限り、融資を受けている銀行に残高を置くようにしたいところです。

「（メイン銀行以外の）預金残高は融資残高に比例」
まずはこれが基本になります。

■ まとめ融資の提案があった場合はチャンス！

話は変わりますが、金融機関から「当行で一本にまとめませんか？」と、肩代わりの借換えを勧められた場合はどうでしょうか。

基本的にライバル行への借換えによる一括返済があった場合には、その後はその銀行とは取引できなくなると覚悟しましょう。

一括返済は約束違反ですので、信用に傷をつけることになります。

また、取引解消方針先でない限り、担当者は上司から叱責を受けることになります。

取引がなくなってよいとしても、1本にまとめた結果、1行取引になるような借換えは、当然してはいけません。なぜなら、金融機関と適度な緊張関係を保つためには2行以上の金融機関と取引をすることが最低条件だからです。借換えをした結果、2行以上取引が残るのであれば条件次第でまとめてもよいでしょう。

ただし、こういう打診が来たときは、その対象となった銀行に対して、「○○銀行からこういう打診がありました」と、担当者に伝えてください。

その担当者が目の色を変えてきた場合はチャンスです。すぐに交渉しましょう。

逆に「あっそうですか」といったような淡白な反応であれば、取引解消方針先に分類されていると考えられます。

肩代わりを申し出てくれた金融機関とのお付き合いを進め、さらに新規

の金融機関を開拓するようにしましょう。

■ 一括返済は両刃の剣

　また、借入額と同額以上の預金を準備することにより、交渉の優位に立つことが可能です。

　借入額と同額以上の預金があると「一括返済」というカードを切ることができるようになるからです。

　先ほどお伝えしたとおり、金融機関には、一度貸したものを全て返されると非常に困るという事情があります。

　これを逆手にとって、いつでも返済可能な状況を作り出すことで、優位な状況を作ることができます。

　例えば、A銀行から2,000万円、B銀行から1,000万円、総額3,000万円の借入れ、手元資金が3,000万円あったとします。これをすぐさま一括で返済することは困難ですが、B銀行に限ってみてみれば、1,000万円の借入れに対して、預金は3,000万円あります。B銀行の預金口座に1,000万円を用意し、いつでも返済可能な状況を作ります。

　そして、B銀行へ交渉に行くのです。いつでもこの1,000万円は返済できます、という状況を作るのです。そうすると、B銀行は一括返済をされては困るので、こちらのいうことを聞かざるを得ない状況になります。

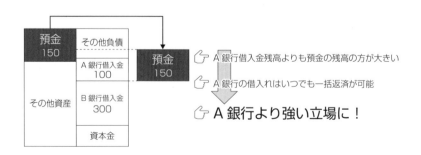

　さらに、そのB銀行の結果をA銀行に持っていき、A銀行とも交渉することで良い条件を引き出すことも可能になります。

　なお、同じ利率であれば返済期間の長い方、同じ返済期間期であれば、利率の低い方で選ぶようにしましょう。

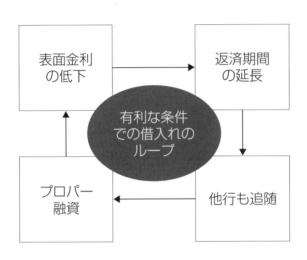

Ⅱ

ステージ別の
金融機関との付き合い方

　ここまで、金融機関とどう付き合うべきかの総論をお伝えしてきましたが、ここからは、創業期、成長期、安定期／成熟期、事業継承／清算期、業績低迷期といった企業ステージ別の金融機関との付き合い方をお伝えしたいと思います。

❶　創業期における金融機関との付き合い方

■　銀行取引を踏まえた会社設立

　創業に際しては、まず、その後の銀行取引を見据えた環境整備を心がけねばなりません。

　特に資本金、本店所在地、役員／株主、事業目的、決算月については、その後の銀行取引に大きく関係しますので、事前の確認、検討が必要となります。

①　組織形態

　株式会社、合同会社、社団法人、特定非営利活動法人など様々な書類の組織がありますが、銀行融資を考えた場合には株式会社を選択することをお勧めします。

　最近は、設立コストの低さから合同会社を選択されるお客様も増えていますが、融資の面からすると、株式会社より不利になります。社団法人・特定非営利活動法人についても、日本公庫のソーシャルビジネス支援融資が使えますが、株式会社のようなプロパー融資を受けることは比較的難し

くなります。

②　資本金

　法人を設立する場合、税理士事務所としては、消費税課税事業者となる1,000万円を一つの目安として、検討することが多いと思います。

　しかし、極端な1円などといった小さすぎる資本金は銀行からの信頼を得にくくなるので、避けた方がよいでしょう。できれば100万円程度は確保しておきたいところです。

　また、信用保証協会の利用を計画している場合には、大きすぎる資本金も問題となります。対象とする会社の資本金に制限を設けているからです。基準となる資本金は以下のとおりです。

業種	資本金
製造業	3億円以下
卸売業	1億円以下
小売業、飲食業	5,000万円以下
サービス業	5,000万円以下
ソフトウェア業、情報処理サービス業	3億円以下

　創業期からこれほど大きな資本金を設定する会社は少ないかもしれませんが、「小売業、飲食業、（ソフトウェア業を除く）サービス業」の資本金は5,000万円以下と比較的低くなっているので注意が必要です。

③　本店所在地

　まず、名義だけ貸してくれるレンタルオフィスは設立時の本店所在地としては不適切です。

　融資以前にマネーロンダリング（資金洗浄）対策の関係で審査が厳しくなっており、銀行口座の開設すら難しくなります。どうしてもレンタルオ

フィスを本店所在としたいのであれば、一度自宅を本店として設立し、銀行口座開設後にあらためて、希望の地域に移動することをお勧めします。

　また、シェアオフィスを借りる場合には、運営している会社に問い合わせて、入居企業の預金口座開設、融資の実績があるかを確認しましょう。

　また、資金を多額に必要とする業種であれば、銀行の多い地域を選ぶ必要があります。

　都道府県によっては、トップの地方銀行のシェアが50％を超えている地域や、都市銀行が上位のシェアを占めている地域があります。これらの地域では、複数の地方銀行と取引しようと思っても選択肢が限られてしまいます。このような銀行の少ない地域や寡占化が進んでしまっている地域での開業は避けるのがベストですが、難しい場合には、銀行が多い地域に支店を開設することを勧めましょう。

　さらに、**小さな会社には小さな銀行・小さな支店、大きな会社には大きな銀行・大きな支店と取引する必要がありますから、本店所在となる場所の近くに、事業規模に合った銀行があるかも確認しておく必要があります。**

④　役員／株主

　「反社会的」あるいは「ブラックリストに載っている」人物を役員や株主にしてしまうと、融資どころか、預金口座の開設すらできなくなるので注意が必要です。

　融資の審査の過程では、個人の信用情報を確認しますので、頑張って創業計画書を作ったのに役員の信用情報でアウトということがあります。聞きにくいことですが必ず事前に確認しておきましょう。

⑤　事業目的

　金融業、一部の風俗営業、公序良俗に反するもの、投機などを事業目的

とすると、融資を受けづらい、あるいは、受けられなくなるので注意が必要です。

また、制度融資や信用保証協会には事業種目によって対象となる業種と対象外となる業種があるので、事業目的を決める際には、これらを確認しておく必要があります。

⑥　決算月

消費税の短期事業年度の特例等を考慮して決めるなど、いろいろと判断する基準はあると思います。

ただ、第2章でお伝えしたとおり、最も売上（利益）の上がる月を期首月に設定することをお勧めします。言い換えると、**売上が下がる時期に決算月を設定する**ということです。売上が決算最終月の直前で上がっていく状態だと、税額の見込みが計算できず決算対策が準備しにくくなります。また、期首月から利益が出ると事業者の気持ちが上がるという心理効果も期待できます。

また、銀行の決算月等の直前に決算書が出来上がる、6月、12月といった決算月も、銀行交渉がスムーズになるので、検討材料の一つとしたいところです。

⑦　口座開設

会社設立ができると、続いて、預金口座開設が問題となります。

事業を行う上で預金口座は必須です。

お伝えしたように、会社の規模と合った銀行に口座を開設すべきではありますが、本店所在地からあまり離れた支店では開設が難しくなります。

なお、口座を開設し継続的に取引（入出金）を記録していくことで、事業の実績が金融機関も把握でき、信頼も積み上がっていきます。事業本拠地の近くであれば、金融機関も事業実態を把握しやすくその後の融資相談もスムーズになるでしょう。

　しかし、マネーロンダリング（資金洗浄）対策で金融機関の口座開設の
ハードルは年々高くなっています。特にメガバンクでは口座開設までに最
長3週間程度を必要とすることがあります。

　まずは口座開設にそれほど時間がかからない信用金庫や信用組合などで
開設するということも検討しましょう。

　この点、**ネット銀行**は都市銀行や地方銀行といった従来型の金融機関と
比べて口座開設のハードルが低くなっております。都市銀行や地方銀行で
口座開設をお願いしたが断られたという場合には、まずはネット銀行での
口座開設をお勧めしてみましょう。

　決済手数料が安く喜ばれます。

　ただし、創業時に日本政策金融公庫からの融資を検討している場合に
は、注意点があります。日本政策金融公庫は直接口座を持っていないた
め、融資を受けるには他の金融機関の口座を指定する必要があります。現
時点では、ほとんどのネット銀行では日本政策金融公庫からの融資の送金
先や返済口座を指定できません（2023年7月現在、GMOあおぞらネッ
ト銀行のみが対応しています）。そのため、日本政策金融公庫からの融資
を申請する前に、ネット銀行以外の金融機関で口座を開設しておくことが
必須になります。

■ 創業のタイミングで必ず受けておきたい創業融資

　「資金が尽きる前」、かつ、「赤字の決算書が出来上がってしまう前」の、
この創業のタイミングで資金を調達しておかないと、次に借りられるチャン
スは、2期程度決算をくぐってからということになってしまいます。

　創業後、事業を断念するのは、想定以上に経費が膨らみ、創業時に用意
した資金が尽きてしまい、事業安定の前に既に創業融資を受けられる状況
でなくなってしまうパターンとなります。

失敗してから泣きつくな！　投資失敗の損失状態で融資を受けるのは至難の業！

① 投資に必要な
手元資金

現預金

↓

①' 投資分を
先に借入れ

	長期借入金
現預金	

② 手元資金
で投資

固定資産

②' 投資

現預金	長期借入金
固定資産	

投資の成否と借入れの有無
は無関係

③
失敗

④ 失敗後に
融資申込み

NO　　★無一文に

★借入返済はあるが手元資金
もあるので再起可能

現預金	長期借入金

可能　　融資　➡　損失 … 先手
不可能　損失　➡　融資 … 後手

　なお、「借入れをしても返せなくなるのが怖い」という理由で、融資を受けることに後ろ向きな経営者もいるかもしれません。しかし、**融資を受けるのは、手元資金を厚くするためであって、全てを使うためではありません。**また、「折り返し融資」を継続的に続けることを前提としていますので、**実質的に返済するわけではないということ**を説明し、「安心のためだから」と納得してもらうとよいでしょう。

　創業時に融資を受けやすいのは、政府系金融機関である日本政策金融公庫、国民生活事業です。令和4年度の創業向け融資件数25,500件が件数の多さと経験値の多さを物語っています。

　創業者にとって金利負担が少ない制度（新創業融資制度等）があり、2,000万円までなら無担保、無保証で融資が受けられます。

　また、信用保証協会を使う公的な制度融資にも創業支援制度があります。

　創業期において、民間会社機関から融資を受ける場合は、信用保証協会

の保証を付けるのが一般的です。保証協会付融資は、信用保証協会が融資額の80％（一部100％）を保証してくれますから、金融機関としても融資に応じやすく、創業当初に融資を受ける際にはとても便利な制度です。

　国民生活事業と信用保証協会の保証付き融資はどちらか一方しか選べないわけではありません。両方同時に使えます。まずは国民生活事業に申し込み、足りないようであれば、信用保証協会の保証付きで信用金庫又は信用組合に申し込むとよいでしょう。

　また、このステージにおいては、利率よりも融資額を優先して交渉することが大切です。

② 成長期における金融機関との付き合い方

■ 黒字倒産に気をつける〜余裕を持って資金を借りる

　成長期には事業が拡大傾向となります。

　会社が成長するにつれ、取引量、営業エリア等も大きくなってくることでしょう。

　事業の拡大とともに、資金ショートの可能性も増大します。

　ですから、資金調達の選択肢をできるだけ増やしておく必要があります。

　そのため、取引銀行も徐々に増やしていく必要が生じてきます。

　繰り返しになりますが、金融機関との交渉には複数行取引が絶対条件になってきます。早いうちに2行以上と取引をするようにしましょう。

■ 最も融資を引き出しやすい○○資金の調達とは

　また、成長期においては運転資金の増加に対して、早め早めに資金調達計画を立てることが必要です。

　特に証書貸付などの長期融資での調達の場合、約定返済により融資残高に伴い預金残高も減少していきますので、いずれかの段階で折り返し融資

を受けるように計画しておく必要があります。

　特に成長期の会社において、売上は増加します。

　第1章でお伝えしたとおり、一般的に売上高の伸びよりも運転資金の伸びの方が大きくなります。この増加分を「増加運転資金」といいますが、金融機関としても運転資金の範囲内、特に増加運転資金であれば比較的融資を行いやすくなります。

　融資の申込みを行う際は、その資金が増加運転資金である旨、あるいは、正常運転資金の範囲内であることを金融機関にしっかりと説明しましょう。

■ 何行と付き合うのがベスト？

　また、取引金融機関が少ないうちは、信用金庫2行や、地方銀行2行といった同じ種類の金融機関の組合せよりも、まずは、日本政策金融公庫、続いて信用金庫、その後で地方銀行というように、徐々に規模の大きな金融機関と取引していく方が、会社としても「既存行に対して取引銀行を増やす理由」を説明しやすくなります。

　そして、取引金融機関が4行以上になったら、ライバル同士の地方銀行、信用金庫をあえてぶつけてみましょう。

　こうすることで競争原理が働き、金利や融資額などの面で、より有利な条件を引き出すことができるようになります。

　ところで、「融資総額によって何行ぐらいの銀行と取引するのがよいのか？」という質問を受けることがあります。答えとしては、支店の決裁枠の範囲で必要な融資を収められる数の銀行と取引するというのが適切です。

　112頁の銀行種別によるプロパー融資の借入目安を再掲します。

銀行種別によるプロパー融資の借入目安

初回取引は決裁枠が小さい		国民生活事業（日本政策金融公庫）	地方銀行（小）信用金庫	都市銀行地方銀行（大）信用金庫（大）	中小企業事業（日本政策金融公庫）商工中金
初回取引	額	500万円まで	500万円まで	1,000万円まで	3,000万円から
	率	1.9%程度	1.9%程度	1.6%程度	1.6%程度
標準	額	1,000万円まで	500万円まで	3,000万円まで	1億円まで
	率	1.6%程度	1.0%程度	0.8%程度	0.8%程度
支店長決裁枠	額	1,000万円まで	1,000万円まで	1億円まで	2億円まで
	率	1.4%程度	0.7%程度	0.4%程度	0.2%程度

小 → 支店での決裁枠 → 大

取引銀行数は決裁枠から逆算して決める
各行の融資を支店長決裁枠以下に抑えつつ、
複数行を組み合わせるのがポイント！

※銀行が多すぎるとリスケジュールの場合に大変に！

　この図から、例えば融資総額として 5,000 万円必要なのであれば、まず
は国民生活事業と信用金庫でそれぞれ 1,000 万円が支店決裁枠なので、国
民生活事業と A 信用金庫から 1,000 万円ずつ融資を受け、不足している
3,000 万円をどこから調達するのかを逆算します。

　組み合わせるのが、信用金庫と地方銀行の小型の支店であれば、B 信用
金庫から 1,000 万円、C 地方銀行と D 地方銀行からそれぞれ 1,000 万円ず
つ調達します。

　あるいは、大型の地方銀行と付き合えそうであれば、E 地方銀行 1 行か
ら 3,000 万円を 1 本で調達します。

　どちらの取引の仕方の方がよいということはなく、それぞれ置かれた状
況によって、よりよい方を選択すべきでしょう。

　「融資総額○千万までは何行」という考え方もありますが、一つの目安
にすぎないので、こだわる必要はありません。

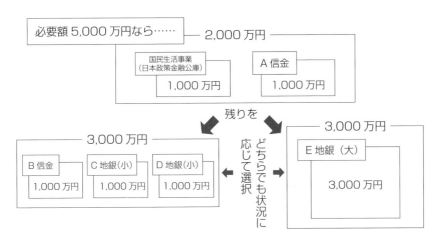

　ただし、取引銀行数が多くなると、決算報告などの維持コストがかかりますし、リスケジュール（条件変更・返済猶予）を考えなくてはならない状況になった際に、全ての銀行から同意を取り付けることが難しくなるので注意が必要です。

■ 保証協会付融資が成長を止める

　信用保証協会を一度利用すると、一定の枠までは保証を受けることができるため、長期融資の折り返しなどの申込みにも比較的簡単に応じてもらうことができます。

　このように大変便利な制度ですが、便利すぎるためにかえって会社の成長を止めることにもなりかねません。

　というのも、金融機関にとっても便利であるため、保証協会付融資には応じてくれるものの、それ以外のプロパー融資には消極的となり話を聞いてくれないといった弊害が時折見受けられるからです。

　また、信用保証協会は一部の地域を除いて各都道府県に一つずつしかありません。

　したがって、同一都道府県内の金融機関が信用保証協会を使う場合には、全ての金融機関が同じ信用保証協会に打診することになります。

　信用保証協会から NO を突きつけられた状況で、金融機関がプロパー融資を検討するということはありません。つまり、信用保証協会の判断が金融機関の判断ということになってしまうわけです。

　そうなると、銀行からではなく、信用保証協会から借りているということになり、たった一つの金融機関から借りている、つまり、実質的に一行取引ということになるのです。

　しかし、こちらから金融機関に対して「信用保証協会の保証を外す」よう依頼するとともに、そうなるように仕向けなければ、金融機関の方から進んでプロパー融資を勧めてくれることはありません。

　自ら保証の権利放棄をすることに他ならないからです。

　これまでにお伝えしたテクニックを総動員して、プロパー融資に移行せざるを得ない状況を作り出し、保証協会付融資から、プロパー融資への移行を目指していかねばなりません。

　感覚的には、手元資金が月商２か月以上、自己資本比率 20％ 以上、借入総額が 2,000 万円以上となると、プロパー融資を引き受ける銀行が出てくるはずです。

　折り返し融資のタイミングで交渉してみましょう。

信用保証協会を外すのは金利交渉を進めるための前提条件！

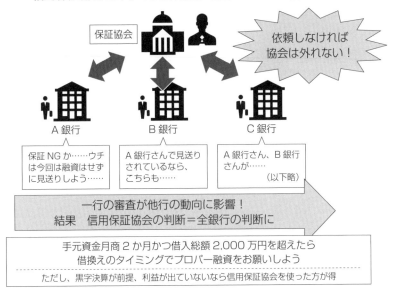

一行の審査が他行の動向に影響！
結果　信用保証協会の判断＝全銀行の判断に

手元資金月商2か月かつ借入総額2,000万円を超えたら
借換えのタイミングでプロパー融資をお願いしよう

ただし、黒字決算が前提、利益が出ていないなら信用保証協会を使った方が得

③　安定期／成熟期における金融機関との付き合い方

■ 複数の金融機関から時期をずらして借りよう

　安定期においては会社の信用が増してきて、金融機関も好意的にみてくれるため資金調達の可能性も広がります

　一つの資金調達先に大きく依存することは、安定した資金調達となりません。各金融機関からの融資のタイミングを計画的にずらし、預金残高を一定水準に保つことで安定した資金繰りができていきます。

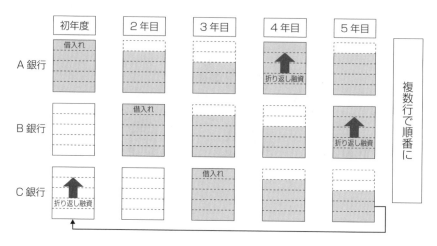

また、この頃になると、自己資本も充実してくるので、金融機関から社債や当座貸越を提案されることもあろうかと思います。

金利や手数料といったコストについては十分に交渉する必要はありますが、他の金融機関からの評価も上がるので、こういった提案があれば、極力前向きに進めることをお勧めします。

■ 黒字の時を狙って設備更新

また、安定期、成熟期においては、設備の更新も必要になってくることでしょう。

生産性の高い最新の設備に更新することにより会社の稼ぐ力を向上させることができます。

また、設備の減価償却により利益を圧縮することができますし、設備の更新が中小企業投資促進税制等の優遇税制の適用要件を満たすようであれば、タックスメリットをとることも可能です。

設備更新のための資金を金融機関からの融資で調達する場合の**返済期間は、可能な限りその資産の耐用年数に合わせる**ことをお勧めします。

なお、**銀行の融資枠確保**という意味では、リースや割賦を選択するのも

手です。

　手数料次第では、銀行融資よりも優先して考えてもよいでしょう。

　ただし、リースを選択すると「特別償却」が使えなくなるので契約形態には注意しましょう。

■ 無借金経営を目指すな！

　会社が安定期に入ると売上や利益が安定的に計上され、手元の資金にも余裕ができるようになります。

　しかし、これを機に金融機関からの借入金を繰上返済して無借金経営をしたいと考える経営者もいるので注意が必要です。

　なかには「自身の意思、実力で融資を受けられている」と思い違いをして、「借りたいときにはいつでも借りられる」と錯覚してしまう経営者がいないとも限りません。

　ここで目指すべきは、

　手元資金≧借入金

　とする「**実質無借金経営**」です。

　金融機関からの評価においては、利益が安定的に計上されていることは当然ですが、他の金融機関が融資したがり、かつ、手元資金を多く持っていることが大切なのです。

　こうなって初めて、金融機関の方から融資させてほしいと提案されるようになります。

　既存の金融機関だけでなく取引のなかった金融機関からも融資提案がされますし、そうなると既存の金融機関からもさらに有利な融資条件が提案されることにもなります。金融機関同士を競わせてより有利な条件で融資

を受けることが可能になるのです。

　借入金の残高が多くなったにもかかわらず、有利な条件での融資により
トータルの支払利息の額が減少することもあり得ますし、逆に借入金の残
高を減らしたにもかかわらず、支払う利息は思ったほど減らなかったとい
うこともあり得ます。

> 借入れの増減率≠支払利息の増減率

　借入金をゼロにする単なる無借金経営ではこのようにはいきません。

　金融機関にとっては借入金がない会社よりは、借入金をしっかりと返済
している会社の方がより高い評価になります。また、単なる無借金経営だ
と、仮に会社の業績が悪化した場合は当然融資条件も悪くなり、最悪必要
なときに必要な資金調達ができないことにもなりかねません。

　借入限度額まで長期資金を借り、手元資金を厚くする実質無借金経営を
目指すようアドバイスしましょう。

④ 事業承継／清算期の金融機関との付き合い方

■ 事業承継を考えたときにすべきこととは

　事業承継を考える時期になったら、まずは、既存の借入れの代表者連帯
保証を外してもらうことから進めましょう。

　後継者不足に悩む経営者は多いと思いますが、後継者を説得する際に、

多額の連帯保証を負わせるとなるとかなりハードルが上がってしまいます。

　既に第3章でお伝えしたとおり、経営者の連帯保証を外すには、次の3つがポイントとなります。
☑ 法人個人の一体性の解消
☑ 財務基盤の強化
☑ 財務状況の適時適切な情報開示
　これらは税理士事務所が専門家としてサポートすることが必要な重要なポイントになります。

　また、後継者自身に金融機関との関係性を構築してもらうことも大切です。
　徐々に銀行との関係を引き継いでいき、円滑に資金調達をできるようにして、事業承継に備えましょう。

■ 清算を考えねばならないときには、ここに注意！

　逆に後継者がおらず、清算を考えるのであれば、取引銀行を絞り、資金繰りの見える化を図る必要があります。

　会社を清算する場合、最終的には全ての融資を完済することが前提になります。
　債務がなくならない場合には、会社は破産又は特別清算する必要があります。
　破産又は特別清算のとき、代表者が会社の融資の連帯保証人となっていると、その債務は連帯保証人に引き継がれることになります。
　この場合は個人が法人に変わって返済することが優先となり、最悪、個人の財産を処分して完済することになります。

　また、相続があった場合、その債務が相続人に重畳的に引き継がれることとなります。

■ 社長の万が一も考えるのが会社経営

①　万が一の場合の実態貸借対照表

　社長に万が一のことがあった場合の選択肢は「事業をやめる」か「後継者が事業を継続する」の2つです。

　これに対する事前の準備は、実質的に資産超過の会社なのか、債務超過の会社なのかによって変わってきます。

　この場合、清算価値、つまり、資産を処分価額で評価して、資産が負債を上回っているか、下回っているかを判定することになります。

　特に棚卸しや機械設備等は自用した場合の価値が最も高く、第三者に売却することになった場合に、帳簿価額を大きく下回る価格でしか処分できない可能性が高いので、慎重に検討しておく必要があります。

　また、担保として提供されている資産がそのまま債権者である銀行等に引き渡されては困る自宅（社宅）などについては、資産から除いて考えます。さらに、その後の生活の保障のためにも、できる限り、自宅の抵当権は解除しておくことをお勧めします。

　また、債務超過であっても、経営者等からの借入れがあり、その借入れの債務免除によって資産超過となる場合には、実質的には資産超過と考えてよいでしょう。

貸借対照表

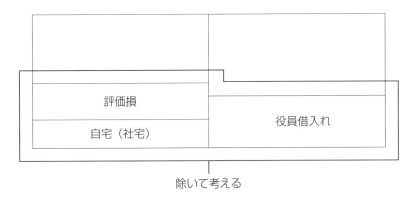

除いて考える

イ　実質資産超過を継続できる場合

　実質資産超過である会社を承継する場合、直ちに会社経営はストップすることはありません。日々の営業活動は従来と変わらず継続するので、それは毎月の銀行融資に対する返済もこれまでどおり行うことができます。

　ただ、会社のリーダーである社長の死亡という事実が会社の経営、特に財務にどの程度の影響を及ぼすかは予測が立てづらいので、この部分については、十分な自己資本と手元資金で手当てしておく必要があるといえます。

　生命保険等で資金的な余裕を作っておくことも方法の一つといえましょう。

　ただし、後継者がうまく経営できないようであれば、早めに会社の売却又は解散の決断を促すようにしましょう。

ロ　実質債務超過で会社を解散する場合

　問題は、実質債務超過の場合です。

　全ての資産を処分しても債務を完済できません。

　先ほどお伝えしたとおり、完済できない場合は清算できませんので、破産又は特別清算という流れになります。

　しかしこの場合、代表者が連帯保証していれば代表者個人、又は、代表者死亡の場合には、相続を放棄しない限り相続人である配偶者・子供などに重畳的に引き継がれてしまうことになります。

　相続放棄も選択肢の一つではありますが、遺族のことを考えると、まずは、返済不能に陥らないための準備をしておくべきでしょう。

　ただ、経営者の死亡イコール即融資残額の全額返済ということにはなりません。長期借入金については、期限の利益という権利を債務者は持っていますので、返済計画表どおりの返済が行われていれば当面問題はありません。

　日本政策金融公庫と保証協会付融資には団体信用生命保険の制度が用意されています。
　まずは団体信用生命保険の加入の有無の確認をしましょう。
　なお、団体信用生命保険に加入するかは任意です。ただし加入は、新規融資時のみで最高金額は1億円となっています。

　なお、信用保証協会の保証を受けていて債務不履行となった場合には、信用保証協会が代位弁済します。しかしこの場合、信用保証協会は主たる債務者又は連帯保証人に対して求償権を持つことになり、債務が消えるわけではないので、何らかの返済のための手当が必要となります。

　実質債務超過額から団体信用生命保険で相殺される額を差し引いた額が、社長が死亡したときに不足している金額となります。
　この額だけは生命保険に加入しておかないと債務を返済することができず、会社を解散することができません。

　月商2か月分の手元資金を確保することを考慮しつつ、将来の借入金が増加することも想定し、その不足額の1.5倍程度を生命保険でカバーしておくことが望ましいでしょう。

　また、経営者の死亡だけではなく、がんなどの特定疾病、就業不能状態など長期に業務に復帰できないことも考えておくことも非常に重要です。

　なお、実務上は生命保険金受取の事業年度に清算結了し、期限切れ欠損金の控除を行って、法人税の課税を受けないようにすることになるでしょう。債務超過又は資産＝負債の状態でなければなりませんので、タイミングと要件には注意が必要です。

⑤　業績低迷期の金融機関との付き合い方

■ 4つの「赤字」～この組合せで決まる！

　資金調達の観点から特別の検討を要する「赤字」は、必ずしも損益計算書の赤字だけではありません。次の4つの「赤字」を意識することが大切です。

☑ 損益計算書の赤字…当期純損益の赤字

☑ 貸借対照表の赤字…純資産の赤字、つまり、債務超過

☑ キャッシュフロー計算書の赤字…営業キャッシュフロー＋投資キャッシュフローの赤字、つまりフリー・キャッシュフローの不足

☑ 法人税申告書の赤字…別表7の欠損金の累積、つまり繰越欠損金

　当期純損益やフリー・キャッシュフロー（営業キャッシュフロー＋投資キャッシュフロー）の赤字が積み重なって債務超過になったり、繰越欠損金になったりするという関係にあるので、それぞれが独立しているわけではありません。

　このうち繰越欠損金は将来9年間で黒字が見込める場合に税金を減らす効果（プラスの税効果）を生じるので、唯一ポジティブな意味があります。

　他方、フリー・キャッシュフローの不足は将来の返済原資の不足を意味し、債務超過は返済不能事態の招来を意味し、当期赤字は将来返済計画の不安要素を意味するので、いずれもネガティブな意味があります。

　4つとも黒字なのが理想ですが、赤字が出てしまう場合、「現在」の指標として（特に）連続では避けたいのが「当期赤字」と「債務超過」であり、「将来」の指標として避けたいのが「繰越欠損金」の期限切れと「フリー・キャッシュフロー不足」といえるでしょう。

税務申告書の赤字（繰越欠損）

　あってもよいが、これ以上は増やさない！　期限切れに注意

P／Lの赤字（当期純損失）

　必要悪の場合もあるが、2期連続は避ける！

キャッシュフローの赤字（フリー・キャッシュフロー不足）

　極力避ける！　少なくとも連続は回避。

B／Sの赤字（債務超過）

　何が何でも避ける！

■「フリー・キャッシュフロー不足」「当期赤字」「債務超過」を防ぐには

　まずは役員報酬や社会保険、無駄な保険料を真っ先に削って、とにかく当期赤字を避けねばなりません。

　赤字が避けられない場合、まずは貸借対照表にたまった赤字要因（過大

な債権、在庫などの俗にいう粉飾アイテム）を出し切って、少なくとも連続赤字は避けねばなりません。

　債務超過も赤字の累積であり、金融機関からすれば返済能力ゼロと映りますし、格付の最大のマイナス要因ですから、何が何でも避けたいところです。

　フリー・キャッシュフローは返済原資があるかどうかのメルクマールであり、10年分のフリー・キャッシュフローで返せない債務残高がある場合は超過債務といえます。

　営業キャッシュフローを改善する（支払条件をより長く、回収条件をより短くする）ことと投資キャッシュフローを改善する（在庫の削減、設備投資の抑制）ことでフリー・キャッシュフロー不足を防ぐことが可能になります。

■ リスケジュール前に必ず試すべき6つのこと

① 決算書提出前にニューマネーを

　「決算報告にて、融資のコンペを」とお伝えしましたが、赤字の決算書でコンペをお願いしても応じてもらえません。

　むしろ決算前に、当期が赤字になりそうな旨を伝え、先に借りてしまうのが王道中の王道です。

　「1年内返済予定長期借入金－営業キャッシュフロー」を目標に融資をお願いしたいところですが、できれば翌々期の返済分まで借りてしまっておきたいので、借りられるだけ借りておくということでよいでしょう。

　この際、金利が若干上がっても仕方がありません。手元資金の確保を最優先しましょう。

　また、決算で債務超過になることが予想されるのであれば、既存融資の資本性ローンへの借換も打診してみましょう。債務超過を回避できるかもしれません。

②　リスケジュールの前にニューマネー獲得の努力を

　債務者区分で要注意先、あるいは、年間取引方針が消極方針先に格下げされるとニューマネーの獲得が難しくなります。

　しかし、このような状況でも、折り返し融資だけは獲得していかないと、手元資金が減っていく一方となってしまいます。

　手元の資金が減ってくると、経営者は弱気になって「返済が厳しいのでリスケジュールを依頼したい」と、考えてしまう傾向があります。しかしこのような状況下において、まず優先すべきはニューマネーの獲得です。

　返済を止めて預金残高を確保するのも、融資を受けた後、返済を続けて残高を確保するのも同じことですが、どうしても人間は損失を過大評価してしまうものです。しかしリスケジュールしてしまうと、ニューマネーを獲得することはできませんから、結果は大きく異なります。

　この際、信用保証協会も躊躇なく使う必要がありますし、請求されれば担保も提供しましょう。

　当然ですが、「返してくれそうもない」会社には融資してくれるわけがありませんので、「リスケジュールを考えている」などと口にしないように、経営者に釘を刺しておきましょう。

　リスケジュールは、ニューマネー獲得の努力をしたのち、金融機関から「リスケジュールという形でなら支援できます」という言葉を引き出してから行うのが基本です。

　平成21年12月の中小企業金融円滑化法（通称モラトリアム法、平成25年3月末終了）の施行以来、金融機関には円滑な資金供給や貸付条件の変更等に努めるよう、金融庁から要請されています。

　改善内容がしっかりしていれば基本的にはリスケジュールの依頼は断られることはありませんし、内容の厳しい会社にはリスケジュールを勧める

ことも少なくありません。

　なお、この段階になると、新規取引銀行に対して融資をお願いするのは
ほぼ無理といえますので、こちらから銀行を当たっても徒労に終わる可能
性が高くなります。

　しかしながら、ごくまれに飛び込み営業が舞い込んで、融資したいとい
われることがあります。

　このような場合は融資をお願いするとともに、既存取引行に対しても、
同調する形での融資を打診することで、うまくニューマネーを引き出せる
場合があります。

③　融資が厳しいお客様の審査を後押しするための書類

　ここでは、ニューマネー獲得を既存取引行に対して申し込む際に、決算
書や試算表に加えて提出すべき書類をお伝えします。

　「事業計画書」「資金繰り表」「銀行別借入明細書」「担保物権一覧表」の
4つになります。

イ　事業計画書

　詳しくは次章で説明します。

　リスケジュールの依頼でなければ、簡単な事業計画で問題ないでしょ
う。

　**赤字に陥っている現状を分析し、「経営者の思いを文字に、文字を数字
に」表す必要があります。**

　事業の概況、経営上の課題、業績推移と今後の計画、借入金の残高推移
などを簡略に示したもので問題ありません。

　精緻さよりもスピードを優先しましょう。

　ポイントは、次の4つです。

☑ 第1にスピード

☑ 第2に返済可能性

☑ 第3に実現可能性

☑ 第4に過去との整合性

　日本政策金融公庫の中小企業経営力強化資金申請の際に使用する事業計画書がコンパクトにまとまっているので参考にするとよいでしょう。

出典：日本政策金融公庫「事業計画書」抜粋

ロ　資金繰り表

　資金繰り予定表及び実績表は、それぞれ6か月分は提出するようにしましょう。

　月次でキャッシュフロー計算書を作成しているのであれば、これを参考に作成するとよいでしょう。

　また、日常の仕訳処理において、以下のようなルールを決めて運用しておくと、資金繰り表の作成が楽になります。

・売掛金、受取手形の貸方は現預金の入金以外では使わない

・買掛金、支払手形、未払金、預り金の借方は現預金の出金以外に使わない

・現金主義と発生主義が混在しないように科目を分ける

　入金時期の早期化、支払サイトの変更、支払時期の延長といった交渉は、取引先からの信用不安を起こす可能性があるため、基本的に実行不可能と思われます。

資金繰り表（簡易版）

〔　　年　　月　　日作成〕

お名前 _____

　この書類は、お客さまのご商売の状況の確認に活用させていただきます。お手数ですが、可能な範囲でご記入いただき、ご提出ください（この書類に代わる資料を作成されていれば、そちらをご提出いただいてもかまいません。）。
　なお、この書類はお返しできませんので、あらかじめご了承ください。

(単位：千円)

		〔実績〕　月	〔予定〕　月	〔予定〕　月	〔予定〕　月	〔予定〕　月	〔予定〕　月	〔予定〕　月	合計	（月平均）
売上高										
(参考) 前年同月の売上高										
前月繰越金　　　　(A)										
経常収支	収入 現金売上									
	売掛金回収									
	受取手形入金・割引									
	計　　　(B)									
	支出 現金仕入									
	買掛金支払									
	手形決済									
	外注加工費									
	人件費									
	諸経費									
	計　　　(C)									
	差引過不足 (B)−(C)=(D)									
経常外収支	経常外収入									
	経常外支出									
	計　　　(E)									
財務収支	収入 借入金（当公庫）									
	借入金									
	支出 借入金返済（短期）									
	借入金返済（長期）									
	財務収支計　　(F)									
翌月繰越金 (A)+(D)+(E)+(F)=(G)										

(売上高、売上原価、経費等の算出根拠)

(公庫処理欄)

(日本政策金融公庫（国民生活事業）)

出典：日本政策金融公庫「資金繰り表（簡易版）」

ハ　銀行別借入明細書

　金融機関が知りたいのは、「貸したお金を返してもらえるか」です。そ

のためにどの金融機関にどの程度の借入金、金利、信用保証協会がついている融資か等を伝える必要があります。

　科目内訳書でよい場合もありますが、融資が厳しい会社であれば、リアルタイムでの借入残高を開示する必要性があるので、銀行別借入明細書を提出するようにしましょう。

　各金融機関の銀行名、支店名、借入残高、当初借入額、借入月、返済期間、返済期日、利率、資金使途、月々の返済額、利率、担保や保証人の有無、保証協会付きか否かを記載します。

　こうしておくことで金融機関の側でも、効果的な借換えや、利用できる制度を検討してくれる可能性もあります。

二　担保物件一覧表

　事業内容だけで融資を得ることが難しい会社では、担保を求められることがあります。

　所有している不動産について、担保の有無、種類や面積など固定資産税通知書に記載されている程度の内容をまとめ、銀行別借入明細書と突合せができるようにしておくとよいでしょう。

　さらに、共同担保や事業関係外の所有者との共有関係などで換価するのが難しそうな不動産は、担保価値が落ちてしまいますので、所有関係や抵当関係を整理することも大切です。

④　最低でも債務超過を防ごう〜増資、DES／DDS が正攻法

　債務超過になると要注意先、要管理先に分類されることとなり、基本的に融資を受けることは難しくなります。

　単年度赤字が多少続いても小幅であれば融資姿勢に大きな変化はありませんが、債務超過となれば深刻なフリー・キャッシュフローの不足、資金残高の不足を来し、リスケジュール申請の蓋然性が高くなりますので、金融機関も極めて慎重になります。

　既存株主に資金があるなら、まずは増資を検討しましょう。

　場合によっては親族や友人等から借りてでも行うべきです。

　特に過小資本で設立し、その後増資していないような会社では増資が最大の信用補完になります。

　次に DES（デット・エクイティ・スワップ）を検討します。

　DES は債務の返済と出資を同時に行う方法で、それにより資本金が増えます。

　役員借入れが多額にある会社では、繰越欠損金かつ債務超過の範囲内なら無税で行えます（それを超えると、法人税課税や債権者から株主に対しみなし贈与といった課税関係が生じます）。

　債務免除益を計上して実質的に DES と同じ効果を狙う方法もありますが、その場合は利益剰余金が増えます。

　会社に回せる資金が残っているのであれば、役員借入れを一時的に役員へ返済し、その資金を使って新たな金銭出資をする「疑似 DES」という方法をとることも可能です。この場合には、法人税課税は生じませんが、債務超過を脱する場合には、出資比率によって新株引受権の贈与が生ずるので注意しましょう。

　また、従来の借入金を劣後（資本性）ローンに変更する方法も検討しましょう。実質的にリスケジュールしたのと同じような効果があります。これにより帳簿上は債務超過でも、その状態は金融機関からみれば DDS 前より改善された状態となり、実質的には債務超過とみなされなくなります。

　日本政策金融公庫の挑戦支援資本強化特例制度が一般的です。

⑤　なりふり構わず手元資金を作れ！

　融資が厳しいお客様の審査の後押しは専門家の技量とモチベーションだ

けでは厳しくなります。

　なぜなら、融資を受けるのも融資を受けたお金を返済するのもお客様だからです。後押しするには、何よりもお客様自身の行動とモチベーションが必要になります。

　赤字が3期以上続いてしまい、金融機関からの対応が厳しくなりはじめたとき、まずやるべきは「なりふり構わず手元資金を作る」ことです。

　タイムイズマネー。この段階になると「残りの資金＝（会社にとっての）残りの時間」ということになります。

　まずは先立つものを用意して、状況改善までの時間を稼がねばなりません。

　資金注入を躊躇し改善策が後手に回ると、指数関数的に効果が減っていくので、可能な限り迅速に行う必要があります。

　このときの手元資金は、ブロックパズルのはじめの1枚と同じです。これを抜かないと動かないように、資金を入れないと経営のパズルを動かすことができません。

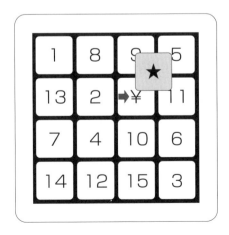

まず、金目のものは全て換金しましょう。

解約返戻金のある保険は解約しましょう。不良在庫、遊休不動産、保養所などは損が出ようと売却しましょう。損失といってもどうせ特別損失ですから経常利益が傷むわけではありません。

また、役員個人の預金があるなら会社に入れましょう。自宅も銀行の担保に差し入れましょう。

頭を下げて親戚からもお金を借りましょう。

あるいは、従業員の給与、賞与のカットをお願いしなければならない局面もあるかもしれません。

全てを守ろうとして全てを失うか、プライドと過去の栄光を捨てて一番大切なものを守るかのどちらかです。覚悟なくして、現状打破は無理ということです。

ここまで、少し極端なことをお伝えしました。

実際には、本当に破綻しそうであれば、役員個人の預金を会社に入れたり、自宅を担保に差し入れたり、ましてや親戚に迷惑をかけるなど、もってのほかです。

しかし、事業の再生か、廃業かの判断とはこういうことなのです。

つまり、失う何かと将来の希望（事業の継続）を天秤にかけ、方向性や方策が明確に描けるようなら再生可能でしょうから事業継続、ただしその場合には死に物狂いで資金を集めます。逆に、希望が見えてこなかったり、自信が湧いてこなかったりするようならば、再生又は廃業という選択をせざるを得ません。

創業当時のように社長が現場に入って陣頭指揮をとり、トップ営業をするのもよいでしょう。

想像できないことは実現できないので、まずは、経営者とよく話し合っ

てみることです。

　またこの際、変動損益計算書を使って、ビジネスモデルが適正かを数字をもって確認することも大切です。

　まずは、本当に限界利益を確保できているかを確認し、確保できているようであれば、実際に売上を損益分岐点まで押し上げることができるのかを検証してみましょう。

　例えば、店舗面積的にいくら回転数を上げても損益分岐点を上回ることができない飲食店を経営してはいないでしょうか？

　もしそうであれば、論理的に再生は不可能です。

　事業の継続・撤退を判定する際においては、埋没原価である減価償却費を固定費に含めても意味がないので、除いて考えることがポイントです。

　また仮に不採算部門から撤退しても、そこに配賦されている間接費は、本部を含めた他部門に再配賦されるだけですから、本当に黒字化できるかは慎重に検討する必要があります。

　いずれにせよ、決断は早いに越したことがありません。

　また、資金が尽きそうになり、正常な判断ができなくなると、正常な状態なら絶対に手を出さない取引に手を染める経営者が出てきます。

　起死回生を狙って別事業に手を出す人が一定数います。

　「隣の芝は青い」

　これを言いはじめるということは、赤字の原因は自分になく、市場にあると責任転嫁をしているようなものです。

　このような経営者には再生はまず無理です。

　シナジー効果が見込まれる隣接分野でないのであれば、冷静な判断のできない状況で新規事業に手を出すべきではありません。

投下資金の回収の前に会社の命が先に尽きてしまいます。

⑥　意外と知られていない、銀行がしてはいけないルール違反

業績が悪化し、金融機関から取引解消方針先となると、借換え、又は、ニューマネーの融資を受ける際に、以下のイやロのようなことを依頼される場合があります。

「それでも資金が欲しい」という状況に変わらないので、引き受けざるを得ないことがほとんどですが、お客様を守るために知識として頭の片隅に置いておいて損はありません。

イ　両建預金

預金担保融資ではないのに、融資をする代わりに定期預金をくださいという依頼です。

「業績も悪いし仕方がない」と応じがちですが、独占禁止法の「優越的地位の濫用」に当たり、発覚すると金融庁から指導を受けることになります。

基本的にはこのようなことがないよう、金融機関サイドでもチェックしていますが、前述のとおり、預金残高を増やすことで、実質利率が上がり、稟議を通しやすくなるので、依頼されることがあります。

ロ　旧債振替

プロパー融資を信用保証協会の保証付融資に借り換えさせることを旧債振替といいます。

信用保証協会は金融機関に対して旧債振替を制限し、違反した場合には、保証債務の履行責任を負わないもの（いわゆる免責）としています。

■ リスケジュールを決断してから（リスケジュールの具体的な

進め方）

① 　リスケジュールを依頼するタイミングとは

　前述のとおり、リスケジュールよりもまずはニューマネー獲得を目指すべきですが、ニューマネーの調達が難しい、又はニューマネーを調達しても１年以内に資金が枯渇してしまうことが分かったタイミングで、リスケジュールを打診しなければなりません。

　算式で表すと以下の条件に当てはまった場合になります。

> 現在の手元資金＋獲得ニューマネー＜１年内返済予定長期借入金＋正常運転資金

　最終的な交渉は、ニューマネーとリスケジュールのどちらが銀行として支援しやすいかをメイン銀行と協議しながら決めることが多いでしょう。

　手元資金（売上債権＋棚卸資産－買入債務）が正常運転資金を下回ってしまうと会社が回らなくなりますし、１年以内に融資を受けた金融機関はリスケジュールに難色を示すことが多いからです。

　また、すぐに応じてくれるとは限らないので、少し余裕をみて打診することが必要です。

② 　リスケジュールの申込み方

イ 　まずはメイン銀行に依頼する

　まず、リスケジュールは、融資を受けている全ての金融機関が了承してくれないと成立しません。

　「こっちの銀行には返すけど、あっちは返さない」ということが認められれば、返してもらえない銀行が了承するわけがないからです。

　同じように、追加の保証人・担保や金利の引上げを要求してくる銀行があるかしれませんが、あくまでも全ての銀行に対して平等にしなければリスケジュールは成立しません。

　また、一行でも了承してくれない銀行があるとリスケジュールは成立し

ません。

　このため、交渉する順序などが大切になってきます。

　リスケジュールを申し込むのであれば、まずはメイン銀行から話をするのが筋です。

　この際に持参するのが、次章で詳しく説明する「経営改善計画」になります。

　メイン銀行がリスケジュールに応じてくれるとなると、サブ以下の銀行は基本的にリスケジュールに応じざるを得なくなります。自行が無理をいうことで全体のリスケジュール計画が頓挫し、最終的に破産に追い込み、回収できなくなっては元も子もないからです。

　金融庁はリスケジュールに柔軟に対応するようにと銀行に対して指導していますが、それを盾にとって開き直るのは問題です。約束違反には変わりないので、まずは丁重にお詫びをするのが筋です。

　またこのとき、1年以内に融資を受けた銀行、特に半年以内に融資をしてくれた銀行からは難色を示される可能性があります。

　この状況で融資をするには、本部と掛け合う必要があるからです。

　このような場合、メイン銀行が了承してくれていても、反対されることがまれにあります。

　少なくとも、メイン銀行でこの状態に陥るのは避けたいところです。

　ですから、ニューマネーとリスケジュールではどちらの方が支援しやすいかをメイン銀行と協議しながら最終調整を進める必要があるのです。

　場合によってはメイン銀行からサブの銀行に連絡をとってくれる場合もありますが、これすら受け付けてくれない場合には、バンクミーティング

を開催してリスケジュールを依頼することになります。

　各都道府県の中小企業活性化協議会や民間コンサル等の士業横断的な認定経営革新等支援機関の集まりがいくつもできています。

　そうした集まりが経営改善支援センターとの架け橋となって計画を策定し、バンクミーティングを成功裏に開催し、一刻も早い全行合意を目指しているので、こうした支援を受けることも視野に入れましょう。

　なお、破産や民事再生といった法的整理以外では、（代位弁済後の求償権の放棄を除いて）金融機関が債権を放棄することは基本的にありません。

　よほど良い条件で事業を買い取ってくれるスポンサーが現れて金融機関が納得してくれない限り、優良事業を新会社に譲渡して、不良債権とともに融資の債務免除を依頼する第二会社方式を狙うのは、現実的ではありません。

　また、この段階になると税理士事務所主導で再生を行うことは、非常に難しくなります。良かれと思ってしたことが非弁行為となる可能性もあるので、必ず再生に慣れた弁護士に相談するようにしましょう。

ロ　返済は同額又は比例配分が基本

　リスケジュールをお願いする際には、向こう1年返済ゼロでお願いするのが基本です。

　リスケジュールはワンチャンスで、**再度の減額変更は認められません。**

　ですから申し込む際には、返済できる最下限を提示しておく必要があるのです。ただし、もちろん減額が大きければ大きいほど、了承を受けるハードルは高くなります。

　また、少額でも返済する場合には、全行一律1万円などという形、あるいは融資残高に比例した返済でお願いするのが基本となります。

これを崩して特定の金融機関だけ厚く返済する計画が了承されることはありません。

全ての金融機関とリスケジュールの条件が合意できたら、条件返済契約書を締結してリスケジュール期間に入ることになります。

■ リスケジュール中とリスケジュールの終了

リスケジュール中は、できれば毎月金融機関に報告に行きましょう。

そこでなぜ計画どおりにいったのか、計画どおりにいかなかったのか、計画どおりいかなかったときにはこれからどう行動するのかを伝えましょう。

こうしたことで信用を積み上げていくことが、次年度以降のスムーズなリスケジュール継続の可能性を高めます。

リスケジュールは向こう1年が基本ですが、十分に手元資金が貯まり、営業キャッシュフローで返済が賄えるようになるまでは継続をお願いすることになります。安易な返済再開は絶対に避けなければなりません。なお、リスケジュール期間中に役員報酬を増額すると、金融機関から返済の増額を依頼されることが多いので、その点を考慮して増額するようにしましょう。

最終的に、債務超過が解消し、キャッシュフローが改善したと見込まれる場合には、リスケジュールを終了し、通常の返済に戻します。なお、リスケジュール後の返済表で返済できない場合には、返済可能な期間の返済額で契約し直す場合があります。

ただしこの場合も、ただ返済を続けるだけで、折り返し融資が見込めないと、資金繰りは苦しくなってしまいます。リスケジュール後の折り返し融資の可能性なども相談しながら解消するようにしなければなりません。

　通常返済に戻すことで、他行からのニューマネーも期待できるようになります。

　こういった形で通常の金融取引に復帰していくことになります。

Ⅲ

アフターコロナ・ウィズコロナの 銀行対応

① コロナの感染拡大

　2020 年初頭、新型コロナウイルスの感染拡大が世界的な課題となりました。日本でも感染者数の増加に伴い、緊急事態宣言が発令されました。そのおかげで、多くの中小企業や個人事業主が営業を一時停止し、雇用の減少や経済的な苦境に直面しました。政府や金融機関は、中小企業を支援するために特別な措置や融資制度を導入しましたが、現在も中小企業の回復は課題となっています。

② ゼロゼロ融資を中心とした新型コロナ感染症に対する支援

　日本政府は経済への影響を緩和するため、金融政策や金融機関との連携を行いました。中小企業の資金繰り支援と雇用の維持を図ることを目的として、以下の金融政策を打ち出しました。

⑴　**融資枠の拡充**：政府は中小企業向けの融資枠を拡大しました。金融機関はこれに基づき、追加の融資を提供しやすくなりました。

⑵　**利子補給制度**：中小企業向けの融資において、政府は利子補給制度を導入しました。これにより、一定の期間内の利子負担を軽減し、返済の負担を軽減することができました。

(3)　**保証制度**：政府は中小企業の融資の一部を保証する制度を導入しました。金融機関が中小企業に融資を行う際に、一定の割合を政府が保証することで、金融機関のリスクを軽減しました。

(4)　**オンライン対応の充実**：コロナ禍において、金融機関はオンラインでの融資手続きや相談窓口の提供を充実させました。これにより、中小企業は対面での手続きを避けつつ、必要な支援を受けることができました。

　これらの政策に基づき、政府系金融機関や民間金融機関において実質無利子・無担保で融資が行われました。これがいわゆる「ゼロゼロ融資」です。

　ゼロゼロ融資をはじめとしたこれらの具体的な支援策は、中小企業が資金繰りの支援を受け、事業を維持・回復するために役立ちました。政府や金融機関の取り組みにより、多くの中小企業が困難な時期を乗り越えることができました。

　しかし一方で、また、ゼロゼロ融資といっても金融機関には、「利子補給」を通じて直接または間接的に利息収入が入っていました。ゼロゼロ融資で設定された利率が、これまでのプロパー融資での利率よりも高めであり、企業側にも金融機関側にもお互いにメリットがあったことから、民間金融機関ではゼロゼロ融資以外のプロパー融資に消極的になってしまった負の側面があることも否めません。

❸　コロナ融資返済スタート

　コロナ融資を利用した企業の多くは返済据置期間を設けました。据置期間が終了して、元金返済を開始する企業が 2023 年 6 月から 8 月以降にピークを迎えました。しかし、物価高騰、人件費の上昇などで資金繰りが厳しくなっている中小企業にとっては、コロナ融資の返済開始がさらなる資

金繰りへの負担となりました。

　また、据置期間中は文字どおり融資残高が全く減らないため、これまで
の「返済した分だけまた借りる」折り返し融資を中心とした銀行戦略を取
りづらくなりました。また、先ほど、「保証協会付き融資が会社の成長を
止める」と、お伝えしましたが、ゼロゼロ融資が保証協会付き融資であっ
たため、ゼロゼロ融資を利用した多くの企業が、保証協会の保証枠の縛り
を受け、また、保証協会の厳しい審査を受けないと融資が受けられないと
いった状況に陥っています。

　先述のとおり、タイミングを見計らって、金利等の融資条件を多少譲歩
してでも、プロパー融資への切り替えを図っていくことをお勧めします。

④ コロナ借換保証

　2022 年 10 月 28 日に閣議決定された「物価高克服・経済再生実現のた
めの総合経済対策」を踏まえ、新型コロナウイルス感染症の影響の下で債
務が増大した中小企業者の収益力改善等を支援するため、借換え需要に加
え、新たな資金需要にも対応する信用保証制度（コロナ借換保証）を
2023 年 1 月 10 日から開始しました。

　この制度の特徴は、以下のとおりです。

(1)　**対象企業**：中小企業や個人事業主が対象となります。新型コロナウイ
　　ルスの影響により資金繰りに困難を抱え、一定の要件を満たす企業が申
　　請することができます。
(2)　**保証期間**：保証の期間は、借り換え融資の返済期間に応じて設定され
　　ます。最長で 10 年間の保証期間があります。
(3)　**据置期間**：5 年以内

(4)　**申請手続き**：申請は金融機関を通じて行われます。この制度は、金融機関との対話を通じた「経営行動計画書」を作成したうえで、金融機関による継続的な伴走支援を受ける必要があります。

新たな借換保証制度（コロナ借換保証）の創設

- 今後、民間ゼロゼロ融資の返済開始時期は2023年7月〜2024年4月に集中する見込み。
- こうした状況を踏まえ、民間ゼロゼロ融資からの借り換えに加え、他の保証付融資からの借り換えや、事業再構築等の前向き投資に必要な新たな資金需要にも対応する新しい保証制度を創設。

【制度概要】
- 保証限度額：（民間ゼロゼロ融資の上限額6千万円を上回る）**1億円**（100%保証の融資は100%保証で借り換え可能）
- 保証期間等：**10年以内**（据置期間5年以内）
- 保証料率：**0.2%等**（補助前は0.85%等）
- 下記①〜④のいずれかに該当すること。また、**金融機関による伴走支援と経営行動計画書の作成**が必要。
  ① **セーフティネット4号**の認定（売上高が20%以上減少していること。最近1ヶ月間（実績）とその後2ヶ月間（見込み）と前年同期の比較）
  ② **セーフティネット5号**の認定（指定業種であり、売上高が5%以上減少していること。最近3ヶ月間（実績）と前年同期の比較）
  ※①②について、コロナの影響を受けた方は前年同期ではなくコロナの影響を受ける前との比較でも可。
  ③ **売上高が5%以上減少していること**（最近1ヶ月間（実績）と前年同月の比較）
  ④ **売上高総利益率／営業利益率**が5%以上減少していること（③の方法による比較に加え、直近2年分の決算書比較でも可）

【手続きイメージ】

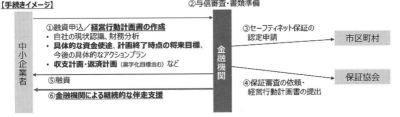

5　新型コロナウイルス感染症対策挑戦支援資本強化特別貸付（新型コロナ対策資本性劣後ローン）

　日本公庫では、資本性ローンについても、新型コロナウイルス感染症対策として、特別な仕組みを用意しています。平常時においては「挑戦支援資本強化特別貸付」がありますが、「新型コロナ対策資本性劣後ローン」は、民間との協調融資の制限がなくなり、金利も大幅に抑えられ（融資後3年間は純利益のプラスマイナスにかかわらず0.50%、その後もマイナスであれば0.5%、プラスであれば2.6から2.95%）ています。

　リスケジュールを考える前に、まずはコロナ融資の出口として、この新

型コロナ対策資本性劣後ローンを受けることができなか、日本公庫に相談
してみることをお勧めします。

⑥　コロナリスケ

　また、新型コロナの影響により既往債務の支払いや、資金繰りに窮して
いる中小企業に対する支援については、2020 年 4 月から中小企業再生支
援協議会による「新型コロナ特例リスケジュール支援」が始まりました。
これは、資金繰りに悩む中小企業を対象に、事業改善の可能性の検討を待
たず、1 年間の特例リスケの要請、資金繰り計画の策定、新規融資を含め
た金融機関調整を支援するものでした。

　2022 年 4 月からは、ポストコロナを見据えて、緊急的に実施していた
特例リスケ支援は終了し、中小企業活性化協議会（中小企業再生支援協議
会が改組）による収益力改善支援に移行しています。
　収益力改善支援の主な内容と手続きの流れは、次のとおりです。
　1.　収益力改善に向けた計画策定支援
　2.　資金繰り計画の策定支援
　3.　金融支援（リスケジュール）の調整
　4.　定期的なモニタリング
　5.　金融機関との支援方針の目線合わせ
　6.　適切な支援策への移行

　本支援では、1 年間から 3 年間の収益力改善計画（収益力改善計画遂行
中の行動計画（収益力改善アクションプラン）＋簡易な収支・資金繰り計
画）の作成を行います。ただし、主要債権者等及び必要な対象債権者に対
し、リスケジュール等の金融支援の要請を行う場合には、1 年間の収益力
改善計画を作成します。

　対象債権者の全てが同意し収益力改善計画が成立した後は、同計画の遂行期間中、少なくとも１年毎（主要債権者等及び必要な対象債権者に対し、金融支援の要請を行った場合は、少なくとも四半期毎）に収益力改善計画遂行状況等のモニタリングが行われます。

　モニタリング結果等により、金融機関とアクションプランの進捗状況を確認し、今後の支援方針を擦り合わせ、再生支援を行うことが適当であると判断された場合は、再生支援に移行します。

すぐできて効果バツグン！財務改善ポイント

- ☑ お客様の財務状況を確認し、金融機関に対して強気に出てよいか、そうでないかを確認しよう
- ☑ 銀行との条件交渉は「折り返し融資」または「新規借入」のときのみ（追加）
- ☑ 銀行ごとに預金残高と融資残高を比べて、本当に借りているのはいくらかをチェックしよう。
- ☑ リスケジュールの前にニューマネー（折り返し融資）が出ないか確認しよう（追加）

第6章

成長段階に応じた財務改善
のための事業計画の立て方

第6章の狙い、主旨

　本章においては、創業から事業承継まで会社のライフス
テージ別の事業計画の立て方について説明していきます。

　ライフステージごとに金融機関がどこに注目するかを解
説し、それに応じた事業計画の立て方をお伝えします。

I

事業計画立案に必要な
財務分析指標の使い方

　まずは、融資獲得のための事業計画に必要となる財務分析項目について解説いたします。

　経営指標を、計画作成の際、参考として使うことで説得力を持たせます。

　ここでは、第4章でお伝えしたロカベン作成時に必要な財務分析指標以外で、事業計画作成に必要となる指標についてお伝えします。

　参考となる経営指標としては、中小企業庁「中小企業実態基本調査」、中小企業白書、日本政策金融公庫「日本政策金融公庫の小企業の経営指標調査」、株式会社TKC「TKC経営指標（BAST）」などがあります。

　経営・財務指標はあくまでも参考とする基準ではありますが、会社の現状を把握する上で有用な情報といえるでしょう。またこれらの指標の信頼性などについても様々な意見がありますが、事業計画を立てる上での一定の基準としては参考になります。指標至上主義になることなく、柔軟に活用することを心がけましょう。

❶ 現預金比率／現預金月商比率

■ 解説

　現預金比率とは、「現金・預金÷流動資産×100％」で算出される指標です。当然ですが、高ければ高いほどよいといわれています。また、「現預金÷月商」で算出される現預金月商比率という指標もあります。つまり、「月商の何か月分の現預金を持っているか？」を表す指標となります。

■ 目標の立て方

中小企業の実務では現預金月商比率の方が分かりやすいといえます。

現預金月商比率の目標は、まずは「1か月分」を目標としてください。最終的には「3か月」を維持できれば経営は安定するはずです。まずは1か月を目標として維持をして、その後、3か月を達成できるように経営財務目標を立ててください。この目標が達成できればおのずと資金繰りは安定してきますし、銀行借入れも容易になってきます。

② 自己資本比率

■ 解説

自己資本比率とは、「純資産÷総資産×100％」で算出される指標です。ローカルベンチマーク（158頁）でも算出される指標の一つです。

■ 目標の立て方

自己資本比率がマイナス表示される場合は「債務超過」です。債務超過に陥ると、原則として金融機関から融資を受けることが困難になります。

まずは、債務超過にならないことを第一の目標としてください。場合によってはDES等の指標を用いたり、役員借入の放棄を実行するなどして、最低でも前期実績より悪化させないことです。また具体的な目標としては、一般的にはどの業種でも「30％」ともいわれていますが、経営指標などを参考にして目標ラインを設定してください。

③ 債務償還年数

■ 解説

債務償還年数とは、「有利子負債÷キャッシュフロー」で算出される指標です。ローカルベンチマーク（158頁）における「EBITDA有利子負

債倍率」も債務償還年数と同じ考え方による財務指標です。

　債務償還年数の「有利子負債」は主に「銀行等金融機関からの借入金」
（役員等知人からの借入を含まない）が該当します。「キャッシュフロー」
は「利益（営業利益、経常利益、税引後当期利益）＋減価償却費」が簡易
的に利用されています。計算式が金融機関や分析ツールによって異なるた
めに確認が必要になります。

■　目標の立て方

　債務償還年数の計算式については、取引先金融機関に相談してみてもよ
いかもしれません。また、ローカルベンチマークの EBITDA 有利子負債
倍率（＝（借入金－現預金）／（営業利益＋減価償却費））の計算式をベース
に指標管理をしていくのも一案です。

　まずは、マイナス表示にならないことを目標としてください。つまり、
「赤字」を避けることです。計算上、減価償却費の抑制によってプラスに
なることがあるかもしれませんが、やはり赤字は避けるべきです。そし
て、最低でも前期より悪化させないことです。一般的には、10 年以内
（10 倍以下）を維持してください。15 年（15 倍）を超えると、結果と
して要管理先債権として債務者区分される可能性も高くなります。

④　回転率、回転期間

■　解説

　回転率、回転期間とは、資産の効率性を示す指標です。「回転率」とは、
資産などが 1 年間に回転する回数のことをいい、「回転期間」とは、資産
などが 1 回転するのに要する期間のことをいいます。

　計算式は、回転率については「売上高÷資産」、回転期間（月商）につ
いては「資産÷月商」又は「12÷回転率」で算出することができます。回
転期間を日数で表す場合は、「資産÷日商」又は「365÷回転率」で算出す

ることができます。

　例えば、回転率が4回転であれば、回転期間（月商）は「12÷4」＝3か月となります。つまり、回転率と回転期間は、逆数（分子と分母が逆）の関係になります。

　主な財務指標としては、総資本回転率／回転期間、売上債権回転率／回転期間、棚卸資産（商品）回転率／回転期間、固定資産回転率／回転期間などがあります。

　なお、決算期末（月末）が休日の場合に、決済が翌月にまわり、一時に上昇してしまうことがあるので、債権債務額を読み替えるなど分析の際には注意が必要です。

■ 目標の立て方

　まずは、前期実績より悪化させないことが重要です。また具体的な目標としては、経営指標などを参考にして目標ラインを設定してください。

　一例ですが、中小企業白書の「総資本回転率」についてみてみましょう。2023年版中小企業白書のうち中小企業（法人企業）の経営指標（2021年度）からの一部抜粋になります。

総資本回転率

	全業種	建設	製造	情報通信	卸売	小売	不動産・物品賃貸
平均指標	0.98	1.04	0.96	1.04	1.62	1.67	0.33

⑤ 無料で使える財務分析ツール

　様々な財務分析比率を同業他社と比べながら分析できる有料のツールも多々ありますが、中小企業基盤整備機構のホームページで公開している経営自己診断システムが便利です。こちらも無料でありながら、中小企業信用リスク情報データベース（略称CRD）に蓄積されている200万社以上

の中小企業（うち7割は、年商3億円以下の比較的小規模な企業）の財務
データを用いて、業界の中での会社の各財務指標値の優劣を点検すること
ができるほか、収益性、効率性、生産性、安全性、成長性の5項目につい
て経営状態を点検することができます。

　また、特に安全性指標を取り出して、同業種のデフォルト企業（倒産や
借入金の延滞などにより債務不履行に陥った、または陥りつつある企業の
総称）と比較することで、経営の危険度についても点検することができま
す。

　ホームページの検索画面に「経営自己診断システム」と入力すれば、す
ぐに見つかります。

Ⅱ

創業融資を受けるための
事業計画の作り方

❶ 創業支援で顧問先を獲得しよう

　実は、創業時は最も資金調達しやすいタイミングです。逆にいうと、運転資金は創業時のタイミングでないと相談しづらくなります。また、創業融資は金融機関と事業者の初めての取引になります。だからこそ、創業には"分かりやすい成功までのストーリー"としての事業計画が必要になります。

　事業計画の作成を支援する過程においては、事業者の経歴を理解し、"一緒に"事業計画を作り込んでいく時間を共有することで信頼関係を構築することができます。税理士事務所であれば、顧問契約は前提のようなものです。

　"分かりやすい成功までのストーリー"としての事業計画を作成するためのポイントは以下の３点にまとめることができます。

〈事業計画の３つのポイント〉

☑ 今までの職務経験をもとに何らかの問題意識を持って起業している（経験と覚悟） ☑ 開業時に必要な資金の想定と準備をしている（事前の計画性） ☑ 利益を安定的に確保できる計画を立てている（将来の計画性）

　上記全てを満たす事業計画を作ることができれば、融資のハードルは決して高くありません。ただし、失敗してしまうと半年間は審査を再請求す

ることはできませんので、失敗は許されません。

　まず、説得力を持たせるためには、**創業しようとする事業の経験が最低でも2〜3年は欲しいところ**です。特に、マネジメント経験があるとよいでしょう。またその上で、**なぜ今創業すべきなのか、なぜ自分がやるべきなのかを説明できることが大切**です。その意味でも、**他者との差別化要素をどこに置いているのかを業界・市場研究を通じて明確にしておく必要が**あります。

　また、この後詳しくお伝えしますが、**自己資金の確保も大切**です。融資額は自己資金の額を基準に決められるからです。そしてその資金の使い道を数値を通して説明できる、また、返済能力を証明する利益計画・事業計画が実態と矛盾なく立てられていることが必要となります。

　しかし、全ての条件を満たせている方ばかりとも限りません。

　経験はないが単純に儲かると思った、自分で事業がしてみたかった、資金はないが希望はある、根拠はないが自信はある、過去はどうあれ今の自分は頑張っている、等々の話はよく聞きます。

　まずは融資の希望者から直接話を聞き、なるべく客観的な資料・データの材料をそろえていきます。この材料をもとに全体をストーリーとして構築し、整合性のある事業計画としてまとめます。

　例えば、今までの職務経験が不足していると感じたとしても、開業資金の準備・検討ができていて、市場調査や競合他社との比較など将来の計画が緻密に検討されている、あるいは、開業資金の準備は不足しているが職務経験としては十分であり、開業に向けての勉強をしており覚悟もある、開業後の売上の確度も客観的にみて高い、というように、成功に至るまでの過程について整合性をもって表現できるようにしましょう。

　相談内容によっては、現時点においては創業をすべきではなく準備段階という判断を促す必要があるかもしれません。

　また逆に、事業計画には載せる必要はありませんが、“最悪の場合”とは何か？　さらに、その場合はどう対応するかも、一緒に考えておきましょう。

　創業時の事業計画書を作成するための書式としては、日本政策金融公庫の「創業計画書」がよくまとまっています。同公庫のホームページからダウンロードすることができます。

〈創業計画書・ダウンロード〉

https://www.jfc.go.jp/n/service/dl_kokumin.html（令和5年11月現在）

　以下、この日本政策金融公庫からの借入れを仮定した創業計画書をもとに説明します。

❷　まずは創業準備資金、軌道に乗る前に運転資金が尽きないように

　事業を行う上で最も重要なものが資金です。

　状況が悪くとも資金があれば事業は継続可能です。

　自己資金が十分あり、融資を受ける必要はないと考える方もいるかもしれません。

　ですが、開業後に事前想定できなかったリスクが発生することは十分に考えられます。「こんなはずではなかった」となる前に、資金調達をしておくことが大切です。

　まず、開業時に必要な資金と開業後に必要な資金（創業準備資金）と開

業後の計画（月次の収支）を事業計画にまとめていきます。

■ 創業準備資金の組み立て方のポイント

〈創業計画書：7　必要な資金と調達方法〉

7　必要な資金と調達方法

	必要な資金	見積先	金額	調達の方法	金額
設備資金	店舗、工場、機械、車両など（内訳）		万円	自己資金	万円
				親、兄弟、知人、友人等からの借入（内訳・返済方法）	万円
				日本政策金融公庫　国民生活事業からの借入	万円
運転資金	商品仕入、経費支払資金など（内訳）		万円	他の金融機関等からの借入（内訳・返済方法）	万円
合　計			万円	合　計	万円

出典：日本政策金融公庫「創業計画書」抜粋

①　「必要な資金」について

イ　「設備資金」

　例を挙げると不動産賃貸の初期費用、内装代、車両、機械等です。金額の根拠となる書類（見積書など）が必要になります。

　事業を行う上で必要なモノを列挙しましょう。運転資金だけでは必要調達額に達することが難しいことが多いので、できる限り細かなモノまで列挙するのがポイントです。

ロ　「運転資金」

　事業が回るようになるまでの資金をキープしておくことが大切です。

月次の収支を検討していくなかで算出できる固定費を基本に考えましょう。

損益分岐点に至るまで、また、腰を据えて事業をするためにも最低6か月分を準備したいところです。

なお、「余裕資金を借りる」という表現は通りにくいので、広告宣伝費や人件費等を余裕をもって見積って、資金使途の説明がつくようにしておくこともポイントです。

② 「調達の方法」について

イ 「自己資金」

「必要な資金」の合計額の3分の1を確保できればベストです。そのための準備をしていたという事前の計画性がここで確認されます。

自己資金の準備が日本政策金融公庫の創業融資の決め手といっても過言ではありません。

融資を受けられるのは、基本的に自己資金の3〜10倍の範囲となります。

資金の根拠として半年分くらいの個人通帳の動きを確認されます。

借入相談の直前に通帳に入金をする方がいますが、経緯を説明できたとしても不自然ですし、逆に信用を失いかねないので、避けた方がよいでしょう。

ロ 「親、配偶者、兄弟、知人、友人等からの借入」

親、配偶者、兄弟、友人からの個人としての借入れを記入します。これら周囲の人からの賛同、協力、支援を示す上でも、ごまかして「自己資金」とせずに正直に記入しなければなりません。また、家族からの贈与、借入れがあった場合、その人の通帳を徴求される場合もあるので、注意が必要です。

ハ　「日本政策金融公庫　国民生活事業からの借入」

今回の創業資金として必要な金額を記入します。

「必要な資金」と「調達の方法」の合計額が一致するようにしたうえで、端数を丸めてください。経験から500万円から1,000万円の範囲内が妥当なラインです。

ニ　「他の金融機関等からの借入」

日本政策金融公庫以外からの融資を進めているようであれば記入します。

③　「6　お借入の状況」について

繰り返しになりますが、日本政策金融公庫は代表者個人の信用情報を調べますので、**金融機関からの借入れはもとより、個人的なノンバンクからの借入れや住宅ローン等があれば、正直に、正確に全て記載するようにしましょう。**

公庫は個人の信用情報をチェックします。ここで記載もれや間違いが発覚すると融資の可能性が低くなります。

■ 数値計画はこの順番で作ると楽

　「8　事業の見通し」において、「創業当初」は赤字でも問題ありませんが、1年後又は軌道に乗った後は黒字になっている必要があります。

〈創業計画書：8　事業の見通し（月平均）〉

8　事業の見通し（月平均）

	創業当初	1年後又は軌道に乗った後（　年　月頃）	売上高、売上原価（仕入高）、経費を計算された根拠をご記入ください。
売　上　高　①	万円	万円	
売 上 原 価 ②（仕　入　高）	万円	万円	
経費　人件費（注）	万円	万円	
経費　家　　　賃	万円	万円	
経費　支 払 利 息	万円	万円	
経費　そ　の　他	万円	万円	
経費　合　計　③	万円	万円	
利　　　益①－②－③	万円	万円	（注）個人営業の場合、事業主分は含めません。

出典：日本政策金融公庫「創業計画書」抜粋

　また、月次の収支は将来の計画を表現する基礎となります。ここで押さえておきたいのは以下の3点です。

〈月次収支の3つのポイント〉

☑ 売上高の確度
☑ 経費（固定費）の適正さ
☑ 借入れの返済原資は利益

①　売上高の確度

売上の最小単位（単価）を押さえてください。**単価×数量が売上です。**
飲食業・美容業等であれば客単価、コンサルタント・エンジニアであれば
時給（タイムチャージ）となります。

自分が売るモノの単価が決まれば、あとは「いつ（どこで）」「誰に」
「どのくらい」「どうやって」売るのかを表現します。

市場調査・競合他社との比較、さらに取引先との仮契約があればなお良
しです。根拠のある数字をもとに積上げで売上高を算出することで、売上
獲得の実現可能性が高いことを表現します。

②　経費（固定費）の適正さ

経費（固定費）とは売上がゼロであっても事業をする上で最低限かかる
費用です。

事業はスモールスタートでリスクは最小限に抑えるという考えを基本に
します。前述の売上の確度にもよりますが、事業に一か八かはありませ
ん。リスクをコントロールする考えがあることを表現しましょう。

コントロールするリスクを把握できているかという意味で、根拠をつけ
て曖昧さを排除してください。

特に曖昧さが集まりやすい「その他」に記入した金額については、その
根拠を科目別に記入するとよいでしょう。

〈例〉消耗品費○○万円、水道光熱費○○万円、通信費○○万円、雑費○
○万円

③　数値計画の作成手順

数値計画については、作成する順番にコツがあります。

変動損益計算書→損益計算書→貸借対照表→キャッシュフロー計算書の
順で作成するとスムーズになります。

なお、作成に当たっては多くの「前提条件」を設定することになります

ので、必ず**前提条件リスト**を作成し質問を受けたときに明確に答えられるように準備しておきましょう。

イ　変動損益計算書の作成

まず、基本となるのが変動損益計算書です。

実現可能な売上高の推移を作成し、それに伴い変化する一定率の変動費（原価）を計算します。

また、固定費については、売上高に関係なく一定額で推移させます。

ロ　財務諸表形式の損益計算書の作成

続いて、上記の変動損益計算書を、固定費部分の在庫に配賦した上で、損益計算書、製造原価報告書といった財務諸表の形に科目を並べ替えます。

ハ　貸借対照表の作成

これ以降の項目については、日本政策金融公庫のフォーマットでは求められていませんが、必要があれば以下の手順で作成します。

特に安定期、成長期、リスケジュール申込み時における事業計画作成の際には、必ず求められることになります。

まずは、Ⅰの財務分析でお伝えした次の指標を使って、貸借対照表が損益計算書と整合性のとれる数値となるよう作成します。

・売上債権回転率（月商×売上債権回転率＝売掛金・受取手形）

・仕入債務回転率（月商×仕入債務回転率＝買掛金・支払手形）

・棚卸資産回転率（月商×棚卸資産回転率＝棚卸資産）

・現預金月商倍率（月商×現預金比率＝現預金残高）

各回転率は、創業時であれば業界平均、それ以外は過去の実績を使うようにします。

また、1か月分の固定費を未払金とし、固定資産、借入金については実

額とします。

ニ　キャッシュフロー計算書

　最後に期首期末の貸借対照表を並べてキャッシュフロー計算書を作成します。

④　借入れの返済原資は利益

　これから融資を受ける借入金の返済は「利益」を原資とします。

　また、この場合において事業者の給与（取り分）は適正でしょうか。最低限の生活費、さらに既存の個人ローンがあればこれを賄う給与が確保できているかを確認しましょう。

　事業者の給与は法人であれば役員報酬として「人件費」に入りますが、個人事業であれば利益に含めて表示することになります。

Ⅲ

安定期・成長期に積極的に使いたい 経営力向上計画

　成長期、安定期において、経常黒字を維持し、手元資金にある程度余裕のある経営をしていれば、基本的に事業計画書作成を求められることはありません。

　しかし、設備資金や新規出店費用等を調達しようとする場合には、事業計画書の提出を求められることになるでしょう。

　このフェーズで銀行から求められるのは、矛盾のない事業計画です。

　この時に活用したいのが「経営力向上計画」になります。第7章で詳しくお伝えしますが、**融資や補助金といった資金で設備投資を行いつつ、その設備投資の即時償却を使って納税キャッシュアウトを抑える**というのは、中小企業の財務戦略として**最善策**になります。

　経営力向上計画の認定を受けることで、中小企業経営強化税制により即時償却が可能になり、また、認定支援機関として金融機関から計画を支援してもらうことにより、手元のキャッシュを減らすことなく、競争力を高めることが可能になります。

　また、計画を作成する過程で、自社の商品・サービスが対象とする顧客・市場の動向、競合の動向や、自社の経営状況、経営課題を文章や数値に落とし込むことで、予定している投資について、採算性を検討することができますし、金融機関に対して行動計画や数値による裏付けアピールすることができるようになります。

　ここでは、この経営力向上計画についてお伝えしたいと思います。

■ 経営力向上計画とは

　経営力向上計画は、人材育成、コスト管理等のマネジメントの向上や設備投資など、自社の経営力を向上させるために策定する計画です。

　中小企業庁から計画書の様式と策定の手引きが公表されており、国（事業分野における主務大臣）の認定を受けることで、税制優遇や金融支援など、様々な支援措置を受けることが可能になります。

■ 経営力向上計画の認定を受けた場合の支援措置

　経営力向上計画の認定を受けた場合の支援措置は、以下のとおりです。

　1.　生産性を高めるための設備を取得した場合

　　　中小企業経営強化税制による即時償却等の税制面からの支援

　2.　計画に基づく事業に必要な資金繰りを支援

　　　融資・信用保証等の金融面からの支援

　3.　他社から事業承継等を行った場合

　　　不動産の権利移転に係る登録免許税・不動産取得税を軽減

　　　準備金の積立（損金算入）による法人税の軽減

　　　業法上の許認可の承継を可能にする等の法的支援

　特に税制面からの支援は、経営力向上計画の認定を受ける主な目的だと思います。

　具体的には、中小企業経営力強化税制により、法人税（個人事業主の場合には所得税）について、機械装置等の取得資産の即時償却または取得価額の10％（資本金3,000万円超1億円以下の法人は7％）の税額控除を選択適用することが可能です。

■ 経営力向上計画の策定

　様々な支援措置を受けられる経営力向上計画の策定ですが、決してハードルの高いものではありません。

　そして、経営力向上計画の策定は、認定経営革新等支援機関である税理士等の専門家の支援を受けることが想定されていますので、専門家として積極的な支援をすることでクライアントからの信頼を得ることも可能です。

　経営力向上計画の申請書は、①企業の概要、②現状認識、③経営力向上の目標及び経営力向上による経営の向上の程度を示す指標、④経営力向上の内容など３枚程度の簡単なものです。

【中小企業庁「経営力向上計画策定の手引きより抜粋】

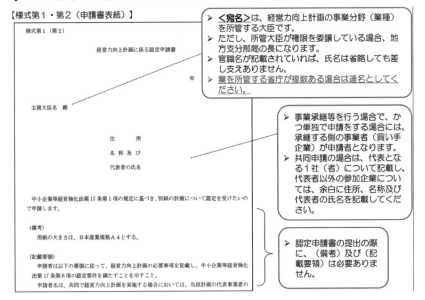

【別紙（計画書）】

（別紙）
経営力向上計画

1　名称等
事業者の氏名又は名称　　株式会社ＭＥＴＩ
代表者の役職名及び氏名　代表取締役　中小　太郎
資本金又は出資の額　２０００万円　　常時使用する従業員の数　１００人
法人番号　×××××××××××××　　設立年月日　○○年○月○日

<1　名称等>
> 個人事業主など、資本金を有しない場合や法人番号（13桁）が指定されていない場合は、それぞれ記載不要です。

<2　事業分野と事業分野別指針名>
> 「事業分野」欄は、計画に係る事業の属する事業分野について、日本標準産業分類を確認のうえ、該当する中分類（2桁）と細分類（4桁）コードと項目名を記載してください。複数の分野にまたがる計画の場合、列記してください。
> 「事業分野別指針名」欄は、計画に係る事業の属する事業分野における事業分野別指針を記載します。事業分野別指針が定められていない場合には空欄としてください。

注意

2　事業分野と事業分野別指針名

事業分野	24　金属製品製造業　3451　アルミニウム・同合金プレス製品製造業	事業分野別指針名	製造業に係る経営力向上に関する指針

3　実施時期
令和元年7月～令和4年6月

注意

<3　実施時期>
> 計画開始の月から起算して、①3年（36ヶ月）、②4年（48ヶ月）、5年（60ヶ月）のいずれかの期間を設定して記載してください。
> 計画の遡及期間は2ヶ月を限度とします（経営力向上設備等の取得は実施期間内に行われる必要があります。）。なお、事業承継等に関する支援措置を利用する場合には、遡及申請はできません。

4　現状認識

①	自社の事業概要	金属製の板金加工業とそれを用いた機械装置組み立てを行う。事業分野別指針における規模は分で該当。
②	自社の商品・サービスが対象とする顧客・市場の動向、競合の動向	【自社の商品】 従来の板金パーツの加工メインに移注する企業であったが、付加価値向上のため機械装置組み立て等へ事業をシフトし、機械設計の受注拡大に取り組んでいる。 【顧客】 主要顧客は大手電品メーカーのＡ社を中心に30社あり。機械設計の需要に強い需要がある。 【市場の動向】 全体としての市場規模は●●程度であり、そのうち×ｘ％を弊社がシェアしている。 【競合の動向】 国内における同業他社は、●●社程度である。その中で、●●に特化している企業が●●社ほど存在している。 【自社の強みと弱み】 強みは、他社にできない●●等の要望を実現する技術である。 弱みは、現場を任せることができる若手職員が定着しないことから、熟練工から中堅職員への技術承継が進んでいない点である。また、保有設備が老朽化している点である。
③	自社の経営状況	ローカルベンチマークの算出結果

ローカルベンチマークの算出結果

指標（現状値）	算出結果	評点		指標（計画終了時目標値）	算出結果	評点
①売上高増加率	5.1％	3		①売上高増加率	25.0％	5
②営業利益率	2.0％	3		②営業利益率	3.3％	3
③労働生産性	100 千円	2		③労働生産性	227 千円	3
④ＥＢＩＴＤＡ有利子負債倍率	0.8 倍	5		④ＥＢＩＴＤＡ有利子負債倍率	0.8 倍	5
⑤営業運転資本回転期間	0.6ヶ月	4		⑤営業運転資本回転期間	0.5ヶ月	3
⑥自己資本比率	40.9％	3		⑥自己資本比率	41.7％	3

売上は平成29年度970,000千円、平成30年度1,000,000千円と順調している一方で営業利益については平成29年度22,000千円、平成30年度20,000千円と減少している。

④	経営課題	【事業転換の必要性】 海外からの受注の減少により、売り上げに影響を受けている。また、●●の影響により●●市場規模は中長期的に縮小傾向にあるため、事業転換を図る必要がある。 【社員の定着率の低さ】 毎年、新入社員を●名受け入れているが、●年以上続く社員は●名ほどであり定着率が低い。また、定年率が低いことから技術の承継も進んでおらず、人手不足のため若手職員は短期間で技術を習得する必要がある。 【保有設備の老朽化】 導入した設備は既に10年経っているため、電器の効率化を図るため、また品質向上の観点から設備投資が必要。

<4　現状認識>
> ①欄は、自社の事業等について記載してください。また、事業分野別指針において、「6 経営力向上の内容」について、規模別に取組内容や取組の数が指定されている場合、自社がどの規模に該当するかを明記してください。なお、基本方針にしたがって策定する場合は規模別の整理の記載は不要です。
> ②欄は、顧客の数や主力取引先企業の推移、市場の規模やシェア、自社の強み・弱み等を記載してください。
> ③欄は、財務状況の分析ツール**「ローカルベンチマーク」**※を活用し、ローカルベンチマークの指標や能力・改善可能性に算出結果を記載し、指標の数値を参考に企業の規模に応じて可能な範囲で分析し、記載してください。

※掲載URL：
https://www.meti.go.jp/policy/economy/keiei_innovation/sangyokinyu/locaben/

> ④欄は、上記①～③を踏まえて自社の経営課題を整理し、記載してください。（向上させる事業分野に限りません。）

5　経営力向上の目標及び経営力向上による経営の向上の程度を示す指標
※労働生産性を用いる場合は、「B計画終了時の目標」は正の値とすること。

指標の種類	A現状（数値）	B計画終了時の目標（数値）	伸び率 ((B－A)／A) (%)
労働生産性	6,930 千円	7,000 千円	1％

＜5　経営力向上の目標及び経営力向上による経営の向上の程度を示す指標＞

> 事業分野別指針を基に、指標の種類を選び、経営力向上計画の実施期間に応じた伸び率を記載してください。

> 基本方針にしたがって策定する場合は、「労働生産性」を指標として記載してください。

> 原則として、「A現状」は計画開始直前の決算（実績）、「B　計画終了時の目標」は計画終了直前決算（目標）を基に計算してください。

> 労働生産性を指標として用いる場合には、「B計画終了時の目標」は正の値にしてください。
> ※事業分野別指針において、労働生産性以外の指標を選択する場合でも「B計画終了時の目標」は正の値とする旨規定されている場合は、正の値としてください。

> 「A現状」について、決算一期を経ていない場合は合理的な算出方法で現状値を求めてください。
> ※決算一期を経ていない場合も経営力向上計画の対象となりますが、当該制度は事業を向上させるための計画であり、開業のための計画は対象とはなりません。

> 事業承継等により事業を譲り受けるために新たに会社を設立するような場合等で、計画提出時に申請者の実績がなく、選択した指標の計算ができない場合には、承継する事業の実績を基に計算してください。

【指標の計算について】
労働生産性＝
（営業利益＋人件費＋減価償却費）
÷
労働投入量（労働者数又は労働者数
×1人当たり年間就業時間）

> なお、ローカルベンチマークで算出される労働生産性とは、計算式が異なりますので、必ずしも「4 現状認識　③自社の経営状況」の労働生産性の数値とは一致するわけではありません。

> 伸び率の計算式の分母Aは絶対値です。

6　経営力向上の内容
（1）現に有する経営資源を利用する取組　　　　　　　　　　有 ・ 無

（2）他の事業者から取得した又は提供された経営資源を利用する取組　　有 ・ 無

＜6　経営力向上の内容＞

> **（1）現に有する経営資源を利用する取組**
> 既に保有している経営資源を利用した取組を行う場合は「有」を選択してください。

> **（2）他の事業者から取得した又は提供された経営資源を利用する取組**
> 事業承継等（事業承継等の種類については次ページを参照）により、他者から取得した経営資源を利用した取組を行う場合は「有」を選択してください。
> 以下の各措置の適用を希望する場合は、事業承継等を伴う取組について記載することが必要です。
> ・準備金の積立
> ・経営強化税制D類型
> ・登録免許税・不動産取得税の軽減
> ・許認可の承継の特例
> ・組合の発起人数に関する特例
> ・事業譲渡の際の免責的債務引受に関する特例
> ・中小企業信用保険法の特例（事業承継等に必要な資金に関して経営者の個人保証を不要とする措置）

> （1）、（2）のうち、少なくともいずれか一方は、「有」とご記載いただく必要があります。

（2）申請様式の記載方法

（3）具体的な実施事項

事業分野 別指針の 該当箇所	事業承 継等の 種類	実施事項 （具体的な取組を記載）	実施期間	新事業活動 への該非 （該当する 場合は○）
ア	イ(1)	【組織の活力の向上による人材の有効活用】 技術力の維持・拡大を図り、高品質な商品を製造することを目的に、大企業や研究所、ベンチャー企業などとの人材交流を行い、多様な知見を参考に、技術力の向上や個人のスキルアップを行っていく。 例えば、年2回のワークショップを開き、アイデアの共有や業界/市場分析等を行っていく。また、若手職員が当分野の人脈を広げるため、ワークショップの運営は若手職員を組織し外部とのコミュニケーションを積極的にとってもらう。	2019年10月 ・他企業、研究所、またはベンチャー企業とのワークショップイベントを立案 2020年5月 ・ワークショップを初めて試験的に開始を行う。 2021年10月頃 ・ワークショップ実施（半年に1回のペースで開催予定。）	
イ	ハ(2)	【暗黙知の形式知化】 若手職員が短期間で技術を習得できるよう、熟練社員はまする技能を反映した、国や写真等も用いて分かりやすい業務マニュアルを作成する。業務マニュアルを活用して、一定の技術水準を保てるよう知識・技術の共有化を図る。なお、業務マニュアルは随時更新する。 さらに生産管理に知見のある技術者を今後採用し、工程設計の担当者と協働でノウハウを共有し技術の早期確立を図る。	2020年4月 ・中途採用 2020年10月 ・業務マニュアルの作成を社員へ依頼。 2021年5月 ・マニュアルの修正を行う。 2021年8月 ・マニュアルの完成	
ウ	ニ(2)	【営業原動から得られた顧客の要望等の製品企画、設計、開発等への反映】 これまで製造していた、●●は●●市場の規模の縮小に伴い売り上げが減少するため、これまでの営業店舗や作業分野を行い、大手企業である●●メーカー等へ提案営業を行う。提案営業の機会を通して、自社製品の PR を積極的に行っていく。 また、提案営業を強化する観点から、営業部門を確立し、製造部門と営業部門の連携を図りニーズに合った製品を開発する。	2021年4月 ・営業専門に従業員を二人増員 2021年12月 ・営業専門の人員によって PR の準備。	
エ	ホ(1)	【設備投資】主要取引先 A社と共同で省略自動品開発を行い、A社の数量の高、生産体制を構築するための生産ラインの合理化と設備の更新を行う。これに伴い、現在採用しているパンチングマシンのうち旧型（一横幅3台）をパンチ・レーザ複合マシンへ（一横幅2台）と更新する。この機械は、旧機械では対応できなかった成形等の工程についても対応可能であり、また細長い形状工品を生産できるため、工程が統合でき、時間あたりの生産性が向上するとともに、発注者のニーズにも対応可能。また、生産管理システムを導入して部品設備と連動させる。さらに検査工程の自動化のため導入する検査数装と連動させることで、生産ライン全体を一元管理する。生産ラインのネットワーク化は工程初期の段階から行う予定で、新事業部開に従事する。	2020年4月 ・設備の購入と導入 2020年8月 ・設備購入 2020年10月 ・設備購入（検査装置）	○
オ	ト	【吸収 分割】	【事業資源の統合】当社では使っていない小物仮金をこれまで (株式会社に外注していたが、後継者不在の (株式会社から吸収分割により小物仮金製造事業を引き継ぎ、(株式会社の従業員数15人は継続雇用とする。有の仮金加工を行うノウハウ、経済上のリードタイムも短縮でき大幅な効率アップにつながる。	2020年4月 ・吸収分割を実施	

＜6　経営力向上の内容＞

➢ （3）具体的な実施事項

「事業分野別指針の該当箇所」欄は、実施事項が事業分野別指針のどの部分に該当しているか記載してください。基本方針に基づいて計画を策定する場合、記載する必要はありません。
※経営力向上計画申請プラットフォームにて申請書を作成する場合には、基本方針に基づいて計画を策定する場合、実施事項に合う選択肢を入力してください。

➢ 事業承継等の種類は、事業承継等を伴う取組を行う場合に、本ページ下に掲げる種類から記載してください。

➢ 「実施事項」欄は、経営力向上のために取り組むことを取組ごとに具体的に記載してください。新事業活動に該当する場合は、その理由を具体的に記載してください。また、中小企業経営強化税制の活用を希望する場合で、コインランドリー業又は暗号資産マイニング業の用に供する設備等を活用する取組の場合は、当該業を営むに当たっての自社の経営資源の活用又は当該設備等の具体的な管理方法等について必ず記載してください。なお、事業承継等を伴う取組の場合は、事業承継等の具体的な内容、事業承継等の実施と生産性向上との関係及び事業承継等にあたっての雇用への配慮について必ず記載してください。

➢ 「実施期間」欄は、記載した「実施事項」について、いつまでに、どのような内容で行うかなどのスケジュールを具体的に記載してください。
※＜3　実施時期＞との整合性が取れるように記載してください。

➢ 「新事業活動への該非」欄は、新事業活動（新商品の開発又は生産、新役務の開発又は提供など）となる取組に該当する場合には○を付けてください。

➢ 発電設備を導入する場合は、発電した電気を全量自家消費とする予定か、全量又は一部を他者に販売する予定かを記載してください。

➢ 準備金の積立を活用する場合、買収対象法人（事業承継等の相手方となる法人）の名称を記載した上で、具体的な取組を記載してください。

「事業承継等の種類」
事業承継等を伴う取組を行う場合には、該当する実施事項の欄に、以下の①～⑩のうち、該当する行為を記載してください。（事業承継等を伴わない場合には、斜線を引いてください。）

①吸収合併　②新設合併　③吸収分割　④新設分割　⑤株式交換　⑥株式移転　⑦株式交付
⑧事業又は資産の譲受け　⑨株式又は持分の取得　⑩事業協同組合、企業組合又は協業組合の設立

（2）申請様式の記載方法

7　経営力向上を実施するために必要な資金の額及びその調達方法
（1）　具体的な資金の額及びその調達方法

実施事項	使途・用途	資金調達方法	金額（千円）
ア	イベント開催費用	自己資金	5,000
イ・ウ	採用費用	自己資金	10,000
エ	経営力向上設備購入費	融資	25,000
オ	分割対価	自己資金	10,000
オ	分割対価	融資	25,000

以下の項目は、中小企業信用保険法の特例による金融支援措置（事業承継等に必要な資金に関して経営者の個人保証を不要とする措置）を希望する場合にのみ記載してください。

（2）　純資産の額が零を超えること

純資産の合計額	証明書等
200,000 千円	貸借対照表

（3）　EBITDA有利子負債倍率が15倍以内であること

EBITDA有利子負債倍率	証明書等
0.8 倍	貸借対照表、損益計算書

<7　経営力向上を実施するために必要な資金の額及びその調達方法>

- （1）具体的な資金の額及びその調達方法
  - ➢ 「実施事項」欄には、「6　経営力向上の内容」の実施事項ごとの記号（記載例ではア～オ）を記載してください。
  - ➢ 「使途・用途」欄には、必要とする資金について、具体的な使途・用途を記載してください。
  - ➢ 「資金調達方法」欄には、自己資金、融資、補助金、リース等を記載してください。
  - ※日本政策金融公庫のクロスボーダーローンやスタンドバイ・クレジット制度の利用を希望する場合は、「使途・用途」欄に「外国関係法人名」、「資金調達方法」欄に「融資」、と記載してください。
  - ➢ なお、同一の使途・用途であっても、複数の資金調達方法により資金を調達する場合には、資金調達方法ごとに項目を分けて記載してください。

<7　経営力向上を実施するために必要な資金の額及びその調達方法>

- ➢ （2）純資産額が零を超えること
  「純資産額の合計額」欄には単位も合わせて記載してください。（添付する証明書等の単位により計算してください。）

- ➢ （3）EBITDA有利子負債倍率が15倍以内であること
  「証明書等」欄には、添付する書類（貸借対照表や損益計算書）の名称等を記載してください。

【EBITDA有利子負債倍率の計算について】

EBITDA有利子負債倍率　＝　（借入金・社債－現預金）÷（営業利益＋減価償却費（※））
（添付する証明書等の単位により計算してください。）

（留意点）
- ➢ （2）及び（3）は、決算書の表面財務によります。
- ➢ 借入金は、貸借対照表の「短期借入金」、「長期借入金」、「社債」の合計額とします。
- ➢ 代表者、役員（その家族等を含む）、関連会社等からの借入金(無利子も含む)も借入金に含まれます。
- ➢ ※「営業利益＋減価償却費＞0」となる必要があります。
  （「営業利益＋減価償却費≦0」の場合は算出された数値にかかわらず本支援措置の対象となりません。）
- ➢ 減価償却費には、ソフトウェアの償却や長期前払費用償却等、無形固定資産の償却費も含みます。
- ➢ 営業外費用や特別損失に計上されている減価償却費は含めません。
- ➢ 決算期の変更により、申請日直前の決算が期間1年未満である場合であっても、同1年未満の決算書を用いてEBITDA有利子負債倍率を算出してください。

8 経営力向上設備等の種類

	実施事項	取得年月	利用を想定している支援措置	設備等の名称／型式	所在地
1	エ	R2.8	Ⓐ・B・C・D	パンチ・レーザ複合マシン／METI001	●●県××市
2	エ	R2.8	A・Ⓑ・C・D	生産管理システム／SME002	●●県××市
3	エ	R2.10	A・Ⓑ・C・D	絵衣装置／SME003	●●県××市

	設備等の種類	単価（千円）	数量	金額（千円）	証明書等の文書番号等
1	機械装置	5,000	2	10,000	123456
2	ソフトウエア	5,000	1	5,000	20200523 中生投第○号
3	器具備品	10,000	1	10,000	20200523 中生投第○号

	設備等の種類	数量	金額（千円）
設備等の種類別小計	機械装置	2	10,000
	器具備品	1	10,000
	工具	0	0
	建物附属設備	0	0
	ソフトウエア	1	5,000
合計		4	25,000

> 各番号の設備の情報を続けて記載してください。
> 「設備等の種類」欄には、各設備の減価償却資産の種類を記載してください。
> 「証明書等の文書番号等」欄には、添付する①工業会等の証明書の整理番号や、②経済産業局の確認書の文書番号を記載してください。
> 「設備等の種類別小計」欄には、各設備等の種類毎に数量、金額の小計を記載して下さい。なお、金額について消費税の額を含めるかどうかは自社の経理方式に合わせてください。

＜8 経営力向上設備等の種類＞

> 税制措置を活用する場合、この欄に記載します。
> 「取得年月」欄には、設備取得予定年月を記載してください。
> 「利用を想定している支援措置」欄には、想定している措置（A類型、B類型、C類型、D類型）に〇を付けてください。
> 「所在地」欄には、当該設備の設置予定地（都道府県名・市区町村名）を記載してください。
> ※ 同じ型式の設備を複数取得する場合でも、「取得年月」や「所在地」が異なる場合には、列を分けて記載してください。
> 電気を発電するための設備を取得しようとする場合は、当該設備の利用見込みに係る報告書の添付が必要です。詳しくは「2. 手続き方法 ② 経営力向上計画の申請」を確認してください（発電設備等の導入を予定していない経営力向上計画については、当該報告書の添付は不要です）。なお、発電した電気の販売を行う期間中の発電量のうち、販売を行うことが見込まれる電気の量が占める割合が2分の1を超える発電設備等については、本税制措置の適用を受けられません。

　具体的な策定方法については、上記のような詳細な解説が中小企業庁の『経営力向上計画策定の手引き』に記載されていますので、これを参考にすれば策定で迷うことはないでしょう。

　大まかな流れとしては
1. 「日本標準産業分類」で、該当する事業分野を確認
2. 自社の経営状況の現状認識のために、「ローカルベンチマーク」の算出結果を利用
3. 「事業分野別指針」を参考に、具体的な実施事項を記載
4. 税制措置を活用する経理力向上設備等の種類を記載
となります。
※ 事業承継や事業譲渡の場合には、さらに数枚の申請書が必要になりま

す。詳しくは『経営力向上計画策定の手引き』をご確認ください。

■ 経営力向上計画の作成のポイント

　経営力向上計画の計画期間は3年〜5年で、目標とする指標は原則として労働生産性となっています。労働生産性の伸び率は、期間3年で1%以上、期間4年で1.5%以上、期間5年で2%以上を求められています。

　　※　労働生産性＝（営業利益＋人件費＋減価償却費）÷労働投入量（労働者数 or 労動者数×1人当たり年間就業時間）

　　※　業種によっては労働生産性以外の指標も使用する。

　　　　（例）製造業では以下のいずれか

　　　　・労働生産性（伸び率は3年計画では1%以上、4年計画では5%以上、5年計画では2%以上）

　　　　・売上経常利益率（伸び率は3年計画では3%以上、4年計画では4%以上、5年計画では5%以上）

　　　　・付加価値額（＝租税公課＋地代家賃＋人件費＋営業利益＋減価償却費＋支払利息　3年計画では1%以上、4年計画では1.5%以上、伸び率は5年計画では2%以上）

　企業によっては、この数値的なハードルを高く感じて、躊躇される方がいるかもしれません。しかし、これはあくまでも計画であり、実績報告を求められているわけではありませんから、「節税と銀行融資用」と割り切って作成するぐらいの気持ちで良いと思います。

■ 経営力向上計画の認定の流れ

　経営力向上計画の提出先は、各事業分野の主務大臣ですが、千葉で農業をしているなら関東農政局、大阪で不動産業をしているなら近畿地方整備局など担当窓口（提出先）が異なりますので注意が必要です。

　各地域及び各事業分野の担当窓口についても『経営力向上計画策定の手引き』に記載されていますので確認してください。

　なお、不動産取得税の軽減措置を受ける場合は、事業分野によらず都道府県経由での提出となりますので、ご注意ください。都道府県の提出先については、各都道府県代表連絡先等へお問い合わせください。

　担当窓口に提出してから認定を受けるまでに、一般的には1か月ほどかかります（不動産取得税の軽減措置を受ける場合は、さらに関係行政機関において時間を要します。なお、経済産業部局宛の場合には、経営力向上計画申請プラットフォームにて電子申請が可能で、その場合には2週間程度に短縮されます）。

　申請書の不備等により、主務大臣からの照会や差し戻し等により手続きが長期化することが多々あるため、経営力向上計画の認定による支援措置を受けるためにも、余裕を持ったスケジュールで計画策定と認定申請を行うことが重要です。

■ 経営力向上計画を資金調達（融資）へ流用

　経営力向上計画の認定を受けることで税制措置だけでなく、金融支援を受けることも可能になります。
　具体的には、
1. 日本政策金融公庫から低金利で融資
2. 民間金融機関からの融資について、普通保険等とは別枠での追加保証や保証枠の拡大

などの措置を受けることが可能です。

　経営力向上計画にて策定した、「具体的な実施事項」や「経営力向上の目標」を落とし込んだ数値計画書などを添付することで、資金調達の可能

性や調達額引上げの可能性が高まります。

■ 経営力向上計画を補助金へ流用

　せっかく策定した経営力向上計画なので、支援措置を受ける以外の用途にも活用したいところです。

　例えば、事業再構築補助金やものづくり補助金など、大型の補助金申請のためのたたき台とすることも有用です。

　事業再構築補助金は、ウィズコロナ・ポストコロナにおける経済社会の変化に対応するため、思い切った事業再構築を後押しする補助金です。

　また、ものづくり補助金は、革新的サービス開発・試作品開発・生産プロセスの改善を後押しする補助金です。

　どちらも経営力を向上させるための補助金ということができますので、経営力向上計画とも非常に親和性が高いです。

　経営力向上計画で記載した「具体的な実施事項」や「経営力向上の目標」などを、各補助金の審査項目や加点項目に当てはめて加筆修正したり、「事業分野別指針」を参考に市場分析をしたりすることで、補助金の申請書を効率よく作成することが可能となります。

　なお、補助金獲得のポイントは、その「公募要領」に記載されていることがほとんどです。事業計画作成前によく読みこんで、そのキーワードを盛り込むようにしましょう。

■ 補助金の注意点

　多くの補助金が、申請書の応募→審査→採択発表→交付申請→交付決定→補助事業実施→完了報告→確定検査→補助金請求→補助金支払い、というスケジュールになっています。

　補助事業期間に発注・納品・検収・請求・支払いが行われた経費のみが

補助の対象となっていることがほとんどですので、順序を間違えないよう注意が必要です。

　この場合、交付決定より前に発注された経費等、補助事業期間の後に支払われた経費等は補助対象外となってしまいます（一部、交付決定前に発注された経費等も補助の対象となる、事前着手申請制度がある補助金もあります）。

　また、実際に補助金が支払われるのは完了報告をし、確定検査を受けたあとに補助金請求をしてからとなりますので、それまでの資金は融資を受けるなどして、自社で用意しなければなりません。

　なるべく多額の補助金を得ようと、補助申請額を多額にしたところ、それに見合う融資が受けられず、結局補助金を得ることができなかったということにならないように、補助金申請においては、金融機関の理解と協力が得られるかどうかも重要なポイントとなります（なお、補助金対応のPOファイナンスや概算払い制度を利用することも可能です）。

■ 無料で使える5年分の財務三表ツール

　経営力向上計画を作成する際、数値計画を矛盾なく組み立てるための元資料作成には、日本公認会計士協会のホームページで公開している経営計画作成支援ツールが便利です。無料でありながら簡単な入力で、向こう5年の財務三表のシミュレーションはもちろん、有料ツールに匹敵する多種多様な財務分析比率も矛盾なく自動計算してくれます。

　このツールに将来の損益計算書だけでなく、資金の借入れや返済、設備投資その他の財務改善計画を入力することにより、簡単に向こう5年の経営のシミュレーションができます。

　ホームページの検索画面に「経営計画作成シート」と入力すれば、すぐに見つかります。

〈日本公認会計士協会「中小企業のためのキャッシュ・フロー計算書作成シート及び経営計画書作成シートの改訂について」〉

https://jicpa.or.jp/specialized_field/post_314.html（令和 5 年 11 月現在）

Ⅳ

リスケジュールを申し込む際に必要な再生計画の立て方のポイント

これまでお伝えしてきたとおり、リスケジュールを申し込む際には経営改善計画が必須となります。

❶　デューデリジェンスは事業と財務が車の両輪！

返済猶予を依頼する金額によって、経営改善計画に求められる詳細さは異なります。

少額の猶予であれば簡単な計画書でも認められることがありますし、多額の猶予であれば詳細なものが必要となります。

金融機関から納得してもらえる計画を作るには、しっかりとした事業デューデリジェンスと財務デューデリジェンスを行う必要があります。

事業デューデリジェンスと財務デューデリジェンスがそろわない計画は絵に描いた餅となってしまうおそれが大きいといえます。事業の見通しの裏付けがない財務計画も、財務の裏付けがない事業計画も一方の車輪が車軸から外れているようなもので安定した走行は期待できないからです。

デューデリジェンスはその性格上、債務者からある程度独立した立場が必要であり、認定経営革新等支援機関等であることに加え、特に事業デューデリジェンスには中小企業診断士、財務デューデリジェンスには公認会計士、財務デューデリジェンスの実務経験を積んだ税理士が向いているといわれています。

```
┌─────────────────────────────────────┐
│　事業デューデリジェンスの実施　　　　　　　　　　　│
└─────────────────────────────────────┘
　　　　　　　　　　　　　　│
　　┌─────────────────────────────────────┐
　　│　財務デューデリジェンスの実施　　　　　　　　　　│
　　└─────────────────────────────────────┘
　　　　　　　　　　　　　　│
　　　　┌─────────────────────────────────────┐
　　　　│　実効性ある計画　　　　　　　　　　　　　　　　│
　　　　└─────────────────────────────────────┘
```

❷　SWOT 分析で改善策の裏付けをしよう

　財務デューデリジェンスだけでは改善策として十分ではありません。

　その裏付けとして事業デューデリジェンスが必要になります。

　まずは、会社の強み、弱みと事業環境の機会、脅威を列挙して、事業ミックスをどうするかを検討してみます。

　具体的には、「どのような商品、サービスをどのような顧客にどのように提供するかの 5W1H を追求できるようにする」SWOT 分析を使います。

　会社の各部門の現場を知り、重要な経営幹部からヒアリングし、必要十分な事業デューデリジェンスを行った上で実態に即した財務改善を提案する計数計画を策定するに足る財務デューデリジェンスを行う必要があります。

　なお、第 4 章でお伝えしたローカルベンチマーク作成で非財務情報を整理する際にも、この SWOT 分析は有効です。

　次頁に示した日本政策金融公庫の「経営改善計画書記入例」の SWOT 分析が参考になると思います。

		強み	弱み
		☑ 長年の営業で築いた信用力、ノウハウ、取引実績がある。 ☑ 利益率の高い直接取引先を持つ。 ☑ DTPを早くから導入し、デジタル技術は顧客から評価されている。	☑ 経営計画を作成しておらず、社内会議もないなど社内管理体制が未整備。 ☑ 社員のモチベーションが低く、生産性が落ちている。 ☑ 社員により技能にばらつきがあり、残業時間が多い。 ☑ 外注管理が不十分で短納期受注に対応できない。
機会	☑ ホームページ作成などデジタル化に伴う印刷周辺業務のニーズがある。 ☑ 短納期受注に対応できれば、受注機会増加の可能性あり。	≪強みを活かして機会をつかむ≫ デジタル技術を持つ若手が中心となり、インターネットホームページ企画・制作等の情報・ソフト分野の事業の立ち上げ、新規分野での売上獲得を狙う。	≪弱みを克服して機会をつかむ≫ 外注管理の強化を図り、外注加工に要する時間を短縮し、短納期の受注を獲得する。
脅威	☑ 景気の低迷が長引き、業界全体が低調。 ☑ 品質・納期・価格に対する要求が高くなり、競争激化。 ☑ IT化進展でペーパーレス化が進む。 ☑ 電子書籍市場の拡大により、出版業界の受注減少。 ☑ DTP・CTPなど、デジタル化の進展により、IT分野など、別業界から印刷業界への新規参入あり。	≪強みを活かして脅威を回避する≫ 顧客ニーズへの対応、及び営業強化により、比較的利益率の高い既存の直接取引先との取引を維持し、競争激化による利益率の低下を回避する。	≪弱みを克服して脅威を回避する≫ 経営計画策定、目標管理制度の導入などにより、従業員のモチベーションを高め、労働生産性を上げて厳しい競争環境に対応できるようにする。

出典：日本政策金融公庫「経営改善計画書記入例」抜粋

❸ 不採算事業を切り捨てた売上減少前提で作る、「赤字になっても返せる」を示す

　経営改善計画に決まった書式はありませんが、日本政策金融公庫が公表している経営改善計画書が代表的な様式になり、その様式はホームページからダウンロードできます。

・日本政策金融公庫

https://www.jfc.go.jp/n/service/pdf/keieikaizen_230403a.pdf（令和 5 年 9 月現在）

　経営改善計画書は自社の現状説明（経営理念、事業概況、SWOT 分析）、改善計画の骨子、金融機関への要請、売上・変動費・固定費計画、財務改善計画、組織マネジメント計画、行動計画表、キャッシュフロー計算書、月次資金繰り計画など、それぞれ細かな項目によって構成されています。

　以下、計画を立てる上でのポイントを解説します。

　経営改善計画は、あり得ない数字での売上見込みなど、過去からのつながりがない数値は、信用できないものとして評価してもらえません。

　特に金融機関が知りたいのは、**売上が上がって業績が回復する未来より**も、**「最悪の場合、貸したお金が返ってくるか否か」**になります。

金融機関が欲しいのは……
×どれだけ利益が出るか
○どれだけ売上が下がっても返せるか

　その上で、早期に営業利益が黒字に転じ、財務デューデリジェンス後に計算した実質債務超過が解消される計画である必要があります。

　また、「債務償還年数（有利子負債÷（当期利益＋減価償却費））」が10以下であることが、リスケジュールの承諾を受けるのに必要となります。

　さらに、計画（目標）の80％以上をクリアできることが一つの目安とされています。

　計画は以下のような観点から作成します。

①　自社の置かれた状況を客観的にみる

　SWOT分析を通して、自社の置かれた状況を分析し、どの事業分野に特化すべきか、あるいは、撤退すべき事業はどれかなどを見極めます。

　またこの際、ニューマネーが入るわけではないので、コストをかけずにできる取組みを検討する必要があります。

②　第三者がみて理解できるようビジネスモデルを説明する

　金融機関は会社のビジネスモデルを完全に理解しているわけではありません。

　自社の商品やサービスの流れが分かるように、販売先や仕入先など全ての取引先をビジネスの商流・物流・資金の流れに合わせて商流・業務フロー（図式に表したビジネスモデル俯瞰図）を用いて説明します（様式は163頁参照）。

　また、そこから会社の強みや課題、改善を抽出します。

③　対策の効果を数値化し、損益計画に落とし込む

　コストボリュームプロフィット（CVP）分析といいますが、売上、仕入、販管費（人件費、変動費、固定費）のレベルで分析し、詳細な費目別の計画を作成します。

　また、計画そのものがうまくいくことを証明する書類（新しい取引等を証する契約書など）を準備して実現可能性が高いことを示し、評価してもらえるよう努力することが大切です。

④　具体的なコストカット策を立て限界利益を出す

　資金繰り上の課題、損益改善策を検討しましょう。

　どのようにして無駄な固定費をカットするか、より利益率の高い商品や事業を選択して絞り込むか、といった問題を検討することが大切です。

　金融機関からすれば、他人の影響を受ける売上や利益率の増加より、不採算先との取引解消や、不要な在庫や遊休資産の売却、不要な保険の解約、外注していた仕事の内製化、役員報酬のカット、福利厚生の削減といった自社でできるコストカットの方を高く評価します。

　特に、責任を明確にする上でも、銀行からの心証の上でも、役員報酬カットは必須といえます。

　また、毎月の損益だけではなく毎月のキャッシュフローをも適時につかむことが必要です。

　そして、それが、いつまでに、誰が、どのようにやるかという具体的な行動計画に落とし込まれている必要があります。

⑤　赤字であってもフリー・キャッシュフロー不足に陥らないようにする

　「勘定あっても銭足りず」ではなく、「銭はあるけど勘定足りず」を目指しましょう。赤字ではあってもフリー・キャッシュフロー（営業キャッシュフロー＋投資キャッシュフロー）は黒字（しかも向こう１年分の返済原資を上回る水準）であることが必要です。

　損益計算書は、過去の不良債権、不良在庫の処理であったり、過大な設備投資の減価償却費であったりといった資金支出を伴わない費用によって赤字になることがあります。

　こうした赤字はコレステロールに例えれば「善玉」で真の赤字ではありません。なぜならこうした場合にはフリー・キャッシュフローは十分な水準になり得るからです。

第 7 章

傾向と対策　類型別指導
改善事例

　本章においては、ここまでお伝えしてきたことの総まとめとして、事例を通じて、「いつどのように」使えばよいのかをお伝えします。

　ここまで、試算表や決算書の作り方、また、銀行との付き合い方などをお伝えしてきましたが、通り一遍の方法を知っていれば実務で使えるわけではありません。トランプやマージャンなどと一緒でルールやカード、牌の種類を知っているだけではゲームに勝てません。ゲームに勝つにはどういう場面で、どのカードを、どの順序で切るかを知らねばなりません。逆に切る順序を間違えるとゲームに勝てないばかりか、逆効果ということもあり得ます。

　置かれた状況ごとにどのような対処をどのような順序で行うべきか、そして目標である手元資金月商３か月分を目指すにはどのように手を打っていくべきかをお伝えしたいと思います。

I

データを通して経営者と検討しよう

① 実録！　社長との面談の事例

　第2章では月次試算表の作成方法と経営者との面談についてお伝えしました。

　まずは、経営者とのやりとりの例をみてみましょう。

　ここでは3月決算の小売・卸売業の会社を取り上げ、試算表は12月分まで出来上がっているものとします。

　この会社も支援を始めた数か月から半年程度は、

・資料未入手のために未処理となったもの

・前月と同額で処理したもの

・現金や預金で残高が不一致のもの

・預金が未記帳のため月末までの入力ができなかったもの

・確認がとれず仮処理のままになってしまったもの

・月次試算表を作成した際に未処理のもの、処理できなかったもの

などの問題が散見されたので、これらをまとめて経営者に継続的に報告しました。

　その結果、未処理がある状態で作成した月次試算表では、経営判断ができないことを少しずつ理解してもらうことができるようになりました。

　そして、取り組みはじめて半年がたつころには、前述のような単純な未処理はほぼなくなり、月次推移変動損益計算書、キャッシュフロー計算書によって、経営者に必要な数字や、数字から読み取れる情報を確認しても

らえるまでになっています。

　それでは、やりとりをみてみましょう。

❷　会社にとって最適な売上を知る

税理士

> ではまず、月次推移変動損益計算書をみてみましょう。
>
> 月々の売上、変動費、限界利益率、人件費、固定費、経常利益が記されています。累計でみると限界利益率は 30%、限界利益は 3,000 万円、固定費 2,900 万円を差し引いた経常利益は 100 万円、経常利益率は 1% です。
>
> 損益分岐点比率 96.6%（固定費÷粗利益額）、労働分配率 60%（人件費÷粗利益額）となっています。
>
> また、売上高は前期より増え、2 期前の売上高に戻ってきたようです。しかし限界利益率は 2 期前から 2 ポイント下がっており、前期と同額に近い数字になっています。

社　長

> 売上を上げることに集中しすぎて、少し粗利益率を下げて売っていたようです。

税理士

> 売上高だけを 2 期前の金額に戻しても全く意味はありません。**売上増によってリスクが分散されているなら意味がありますが、リスクだけが増加してしまっている場合もあります。大事なのは粗利益率に想定外の変化がないかを注意し、しっかり管理することです。**

変動損益計算書の月次推移表
月次変動損益計算書

サンプル㈱　第 10 期　　　　　　　　　9 か月経過　　　　　自 令和○○年 04 月 01 日　至 令和○○年 03 月 31 日
単位：円

勘定科目	月平均 前々期	月平均 前期	月平均 当期	10月	11月	12月	実績累計
売上高	11,000,000	9,500,000	11,111,111	10,000,000	13,000,000	14,000,000	100,000,000
売上高計	11,000,000	9,500,000	11,111,111	10,000,000	13,000,000	14,000,000	100,000,000
前期売上高				31,371,304	41,437,393	52,898,400	510,190,794
期首棚卸高							
仕入高	7,490,000	6,460,000	7,855,556	7,000,000	9,100,000	10,500,000	70,700,000
期末棚卸高	△10,000	△60,000	△77,778	△600,000	400,000	△600,000	△700,000
変動費計	7,480,000	6,400,000	7,777,778	6,400,000	9,500,000	9,900,000	70,000,000
粗利益	3,520,000	3,100,000	3,333,333	3,600,000	3,500,000	4,100,000	30,000,000
（粗利益率）	(32.0%)	(32.6%)	(30.0%)	(36.0%)	(26.9%)	(29.3%)	(30.0%)
前期粗利益				4,171,969	2,694,096	3,058,177	42,932,128
役員報酬	700,000	700,000	700,000	700,000	700,000	700,000	6,300,000
法定福利費	100,000	120,000	166,667	150,000	150,000	150,000	1,500,000
福利厚生費			5,556			20,000	50,000
給料手当	400,000	450,000	600,000	600,000	600,000	600,000	5,400,000
雑給	500,000	450,000	400,000	300,000	700,000	800,000	3,600,000
賞与	100,000	110,000	133,333			600,000	1,200,000
賞与引当金繰入額							
その他人件費							
人件費計	1,800,000	1,830,000	2,005,556	1,750,000	2,150,000	2,870,000	18,050,000
荷造運賃	150,000	120,000	150,000	150,000	150,000	150,000	1,350,000
通信費	40,000	40,000	36,667	35,000	50,000	35,000	330,000
消耗品費	35,000	35,000	35,000	15,000	150,000		315,000
水道光熱費	140,000	145,000	138,889	150,000	200,000	50,000	1,250,000
諸会費	5,000	4,000	3,333	30,000			30,000
支払手数料	10,000	10,000	10,000	10,000	10,000	10,000	90,000
接待交際費	35,000	20,000	33,333	30,000	30,000	50,000	300,000
地代家賃	470,000	470,000	470,000	470,000	470,000	470,000	4,230,000
保険料	3,000	3,000	3,000	15,000			27,000
租税公課	17,991	17,991	17,991		12,000	51,700	161,920
支払報酬料	50,000	50,000	50,000	50,000	50,000	50,000	450,000
減価償却費	100,000	100,000	100,000	100,000	100,000	100,000	900,000
雑収入	△7,847	△7,847	△7,847	△26	△67,475	△2,633	△70,619
その他経費							
経費計	1,048,145	1,007,145	1,040,367	1,054,974	1,154,525	964,067	9,363,301
受取利息	△9	△9	△9	△36			△83
受取配当金							
支払利息	14,705	14,705	14,705	6,897	49,709	57,787	132,349
金利計	14,696	14,696	14,696	6,861	49,709	57,787	132,266
広告宣伝費	150,000	150,000	161,111	100,000	250,000	300,000	1,450,000
戦略費計	150,000	150,000	161,111	100,000	250,000	300,000	1,450,000
固定費計	3,012,841	3,001,841	3,221,730	2,911,835	3,604,234	4,191,854	28,995,567
経常利益	507,159	98,159	111,604	688,165	△104,234	△91,854	1,004,433
前期経常利益				3,160,265	1,541,105	1,940,668	29,166,474

また、労働分配率も一定に保てるよう管理することが大切です。

粗利率は「お得感」、労働分配率は「サービス品質」に関係しています。どちらも変化すると客層が変わる、つまり、ビジネスモデルが変化してしまう可能性があります。また、価格を変えずにサービス品質を上げてもお客様からクレームがくることはありませんが、下げるとクレームにつながります。ビジネスモデルを確固たるものとし、利益を上げるためには、ターゲットがぶれないように管理する必要があります。

確かに売上は1億円ありますが、ほとんど儲けが出ていません。クレームや返品といったリスクだけが大きくなっているかもしれません。もう少し利益がほしいところです。

多くの会社がこのような体質です。

推移をみて月ごとに並べてみると、今期の9か月間がどうだったかがハッキリ分かります。

累計でみると限界利益率は30%ですが、直近3か月だけみても、10月は36%、11月は26.9%、12月は29.3%とかなり変動がありますね。

12月は年末セールをやったからなあ……。

なるほど、それで限界利益率が低いのですね。

しかし、限界利益率は低くなっていますが、売上が上がり、限界利益額自体はしっかり確保できているようですね。

それにしても、なぜこんなに限界利益率が毎月変動するのでしょうか？　棚卸しが間違っているということはありませんか？

税理士

確かに、12 月末は問屋が休みになるから正月明けの分まで仕入をしたので、もう少し月末棚卸しがあってもおかしくありませんね……。あとで間違いがないか従業員に確認します。

社　長

それから、12 月は限界利益こそ確保できていて良かったのですが、人件費と広告宣伝費が限界利益の増加分以上に上がっています。

税理士

年末セールに備えてパートさんを増員したからな……。広告宣伝費は正月セールの分が入っているから、完全に売上に対応しているとはいえないかもしれません。

社　長

なるほど、そうなのですね。ところで、貴社の損益分岐点は月商でみると 900 万円のようです。900 万円を下回る月は経常利益が赤字になっています。また逆に、売上高が月 1,300 万円を超えると赤字になる傾向がありますね。月商 1,000〜1,100 万円の月はしっかり

税理士

利益を確保できているようです。

本当ですね。売上が 1,300 万円近い月はセールをやっていた月です。ただ、セールに備えて人員を増強したので、赤字になってしまったのかもしれません。

社　長

会社や店舗には人員や立地、レイアウトなどによって、それぞれ得意な売上高が存在します。単純に売上を上げればよいというものではありません。
売上を横軸、経常利益を縦軸にして、売上と経常利益の関係を散布図にしてみるとよく分かりますよ。

散 布 図

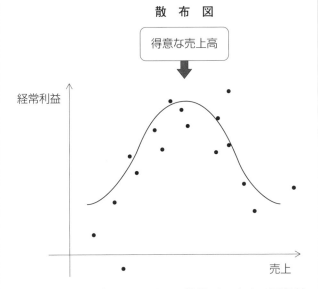

ただし、人員が変わっただけで状況が一変する可能性はあります。店長を変えた瞬間に利益が激変するなどはよくあることです。
貴社の現状をみると売上高を 1,100 万円程度に抑えて、

税理士

運営の得意でないセールはやらない方が利益は出るようです。

ただ、先ほどお伝えしたように棚卸しが正しいかに不安があります。売上、仕入、棚卸しの3点だけはしっかり押さえておかないと、このデータで意思決定をするのは危険かもしれません。

なるほど、売上、仕入、棚卸しは気をつけるようにします。あと、セールは時期的に他社もやっているので固定客を逃してしまうおそれがあります。やり方は考えますが、継続したいと思います。

社　長

税理士

確かにセールを顧客のつなぎ止め策の一環と考えるのであれば、広告宣伝費の一種とも考えられます。やり方は考えた方がよいかもしれませんが、継続する方向ということですね。

そうですね。ただ売上高を上げれば会社は勝手に成長するものと勘違いしていました。

社　長

税理士

ところで、9月と11月は営業日数こそ変わらないのに、11月の方が売上が高いようです。取り組みが功を奏して実を結んできたということでしょうか？

確かにそうですね。何かあったか、現場担当に確認してみましょう。内線○○だよな……。

「……うむうむ、なるほど、そういうことか……。
分かりました。ありがとう」
単純に11月は9月より土日の回数が多かったという
ことらしいです。

社　長

税理士

なるほど、気付きませんでした。早合点しなくてよか
ったです。

■ 解説

　売上と原価、固定費が適正かどうかは、月次変動損益計算書を検討する
ことでみえてきます。これまでお伝えしてきたとおり、値決めの法則が一
定である限り限界利益率は一定になるので、大きな変動があった場合に
は、売上、仕入、棚卸しのいずれかの計上漏れが考えられますので、でき
れば、経営者との面談前に経理担当者に確認しておくようにしましょう。

　逆に粗利率に大きな高低差がある商品構成となっている場合には、商品
群を原価率でグルーピングして、それぞれの売上、仕入の科目を分けて、
売上―仕入の対応関係をみられるようにする必要があります。「今月は粗
利率の低い商品が多く売れたかもしれない」という疑念が残ると意思決定
を適切に行うことができません。

　また、労働分配率は、季節変動のある小売業などの場合には、月々の変
動があるのは当たり前なので、12か月移動平均などを使って変動の様子
を観察するようにするとよいでしょう。

　さらに、月次変動損益計算書が精緻化されてくるとデータとして使える
ようになります。中小企業では、店舗や製造オペレーションにおいて人的
な制約がボトルネックとなっていることが多いので、多くの会社には「最
大利益となる売上」が存在します。

　売上と利益は、売上が損益分岐点売上を超えると利益は単調に増加する関係にあると考えられていますが、次の図のようにある点を超えると固定費と考えていた経費が増加するので、一時的に利益が減ります。例えば、例にあるようなセールに対応するための人件費がそうですし、もっと大きくなると店舗を拡張する必要も生じることがあります。

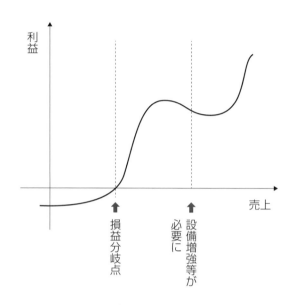

　このように、この追加の投資を必要としない範囲において、利益が最大となるポイントをつかむことができれば、効率の良い経営を行うことが可能になります。

　最後に、**数字に表れる変化や変動よりも、数字に表れてこないものの方が多いこと**にも注意しましょう。曜日の関係や、競合他社の動向、地域の催し物など、売上に関係する外部要因を経営者との面談で把握することで、業績に対する理解を深めるようにしたいところです。

③　無駄な経費はないか？

税理士

売上高は前期より増え、2期前の売上高に戻ってきた
ようですが、人件費が2期前よりも高くなっています。
しかしながら、人数をみると2期前と比べて逆に減っ
ています。やはり、最低賃金の引上げが響いていると
いうことでしょうか？

はい、そうだと思います。また、一部パートタイマー
が集まらなくて正社員で補っているところもありま
す。

社　長

税理士

残業はいかがでしょうか？

残業も増えてしまっています。

社　長

税理士

残業割増手当は基本給の25％増しですから、仮に32
時間残業があれば、8時間働く従業員を1人増員して
も同じコストで既存社員の残業を8時間減らすことが
できます。この方が、働き方改革が叫ばれている今の
ご時世にマッチしているともいえます。

確かにそうですね。採用できるようであれば、検討し
たいと思います。

社　長

ところで、他の固定費は月々どれをみてもほぼ一定額
で無駄遣いをしてないようですね。交際費もそんなに
使っていないと思いますが、いかがですか？

税理士

交際費と売上の相関関係をみてみましょう。エクセル
で売上高と交際費を並べて correl 関数を使うと関係
性が分かります。……相関係数が 0.3 と低いので相関
関係にはないようです。因果関係までは分かりかねま
すが、いかがでしょうか？

社　長

今は売上につながらないため、極力交際費は使わない
よう心がけています。

社　長

税理士

あれ？　水道光熱費が今月だけ低いようですが、何か
あったのでしょうか？

12 月で月末の電気代の引き落としがなかったので、1
月に回ってしまっているのかもしれません。

社　長

申し訳ありません。私どもも見逃しておりました。で
は、翌月月初に引き落としになっている電気代を今月
分として処理しましょう。
変動費はいかがでしょうか？　仕入先の中で値引交渉
をできそうな会社はありませんか？

値引交渉して逆に断られて仕入ができなくなると困り
ます。

税理士

発注量や発注点などの発注管理や権限はどうなっていますか？

現場に任せきりになってしまっています。

社　長

税理士

売筋の商品について、まとめ買いをして輸送費を減らすことで仕入値を下げることができる商品はないでしょうか？　発注量と発注点も見直してみてください。在庫の適正化にもつながります。

■ 解説

　経費については、固定費といえども売上と無関係ではありません。売上増加率以上に増えている経費については検討を要します。

　特に限界利益率や固定費はジワジワと変動するものですから、気付いたときには大きく変わってしまっていたということになりかねません。煮立ったお湯にカエルを入れると慌てて飛び出るが、水から徐々に温めると逃げ出さずに茹ってしまうといいます。短期の大きな変動だけでなく、月々の変動は小さくとも、長期的に累積すると大きな変動となる変化にも気を配り、「茹でガエル」とならないよう注意したいところです。

　人件費についても、固定給部分と残業代などの変動給部分の補助科目を分けて管理することも一つです。

　また、従業員数、労働時間、個数、重量、回数などの金額データに置き換える前の数字もデータを読む上では大切です。物量が多くなったためにコスト増となったのか、単価が上がったためにコスト増となったのかでは対応策が全く異なります。

　さらに、第2章でも軽く触れた「相関係数」は月次データが正確であれば様々な場面で使えます。事例のような接待交際費との関係や、広告宣伝費との関係を調べることで、その効果を考えるきっかけとなります。ただし、相関関係と因果関係は別物ですので間違えないようにしたいところです。また、「疑似相関」といって、全く相関関係がないデータ同士でも相関関係があるようにみえることがあるので、注意が必要です。

　最後に、小売業などでの見込み仕入、あるいは製造業における見込み生産など、見込みで行わねばならない業種において、**廃棄ロスはコストとしてみえやすい一方で、欠品による機会損失については数字に表れてこない**ので注意が必要です。

④　資金繰りはこう予測する

続いて、キャッシュフロー計算書の月次推移表をみてみましょう。

前期よりも売上が増えているので、営業キャッシュフローが悪化していますね。期首の時点では売上高は前期並みと見込んでいましたし、人件費が増加していることが原因と考えてよいでしょう。預かり消費税の分だけ預金残高が増えていてもおかしくないのですが、逆に減っている状態です。一時的な現象とはいえない、構造的なものと考えられますので、手を打った方がよいかもしれません。

税理士

なるほど、まだ預金残高も残っているし大丈夫かと思っていましたが、早めに検討しておきましょう。

社　長

月次キャッシュフロー計算書

自 令和○○年04月01日 至 令和○○年03月31日
単位：円

サンプル㈱　第10期　　　　　　　　　　　9か月経過

キャッシュフロー項目			6月	11月	12月	3月	合計
営業キャッシュフロー	非資金項目の調整	税引前当期純利益	△48,034	△104,234	△91,854		1,004,433
		減価償却費	100,000	100,000	100,000		900,000
		引当金増減額					
		受取利息・受取配当金					△83
		支払利息	3,014	49,709	57,787		132,349
		有価証券売却損益					
		固定資産売却損益					
		固定資産除却損					
		その他非資金項目の増減					
	運転資金等の増減	売上債権の増減額	5,000,000	△3,000,000	△1,000,000		△2,000,000
		棚卸資産の増減額	△300,000	400,000	600,000		700,000
		その他資産の増減額	1,804,277	△195,723	333,520		△307,584
		仕入債務の増減額	△3,500,000	2,100,000	1,400,000		2,100,000
		割引手形・裏書手形の増減					
		未払金・未払費用の増減	914,132	915,781	△23,249		△2,410,010
		未払法人税等の増減					
		未払消費税等の増減	202,300	△1,524,686	156,468		△5,743,776
		その他負債の増減額		28,948	1,262,974		1,300,301
		役員賞与の支払額					
		（小　計）	4,175,689	△1,230,205	928,606		△5,724,370
	営業外	利息及び配当金の受取額					83
		利息の支払額	△3,014	△49,709	△57,787		△132,349
		法人税等の支払額		△350,000			△850,000
		合　計	4,172,675	△1,629,914	870,819		△6,706,636
投資キャッシュフロー	収入	定期預金等の払戻					
		固定資産等の売却					
		有価証券売却による収入					
		保険積立金による収入					
		貸付金の回収による収入					
		その他投資等の収入					
	支出	定期預金等の預入					
		固定資産等の取得					
		有価証券取得による支出					
		保険積立金による支出					
		貸付金による支出					
		その他投資等の支出					
		合　計					
		フリー・キャッシュフロー	4,172,675	△1,629,914	870,819		△6,706,636
財務キャッシュフロー	収入	短期借入れによる収入					
		長期借入れによる収入	8,000,000				8,000,000
		株式発行による収入					
		その他財務活動による収入					
	支出	短期借入金の返済による支出					
		長期借入金の返済による支出	△800,000	△800,000	△800,000		△7,000,000
		配当金の支払額					
		その他財務活動による支出					
		合　計	7,200,000	△800,000	△800,000		1,000,000
換算差額							
現金及び現金同等物の増加額			11,372,675	△2,429,914	70,819		△5,706,636
現金・現金同等物の繰越残			17,976,573	21,652,459	19,222,545		25,000,000
現金・現金同等物の末残高			29,349,248	19,222,545	19,293,364		19,293,364

毎月の返済が 80 万円で年間 960 万円の返済、うち、200 万円は当期の営業キャッシュフローを返済原資としてあてにしていたので、予定よりも手元資金が減っています。

期首に 800 万円借りたので残高があるようにみえますが、最低でも月商 2 か月分は資金をキープしておきたいところです。このままでいくと期末には前期よりも 300 万円手元資金が減ってしまいます。増加運転資金分と納税キャッシュアウトを見込むと、追加で 500 万円ほど借りておいた方がよいかもしれません。

税理士

ちょうど X 銀行さんが融資させてくださいと言ってきたところだったから、声をかけてみますよ。

社　長

はい、利益もしっかり確保できているし、このタイミングで申し込めば良い条件が期待できそうです。
……いや、ちょっと待ってください。今月は賞与を出したので、先月よりも経常利益が減ってしまっていますね。先月の試算表を渡して融資を検討してもらった方がよいかもしれません。いずれにしても前期よりは良い数字になっているので、銀行さんにどちらの方が稟議が書きやすいか、正直に話してみてもよいかもしれません。

あれ？　預金残高が借入れの少ない X 銀行に集まってしまっているようです。どおりで融資の依頼に来られるわけですね。これは意図してのことでしょうか？

税理士

いえ、たまたま大口先の入金があったままにしていた
だけです。

社　長

これではむしろうちの会社が銀行に貸している状態に
なっています。きっちりと良い条件を引き出すように
交渉してみてください。

税理士

■ 解説

　資金調達を年一回で済ませるかどうかは、実際の預金の動きをみて決め
るしかありません。

　税引前当期利益に減価償却費を加えたものと、営業キャッシュフローを
比べ、営業キャッシュフローの方が小さく、売上債権、仕入債務、棚卸し
の増加額によりキャッシュがマイナスになっているようであれば、増加運
転資金によるキャッシュフローの減少ということになるので、短期的であ
っても構造的なキャッシュフロー不足に陥ることは必至です。

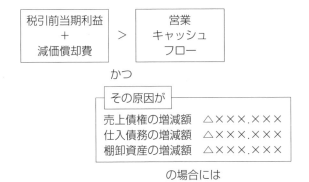

また、基本的には借入返済分と営業キャッシュフローの差だけ預金残高

は減っていきます。まずはターゲットを月商 2 か月分程度において、キャッシュフロー計算書の月次推移を観察して、回復の見込みが薄いようであれば早めに融資をお願いするようにしましょう。

　さらに、**手元資金が減っている場合には、消費税、法人税等の納税資金を見込んで融資を受けるようにしましょう。**手元資金不足からの不安は無理な節税の依頼につながります。逆に、納税予想と資金手当てができていれば、無理な節税やクレームの発生といった心配から解放されることになります。

　また、できれば消費税についても、毎月納税額を計算し、普段使っている預金とは別預金に移しておくことをお勧めしておいた方がよいでしょう。

⑤　早めの決算対策でお客様に安心を

税理士

今期の着地見込みは売上高 1 億 2,000 万円、経常利益は 300 万円です。借入れもあるので、100～200 万円程度の利益を出しておいてもよいと思いますが、いかがでしょうか？

そうですね。あまり利益を出しすぎても仕方がないので、もう少し利益を抑えましょう。

社　長

税理士

先送りできる売上などはありますか？

実は納品が決算ギリギリになってしまいそうな取引100万円ほどがあります。納品が4月になってしまっても問題ないか、お客さんに聞いてみます。担当者も実際に検品まで考えると4月にずれ込んでしまいそうだとも言っていました。

社　長

税理士

はい、そうしましょう。そうすることで来期も良いスタートを切ることができます。

それから、販売管理のソフトを、Windowsのバージョンアップに合わせてクラウド対応のものに入れ替えようと思うのですが、いかがでしょうか？

社　長

税理士

それは良いですね！　実は一定期間内に販売を開始した70万円以上のソフトウェアについては、「中小企業経営強化税制」といって稼働と同時に購入額を100％経費にできる制度があります。ちなみに、そのソフトはおいくらですか？

これから見積りをとることになりますが、100万円くらいでしょうか？

社　長

税理士

では金額的な要件は満たしていますので、「経営力向上計画」を作成して経済産業局から認定書を発行してもらってください。それから購入先に納品、稼働が間に合うかと、工業会等の証明書を取得できるかを確認

してください。納品だけでなく稼働していることが要件なので注意してください。

それから、できれば支払いは融資を受けるか、割賦払いでお願いします。リース契約ではこの税制の要件を満たさないので、リース会社等に依頼する場合は、必ず「リースでなく割賦で」と指定してください。

分かりました。では、この打合せが終わったらすぐに連絡をとってみます。

社　長

よろしくお願いいたします。**100% 償却できると、来期からは減価償却がないので利益も出やすくなります。さらに割賦で購入すれば、資金も減らないのでベストです。**

これでだいたい今期の利益は170万円前後になりそうです。税率は約30% ですから、50万円程度見込んでおいてください。

人件費が増えているので、賃上げ税制も使えるかもしれないので、実際の税額はもう少し減るかもしれませんが、利益も変動するでしょうから、だいたい50万円前後と考えておいてください。

最悪、予想よりも利益が減ってしまいそうな場合には、特別償却を使わなければよいですし、専門的になりますが「準備金方式」という経理処理を行うことで節税メリットだけを享受することも可能です。

また、消費税の納税も控えています。資金的には問題ないはずですが、頭の片隅には置いておいてくださ

税理士

い。

それから、試算表に社長への仮払金が残ってしまって
いますね。これは社長から会社にお金を入れて精算し
ておいてください。

ウッカリしていました。精算しておきます。会社の口
座に入金すればよいですか？

社　長

税理士

はい、社長の個人口座から会社の口座へ振り込んで、
きちんと痕跡を残していただくのがよいと思います。
あと、決算日には実地棚卸もお願いします。

■ 解説

決算の2か月程度前になったら具体的な着地をどうするか検討します。
ターゲットとする法人税は第2章でお伝えしたとおり、借入額の1％程
度です（つまり、税引前利益は約3％）。ターゲットとなる利益を経営者
に決めてもらい、その税額をお伝えしておくことで、「そんなに法人税を
払うの？」というクレームを回避できるようになるはずです。

特にこれまで赤字しか出したことがなく、地方税の均等割しか払ってこ
なかった経営者は納税に対する拒否反応を示すことがありますが、その後
の融資の受けやすさを経験すると、それ以降は「法人税も金利の一部」と
考えてくれるようになります。

多少の拒否反応があっても説得により、まずは体験してもらうようにし
たいところです。

また、特別償却か準備金方式かを決算処理後に決めることができるの
で、利益の圧縮には特別償却が便利です。なお、特別償却の対象となる資
産は、多くの場合融資の対象となります。対象資産の法定耐用年数で融資

を受けることで、キャッシュフローの悪化を防ぐことができます。

　さらに、仮払金、経営者への貸付金、源泉所得税の納付漏れがないかも
この時期に確認しておくとよいでしょう。

Ⅱ

こうしてこの会社たちは良くなった

　ここまでは経営者とのやりとりをお伝えしてきましたが、ここからは具体的な改善策について、事例を交えて、どのような打ち手をどのタイミングで打つべきかをお伝えしたいと思います。

　どれも破綻寸前にまで追い込まれた会社たちですが、健全な会社であっても似たような状況に陥る、つまり、「風邪をひく」可能性は十分にあります。

　破綻に陥る前に、また、陥ってしまったときにリカバリーできるように、解決策を知っておくことで、会社を守ることができるようになります。

❶ 銀行マンが飛び込み営業をかけてくれたことがきっかけで低利融資に転換したケース

[会社の概要]
・製造業
・年商 3.7 億円
・銀行借入れ約 3.4 億円（内工場に対する設備資金 2.5 億円）
・手元資金 3,100 万円

　この会社は、資金が必要になる都度、銀行から借りる典型的な手元資金不足の会社で、当時は月商の 1 か月弱分しか預金がありませんでした。

　相談にみえたのは先代経営者から経営を引き継いだ二代目です。先代時代からの経理部長（取締役）が経理、財務を握っていましたが、資金繰りは芳しくなく、非常に高い金利で借りていました。

　さらにその経理部長が日本政策金融公庫からの借入れの保証人になっており、その代わりに非常に高い役員報酬を支払っていました。

経理部長まかせの高利融資が都市銀行の飛び込み営業をきっかけに低利融資に転換

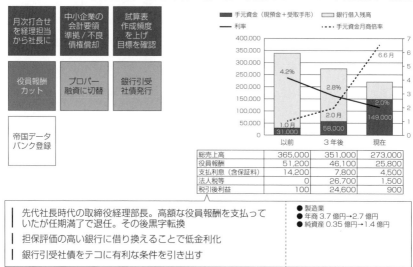

月次打合せを経理担当から社長に	中小企業の会計要領準拠／不良債権償却	試算表作成頻度を上げ目標を確認
役員報酬カット	プロパー融資に切替	銀行引受社債発行
帝国データバンク登録		

凡例：手元資金（現預金＋受取手形）／銀行借入残高／利率／手元資金月商倍率

	以前	３年後	現在
総売上高	365,000	351,000	273,000
役員報酬	51,200	46,100	25,800
支払利息（含保証料）	14,200	7,800	4,500
法人税等	0	26,700	1,500
税引後利益	100	24,600	900

先代社長時代の取締役経理部長。高額な役員報酬を支払っていたが任期満了で退任。その後黒字転換 担保評価の高い銀行に借り換えることで低金利化 銀行引受社債をテコに有利な条件を引き出す	● 製造業 ● 年商 3.7 億円→2.7 億円 ● 純資産 0.35 億円→1.4 億円

　それでは、具体的な対策についてみていきましょう。

■ まず手始めに取り組むべきはこれ！

　まずは、以下の４つを行いました。

　これらは基本セットともいえる対策で、この後お伝えするどの会社においても必ず行っています。

- ☑ 月次打合せを経理担当から社長に
- ☑ 試算表作成頻度を上げ目標を確認
- ☑ 中小企業の会計要領準拠／不良債権償却
- ☑ 試算表で金融機関に今後の方針を説明

　業績が低迷している多くの会社では社長が自社の利益を把握していませ

ん。まずは、「月次打合せを経理担当から社長に」し、「試算表作成頻度を上げ利益目標を確認」します。

いきなり正確な試算表を作成しようとせずに、それまで決算等で使っていた、会社から無理せず自然に提出される資料で試算表を作成し、まずはこれをもとに業績を把握します。

経営者は実際の数値よりも高めに利益を見積もっている、つまり、甘く考えていることが多いので、経営者の感覚と実際のギャップを認識してもらうことが大切です。

ただし、この段階では大抵、売上、費用を請求書ベースで認識するにとどまっていて、月末締めでの把握が不十分で、費用収益の対応関係が完全でなかったり、期間的な損益把握も不十分だったりします。

はじめはそれを前提に、締め後分は社長からのヒアリングで進めますが、影響度の大きな取引先から徐々に月末締めを徹底してもらうように誘導するとよいでしょう。

また、「不良債権の償却」や、後ほどお伝えする「減価償却不足の解消」は、銀行からみれば粉飾の一種ですから、顧問の税理士事務所が変わるタイミングで行うのがベストです。解消するにはそれなりの理由が必要です。ベストという表現を使いましたが、唯一のタイミングといっても過言ではありません。

もちろん、決算前に不良債権や減価償却不足があった事実を銀行担当者に伝え、次の決算で処理して正常化することの是非を確認しておく必要はあります。

「期限の利益の喪失」の可能性もゼロではないので、最悪、それが原因で融資が止まってしまっては元も子もないからです。

しかし、大抵の場合、銀行もそれはつかんでいますから、「税理士事務所が変わったから」という大義名分を与えることで、正常化に同意を得られることがほとんどだと思います。

　さらに、決算前に試算表を金融機関に提出し、これからは毎月試算表を作成し、業績把握、管理をしっかりしていくことを金融機関にアピールすることも大切です。

　ここでも、「単なる経営方針の変更」ではなく、「税理士事務所（あるいはその担当者）の変更」という外部要因を伝えることで、必然性や蓋然性を示しておくことが大切です。

■　決算を終えたらまずは役員報酬のカット

> ☑ 役員報酬カット

　決算後の総会のタイミングで任期満了を迎えた経理部長に退任をお願いし、役員報酬をカットしました。

　この際、経理部長が保証人となっていた日本政策金融公庫からの借入れは全額返済しました。

　これで決算が黒字となる目処がつきました。

　さらに、決算が近づいて来たところで、既存取引銀行に「今期は大幅な黒字となる見込みである」旨を伝えて、来期以降の他行参入の可能性などを伝えながら、決算直後に大きな融資をしてもらえるよう交渉しておきました。

■　黒字になったら新規取引銀行を開拓

> ☑ 新規取引銀行開拓
> ☑ 帝国データバンク登録

　関与 2 期目の決算を終え、黒字の決算書をもって新規取引銀行の開拓をしました。

　この会社では本社と工場が違う県にあったのですが、取引銀行が本社近

隣に限られていたので、工場のある県の地方銀行を紹介しました。工場勤務の従業員の給与振込口座等の利便性からも、会社、銀行、従業員全てにメリットがありました。この地方銀行が現在のメイン銀行になっています。

このように、まずは、**無駄な経費の削減、不良債権処理、債務超過解消、不採算の取引先との取引解消**を行った上で、業績回復後の決算書をもって新規取引銀行を増やしていくというのが、銀行対策の基本パターンになります。

基本パターン

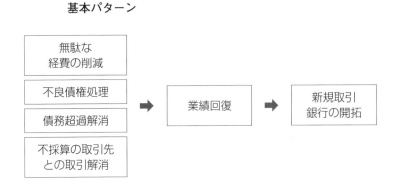

さらに、**業績も大きく改善したので帝国データバンクに財務情報を提供し、正確な評点をつけてもらいました。**

帝国データバンクや東京商工リサーチといった調査会社にデータを提供することで、「得意先に利益が出ていることをつかまれたら値引き交渉を誘引するのでは？」と心配する社長がいることも事実です。

しかし一方で、金融機関からの評価アップだけでなく、最近では得意先が大手であるほど与信管理が徹底されており、「財務体質の良い会社でないと取引をしない」傾向があるので、調査会社に調査依頼をかけることがほとんどです。

ちょっとした裏技ですが、値引き交渉を心配する会社であれば、「（解約

返戻金のある保険契約の）保険料を全額経費処理した上で申告調整する」
といった方法や、「特別償却を製造原価に入れてしまう」といった方法を
とることで、その心配を和らげるといった方法もあります。

　この会社はもともと調査会社への登録はありましたが、数年赤字が続い
てしまっていたので、財務データまでは提供していませんでしたが、新規
取引企業と思われる会社からの調査依頼を機に財務データを提供しまし
た。

■ 都市銀行が飛び込み営業をかけてきた！

- ☑ プロパー融資に切替
- ☑ メイン銀行に預金集中
- ☑ 実質金利で金利交渉
- ☑ 銀行引受社債発行
- ☑ 不動産の共有等権利関係整理
- ☑ 保証人、抵当権整理

　関与3期目で、タイミングよく都市銀行が飛び込み営業をかけてきまし
た。それまでは、工場に対する設備融資以外の融資については信用保証協
会の保証がついていたので、プロパー融資であれば応じる旨を伝えたとこ
ろ、稟議が通り、しかも既存取引行と比べて大幅に低い利率での融資を受
けることができました。

　偶然にも調査会社に財務データを提供した効果がすぐに表れたわけで
す。

　なお、金融機関にとっては「自行以外がどうみているか」も重要ですか
ら、このような調査会社の評点がつくことで評価が上がります。

　起業したばかりの会社や、規模の小さな会社の場合、このような調査会
社の評点がついていないことがあります。このような場合、「気のおけな
い知り合いの社長から」調査依頼をかけてもらうことで、調査会社に登録

してもらうことが可能です。

　都市銀行からプロパー融資を引き出せたことで、既存取引行に対して
「信用保証協会付融資しかできないようであれば、折り返しを受けずに都
市銀行からのプロパー融資に切り替えます」と、強く出られるようにな
り、徐々にプロパー融資に切り替えることができました。
　また併せて、預金を銀行融資の比率に合わせるとともに、日本政策金融
公庫からの融資をメイン銀行に置いて厚くすることで、さらなる利率の引
下げを引き出しました。

　返済期間もはじめは短いものが混じっていましたが、徐々に長い融資を
引き出し、最終的には、銀行引受社債を発行して、返済なしの長期資金を
調達することに成功しました。
　そしてさらにこの「銀行引受社債」が、他の取引行への安心材料につな
がり、交渉に有利な材料となっています。

■　工場に対する不動産融資の借換え
　また、既存取引行から「融資額に対して不動産担保評価が足りていな
い」という指摘を、従来から受けてきたところでしたが、工場のある県の
地方銀行から借換えを勧められました。
　その結果、担保不足どころか余裕のある評価をもらえ、共同担保で提供
していた自宅敷地の担保を外すことができ、資金調達もさらにスムーズに
なりました。

　銀行における不動産担保評価については、固定資産税評価額程度から実
勢価額に近い額まで、金融機関によって開きがあり、一般的には、金融機
関の規模が大きくなるほど担保評価は堅めになります。
　また、本社や工場といった主力となる不動産を担保に入れた銀行は、融

資残高的にもメイン銀行となることの可能性が高いので、今後の取引方針などをも考慮に入れて検討するとよいでしょう。

　しかしながら、こうした主力となる不動産に対する借換えにおいては、既に既存取引行が抵当権を設定していることが多いのも事実です。

　まずは、既存取引行と率直な意見交換を行い、抵当権設定の見直しをお願いすることになります。それでも一番抵当を譲ってくれない、又は、抵当権を外してもらえない場合には、借換え後の銀行に対して、既存行の運転資金を含めた全額の借換引受けが可能であるかの打診をしておく必要があります。

　また、経営に直接関係のない親族などと共有関係となっている不動産がある場合には、売買や持分の交換などを行うことで切り離しを行って流動性を高めることで、銀行との取引がスムーズになります。

② 役員への貸付金を不動産に転換して評価改善したケース

[会社の概要]

・製造業
・年商 7.6 億円
・銀行借入れ約 2.5 億円
・手元資金 9,400 万円

　工場の移転に伴い、社長個人に売却損が発生してしまい、その穴埋め資金として役員に対して 1 億円近い貸付金が計上されていました。

　貸付金が銀行で 0 (ゼロ) 評価となっており、早急に解消する必要がありました。

信用保証協会が難色を示した役員への貸付金を土地に転換し評価改善

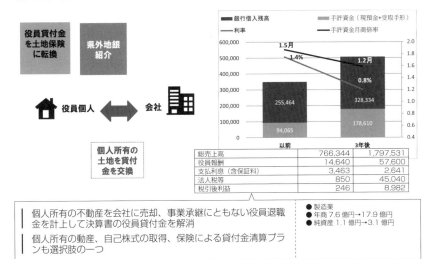

個人所有の不動産を会社に売却、事業承継にともない役員退職金を計上して決算書の役員貸付金を解消

個人所有の動産、自己株式の取得、保険による貸付金清算プランも選択肢の一つ

● 製造業
● 年商 7.6 億円→17.9 億円
● 純資産 1.1 億円→3.1 億円

それでは、具体的な対策についてみていきましょう。

- ☑ 役員貸付金を土地に転換
- ☑ 県外の地銀紹介

■ 役員貸付金解消の即効薬

　第2章でお伝えしたとおり、「経営者に対する貸付金・立替金・仮払金」について金融機関から経営者が返済不可能と判断されると、銀行の査定において0（ゼロ）評価になり、その評価減した金額を純資産の部から控除することになります。

　その結果、自己資本が脆弱な企業の場合、表面上の資産超過から実質債務超過に陥ることになり、企業は融資を受けられなくなります。

　かなり自己資本比率の高い会社であっても決算書に載っているだけ融資に悪影響を及ぼす場合があります。

　もちろん、第2章でお伝えしたように、会社に対して徐々に返済するの

もよいのですが、あまりにも多額である場合には金融機関から難色を示されることがあります。

　このケースでは、社長が所有していた不動産の鑑定評価を受け、時価で会社に売却するとともに、事業承継を兼ねて社長に退職金を支払って貸付金と相殺しました。この際、社長側では譲渡所得に対する所得税がかかるので、納税資金を考慮した金額設定としました。

　また、取引銀行が都市銀行一行と日本公庫だけだったので、都市銀行からは保証協会付きでしか融資してもらえない状況でした。そこで、県外の地銀を紹介したところ、プロパー融資を受けられるようになりました。初め社長は複数行取引に難色を示しましたが、会社の規模や業況から見て、一般的な会社と比べて取引条件が悪くなっていることを伝えて了承を得ました。結果として、取引条件が改善し、都市銀行からもプロパー融資を受けることができるようになりました。

■ 生命保険を使った役員貸付金解消プランの現状

　ところで、これまでは、会社から経営者個人への貸付金を処理する方法として、このケースのように不動産への転換ではなく、生命保険を使って貸付金を保険積立金に振り替える、いわゆる「役員貸付金解消プラン」が金融機関対策として有効と考えられていました。

　しかし最近では、この方法に対する金融機関からの評価に変化が見られてきています。

　まず、個人の借入金が増加するため、返済余力が低下することになります。

　また、金融庁の指導により、保険本来の目的以外の生命保険の活用方法については、厳しい規制がかかっていることから、このプランを扱う保険会社は少なくなってきています。

　さらに、経営者の個人的な借入に企業の財産を担保提供することにな

り、「経営者保証に関するガイドライン」でいう、企業と個人の分離がなされていないとの指摘があります。

❸ グループ会社を合併により整理統合、各社間の債権債務、費用収益をスッキリさせて評価回復したケース

[会社の概要]
・サービス業
・年商9億円
・銀行借入れ約5億円
・手元資金8,900万円

　多角化を進めて子会社設立を乱発（9社）した後に業績が悪化しました。

　業績悪化前に金融機関から運転資金名目で受けた融資で多店舗化を展開していたため、一気に資金繰りが悪化しました。取引金融機関が十数社あり、リスケジュール（返済猶予）突入の交渉を進めるも、なかなか同意が得られず、事業計画などを作成しながら交渉している状況でした。

　また、好業績時には金融機関から容易に資金調達ができたため、中心となる1社で資金を調達し、それをグループ会社に貸し付けていました。

　黒字こそ確保できていたものの、急激に売上が減少したことに加えて、メイン銀行の支店長の異動が重なり、折り返し融資を受けることが難しくなっていました。

グループ会社を整理統合。各社間の債権債務、費用収益をスッキリさせ評価回復

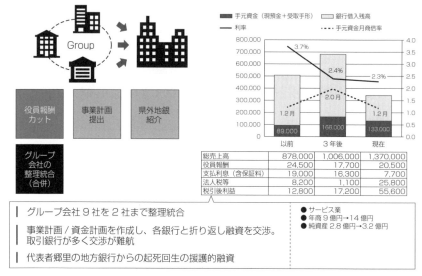

	以前	3 年後	現在
総売上高	878,000	1,006,000	1,370,000
役員報酬	24,500	17,700	20,500
支払利息（含保証料）	19,000	16,300	7,700
法人税等	8,200	1,100	25,800
税引後利益	12,800	17,200	55,600

| グループ会社 9 社を 2 社まで整理統合
| 事業計画 / 資金計画を作成し、各銀行と折り返し融資を交渉。取引銀行が多く交渉が難航
| 代表者郷里の地方銀行からの起死回生の援護的融資

● サービス業
● 年商 9 億円→14 億円
● 純資産 2.8 億円→3.2 億円

それでは、具体的な対策についてみていきましょう。

☑ 県外地銀紹介
☑ 銀行との相性を見極め預金整理
☑ グループ会社合併

　グループ会社が多いと、売掛・買掛・未払い・立替えなどのグループ間取引が複雑になり、損益が把握しにくくなるばかりでなく、取引金額の適正性も怪しまれます。なにより資金的な精算も複雑になるので、よほど処理を適正に行わない限り、金融機関からは怪しまれることが多くなります。

　少なくとも、グループ間の取引が見えやすくなるよう、試算表段階からグループ間取引は資産・負債科目、損益科目ともに、外部との取引と勘定科目を分けて作成し、グループ間債権債務の残高が一致していることを毎月確認することが必要です。また、こうしておくことで連結財務諸表も作

りやすくなります。

　さらに、前述のような営業上の取引だけなく、グループ間において貸付け・借入れ関係が発生してしまうと、融資をしている金融機関からすると資金使途どおりに正しく運用しているのかが見えにくくなるため、どこの会社に融資をしてよいのか判断がつきにくくなります。

　長期的に資金が固定化されてしまうような支出や入金については、**出資金や保証金にできないかを検討して、極力グループ間で貸付け・借入れといった取引を行わないようにすることで、各社ごとに金融機関から融資を受けられるようにすることが非常に大切**です。

　この会社では、粘り強くリスケジュールの交渉を進めましたが、なかなかメイン銀行からの同意を取り付けられませんでした。そのような中、この会社を救ったのは地方銀行の県外支店でした。代表者が地方出身者であったため、その出身県の地方銀行に打診してみることを勧めたところ、奇跡的に調達することに成功しました。もちろん、直近年度で黒字を確保していたので、融資を受けることができたわけですが、メイン銀行とリスケジュールの交渉をしていることは伏せて交渉しました。

　本書でもこれまで県外地銀との取引を勧めてきましたが、このような形で取引がうまくいくこともあるので、先入観にとらわれずに交渉してみるものです。

　ここで得られた資金を使って、グループ間各社の債権債務を整理するとともに、各社を合併や事業譲渡により統合しました。

　これにより、これまで見えにくかった取引が見えやすくなりました。

　また、会社が多いと、それぞれの会社に取引決済のための預金残高を置いておかねばならなくなり、それだけでも不必要な運転資金が必要になっ

てしまいます。

　合併することでこれを解消することができます。

　さらに、融資残高に合わせた預金残高とすることで、金融機関からの信頼を取り戻しました。

　最終的にはリスケジュールを行わず、銀行からの折り返し融資が再開し、正常化することに成功しました。

　現在では、設備投資については銀行融資を使わずに、銀行系リース会社を通した割賦契約を使って銀行融資枠を常に確保しておくよう心がけています。

　また、銀行からの資金調達は運転資金に絞って、取引銀行数も大きく減らし、有利な条件で交渉することができるようになっています。

❹ 長期にわたる減価償却停止によって銀行評価がゼロになっていた有形固定資産の帳簿価額を計算し直すことで、銀行からの信頼を回復したケース

[会社の概要]
・建設業
・年商 6,700 万円
・銀行借入れ約 4,500 万円
・手元資金 600 万円

　入札で公共工事を受注する建設業を営んでいます。

　公共事業の入札には経営事項審査を受ける必要があります。また、落札するためには、この審査での評価を高める必要があり、そのために決算を赤字にすることができませんでした。

　赤字回避のために、減価償却しないことが常態化されていて、金融機関からは有形固定資産をゼロ評価とされ、実質的な債務超過企業とみなされ

ていました。

　また、そのために銀行からまともな資金調達ができず、信用保証協会付きの「事業者カードローン」で、必要の都度、必要なだけ借りるという経営が続いていました。

　さらに、長期融資は受けることができなかったため、設備などの購入についてもこの事業者カードローンを元手に経営していました。

　なお、事業者カードローンは支払利息が自動的にローン残高に組み込まれてしまう複利型の商品であるため、実際には表面金利よりも高い金利を負担することになります。少ないキャッシュを異常な高金利で調達していたことになります。

長期間にわたる減価償却停止により銀行評価がゼロになっていた有形固定資産を見直すことにより、銀行からの信頼を回復

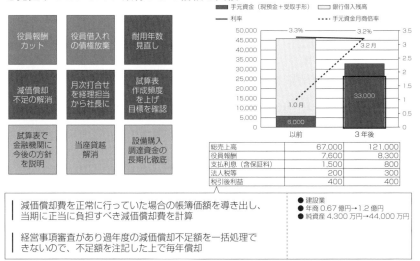

	以前	3年後
総売上高	67,000	121,000
役員報酬	7,600	8,300
支払利息（含保証料）	1,500	800
法人税等	200	300
税引後利益	400	400

減価償却費を正常に行っていた場合の帳簿価額を導き出し、当期に正当に負担すべき減価償却費を計算

経営事項審査があり過年度の減価償却不足額を一括処理できないので、不足額を注記した上で毎年償却

● 建設業
● 年商 0.67 億円→1.2 億円
● 純資産 4,300 万円→44,000 万円

　それでは、具体的な対策についてみていきましょう。

☑ 月次打合せを経理担当から社長に

- ☑ 試算表作成頻度を上げ目標を確認
- ☑ 中小企業の会計要領準拠／不良債権償却
- ☑ 試算表で金融機関に今後の方針を説明
- ☑ 減価償却不足の解消／耐用年数見直し
- ☑ 役員報酬カット
- ☑ 銀行との相性を見極め預金整理
- ☑ 短期から長期借入れに移行
- ☑ 県外地銀紹介
- ☑ プロパー融資に切替

■ 過去の粉飾をどう清算するか

　減価償却不足がある場合には、「税理士事務所（又はその担当者）の変更」を理由に、一気にその不足額を特別損失で処理して解消することが基本となります。

　しかし、経営事項審査を受ける必要があるなど、財務内容が売上の受注に影響してしまう場合、無理に解消して会社が潰れてしまっては元も子もありません。

　そこで、この会社では金融機関と相談し、購入時から減価償却した場合の「あるべき帳簿価額」を計算して「いくら償却不足があるか」を明らかにして、それを注記表の特記事項として表示することにしました。

　それによってゼロ評価からあるべき帳簿価額まで評価を上げることができ、「実質資産超過」の会社として扱ってもらうことができるようになりました。

　これにより、長期運転資金を調達できるようになり、さらに、県外地銀を紹介したことによって保証協会付融資からプロパー融資に切り替わり、現在では事業者カードローンを返済しています。

■ 定額法の採用も検討しよう

ところで、この会社では減価償却に「定率法」を採用していましたが、そもそも、償却期間の初期において償却費負担の大きい定率法を採用すべきだったのかという疑問が残ります。

別の会社の事例になりますが、中古市場の売却価値が高い設備を使っていて、設備の更新時期に下取りに出すと、常に下取り価額が定率法で計算した帳簿価額を大きく上回り、多額の売却益が発生してしまう会社がありました。

これは「減価償却費で営業利益がマイナスなのに特別利益が大きく、税引前利益がプラスになる」という、銀行評価上、非常に残念な方法なので、届出を出して、翌期から定額法に償却方法を変更しました。

これによって購入当初の減価償却費が圧縮され、新規設備投資による経費増を気にせず、黒字を確保しやすくなり、銀行評価を上げて資金調達がしやすくなりました。

⑤ 3期連続赤字、最大3,300万円の債務超過から脱出したケース

[会社の概要]

・製造業

・年商 1.7 億円

・銀行借入れ約 9,000 万円

・手元資金 1,600 万円

3期連続で赤字を出し、債務超過に陥った会社です。

前税理士事務所から「役員報酬を高めにとって会社に貸す」のが良いとアドバイスされ、それを実践してきた結果、赤字になっていました。

また、労働分配率（累計粗利益額に占める累計人件費の割合）が業界平

均と比べて高い状況が続いていました。

　折り返し融資を受けることもままならず、半年ごとに「信用保証協会の枠が少し空いたらまた借りる」ということを繰り返していました。

　さらに掘り出し物の機械があると、「支払手形による（極めて短期での）分割払い」で無計画に購入してしまい、資金繰りを悪化させていました。

3期連続赤字、最大3,300万円の債務超過からの脱却

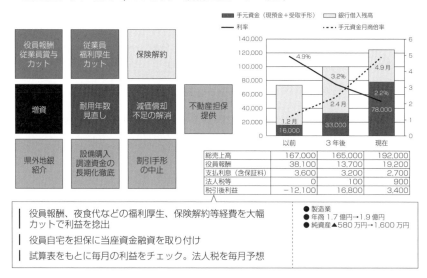

それでは、具体的な対策についてみていきましょう。

- ☑ 月次打合せを経理担当から社長に
- ☑ 試算表作成頻度を上げ目標を確認
- ☑ 中小企業の会計要領準拠／不良債権償却
- ☑ 試算表で金融機関に今後の方針を説明

■ まず死に物狂いで利益を回復し、資金を集める！

- ☑ 減価償却不足の解消／耐用年数見直し
- ☑ 役員借入れの債務免除
- ☑ 保険解約
- ☑ 増資
- ☑ 不動産担保提供
- ☑ 経営革新計画承認

まずは現金化できそうなものを全て現金化してもらいました。

保険を解約し、役員の貯金から増資も行いました。**保険の解約は手元資金の増加に加えて、費用の減少というメリットもあります。**

さらに、日本政策金融公庫からのニューマネーを調達する際に、役員の自宅の土地を担保に提供してもらいました。

第5章でお伝えしたとおり、「手元資金の残高＝会社の命の残りの時間」だからです。

黒字化の目処がつかない破綻の懸念がある状況では、役員個人の自宅の土地を担保に入れるのは危険なので基本的にはお勧めできませんが、幸い、この会社には高い技術力があり、他社との差別化要素を持ち合わせていたのと、役員報酬を引き下げれば黒字化できる目処が立つと考えられたので、思い切って資金調達を優先しました。

また、減価償却資産の耐用年数を見直すとともに、償却不足を特別損失で解消しました。

償却資産明細を確認すると、意外と耐用年数が短めになっている資産があります。材質などを丁寧にヒアリングし、ここを適正化することで毎年の費用負担を圧縮することが可能になることがあります。

さらに、過年度償却不足額や保険解約損などで特別損失が多額になったことと、債務超過であったことで課税リスクがなかったので、役員借入金

305

も可能な限り放棄してもらいました。

　第2章では役員や株主からの借入れは資本とみなされるとお伝えしましたが、やはり、金融機関は債務超過を嫌います。

　課税されない範囲で債権放棄を行ったり、資本が過少である場合には、「擬似DES（一度役員借入金を役員に返済し、その返済された資金で増資を行う行為）」を行って増資を行ったりすることには効果があるので、ぜひとも勧めたいところです。

　同時に新規事業を打ち立ててもらい、それによる「経営革新計画」の承認を受け、日本政策金融公庫からの資金調達も行いました。今であれば、「経営力向上計画」を提出して、「経営力強化資金」を受けるのがやりやすいかもしれません。

　ただし、いずれにせよ、承認を受ければ自動的に資金調達ができるものではないので、まずは日本政策金融公庫に打診をして、承認後の調達の確約をもらい、共同歩調で進めることが大切です。

■ 第2段階は人件費と不採算先のカット

- ☑ 役員報酬カット
- ☑ 従業員福利厚生・賞与カット

　1期目の決算を終えるとともに、役員報酬のカットをしました。

　また、同時に従業員の賞与のカットと、厚すぎた福利厚生をカットしてもらいました。

　「役員報酬のとりすぎ」と「無駄な保険料の支払い」以外の、中小企業における赤字の2大要因は、「高すぎる労働分配率」と「不採算先の存在」です。

　この4つ以外での赤字となると、「差別化要素の欠如」という致命的な要因に基づく赤字であることがほとんどです。ですから、債務超過に陥っていてニューマネーを望めない場合には、差別化要素を再構築する前に、神風でも吹かない限り、時間も資金も尽きてしまう可能性が高くなります。差別化要素が欠如した会社については、基本的には再生を諦めて清算又は破産に向かった方がよいと思います（ごくまれに神風が吹くことがありますが、世の中ではこれが**典型的な再生事例**として出回っているので注意が必要です）。

中小企業赤字の5大原因

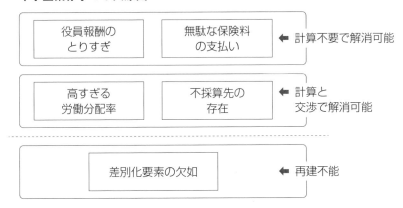

　従業員の月給を下げるのはかなり抵抗がありますし、労働法的にも難しいので、まずは賞与のカットをお願いします。

　経営者からは「そんなことをしたら従業員が辞めてしまう」と、心配の声が上がると思いますが、大抵こうなる前に目先が利くか、ロイヤリティが低い従業員は会社を去っていますから、これまでの経験では影響はほとんど出ませんでした。

　また、仮にここで去ろうとする従業員がキーマンである場合には、業界平均よりも高い労働分配率であるということは、その従業員が転職しても、転職先でもらえる給与が下がる可能性が高いということになりますので、そのことを説明して、慰留してみるのも一つの方法です。

　もっとも、ここで協力を得られない従業員が残っても、再生を円滑に進める妨げになってしまいますから、本人の意向を尊重して、無理に引き止める必要はありません。

　当然ですが、説明の際に決算書や試算表を従業員にある程度公開する必要があるので、まず役員報酬をカットすることが前提となります。

　余談になりますが、目標設定のために「試算表等の完全オープン化」を求めてくる従業員が一定確率で現れます。

　これは現場レベルの改善を求める際に、その従業員に対する「権限と義務（とその報酬）」が定義されていないことが原因ですから、まずは、権限と義務を明確化することが必要です。

　また、この段階で不採算先（不採算な取引先、店舗、支店）を見極めて、撤退の判断をする必要があります。

　第5章でお伝えしたとおり、損益分岐点売上高が確保できないような、「金額データ」として捉えることができる取引先、店舗、支店はまず優先して撤退すべきでしょう。

　さらに、取引先別に、限界利益率を求めて、金額データに現れにくいコストである「ルール違反（時間を守らない、急ぎが多い、約束外の変更がある、約束外の業務を押し付けられる）」との対比を行い、不採算であると認められる得意先とは、決裂した場合の撤退を前提とした価格の再交渉を行います。

　また、採算性を検討する際には、他人に貸すことができる不動産を所有していて、そこで事業を行っている場合には、その得べかりし利益も勘案することが大切です。

　例えば、他人に貸せば月額50万円の賃貸料収入を得られる不動産を所有している場合には、その不動産を利用して行っている事業から50万円以上の利益が得られないのであれば、事業撤退、賃貸に回すべきか検討する必要があります。

この会社でもこのような改善により、関与2期目には利益回復の目処を
つけることができました。

■ より安全を目指すために

- ☑ 銀行との相性を見極め預金整理
- ☑ メイン銀行に預金集中
- ☑ 実質金利で金利交渉
- ☑ 短期から長期借入れに移行
- ☑ 県外地銀紹介
- ☑ プロパー融資に切替
- ☑ 帝国データバンク登録
- ☑ 割引手形の中止

関与3期目以降は、これまでにお伝えしてきたような銀行交渉を行うと
ともに、**長期運転資金の融資を受けて**、**手形割引をやめてもらいました**。
得意先に手形事故が発生した場合、割引手形は買い戻さねばなりませ
ん。このような偶発債務によって、銀行に対して「後手」に回らないよう
にすることが狙いです。またこれは、銀行にとっても「融資先の連鎖倒産
を防ぐ」という意義があります。

さらに、機械の購入については、（可能な限り）新品の購入を、全額融
資又は割賦でしてもらうよう徹底することで、手元資金を徐々に厚くして
いきました。
これにより、特別償却の余地を残して決算を組むことができるため、
「予定外の納税」が発生する可能性を抑制しています。

■ 法人税は金融費用
このような形で改善を進めた結果、現在では、手元資金は月商の3か月

分以上を確保しています。この資金を確保するために融資残高も 1.3 億円程度とほぼ倍増させましたが、支払っている金利は、改善前よりも少ない 270 万円（改善前 360 万円）となっています。

　ただし、利益が出たことで法人税負担は 90 万円となりました。しかし、**法人税と支払利息の合計は、改善前の支払利息 360 万円と同額です。**

　同じコストで、片や手元資金が枯渇しそうで冷や汗をかきながら資金調達している状態と、片や銀行から借りてくださいと言われながら手元資金は潤沢な状態、どちらが経営しやすいかという話になると後者以外にないでしょう。

　潤沢な手元資金を元手にさらなる設備投資を行い、ライバル会社との差別化を図りつつ我慢の経営を行うことで、業界から撤退する会社が現れるたびに、この会社に、この会社の言い値での（といっては言い過ぎですが）受注が集まる状態が続いています。

⑥　失敗事例を考える

　成功事例ばかりをお伝えしてきましたが、失敗した事例も当然あります。

　しかしながら、たとえ改善や資金調達が失敗しても清算すれば再起を図れるわけですから、清算のタイミングを誤らない限り、それは本質的な失敗とはいえません。

　本来的な失敗とは、経営者が「決断できない」「決めきれない」場合です。

　過去の相談では以下のようなものがありました。
・（自分が２代目経営者候補で）現経営者が経営を譲ってくれるまで実行

できない

・先代からの土地を手放すわけにはいかないから実行できない

・過去の苦労を水泡に帰したくないから実行できない

　データ上では確実な打ち手があるのに、「決断できない」「決めきれない」ために、流れ出している血を止めることができない例は枚挙に暇がありません。

　私たち税理士事務所としては、極力、お客様の腑に落ち、意思決定できるデータを提供していかねばなりません。

❼　この順番で手を打てば必ず良くなる銀行対策

　ここまで、具体的な事例を通して、財務改善の実態をお伝えしてきましたが、最後に改めて、段階を追って打ち手をまとめておきたいと思います。先ほどお伝えしたとおり、打ち手を知っているだけではダメで、「どの順番でいつ」実行するかが極めて重要になります。

①　まずはここから始める、決算前でもできる対策

- ☑ 月次打合せを経理担当から社長に
- ☑ 試算表作成頻度を上げ目標を確認
- ☑ 中小企業の会計要領準拠／不良債権償却
- ☑ 試算表で金融機関に今後の方針を説明
- ☑ 減価償却不足の解消／耐用年数見直し
- ☑ 不動産の共有等権利関係整理
- ☑ 従業員福利厚生・賞与カット
- ☑ 役員借入れの債権放棄
- ☑ 保険解約
- ☑ 役員貸付金を不動産に転換

この順番で手を打てば必ず良く

| 社内でできること | 経費カット | 保険 |

月次打合せを経理担当から社長に	中小企業の会計要領準拠/不良債権償却	役員貸付金を不動産に転換	役員報酬カット
試算表作成頻度を上げ目標を確認	従業員福利厚生賞与カット	増資	新規取引銀行開拓
減価償却不足の解消/耐用年数見直し	役員借入れの債権放棄	不動産担保提供	メイン銀行に預金集中
不動産の共有等権利関係整理	保険解約	試算表で金融機関に今後の方針を説明	②試算表報告増加運転資来期から各になること

①協会枠か増加運転資金で真水を

| 現事業年度 | 1 年目 |

| なりふり構わず金目の資産を換金&借りて資金を増やす | 決算報告 | 資金資金2 |

なる！　銀行対策必勝ステップ

登記　　対銀行アクション　　その他

短期から長期借入れに移行	帝国データバンク登録	経営革新計画承認	節税商品による利益繰延べ
県外地銀紹介	割引手形の中止	保証人・抵当権整理	グループ会社合併
プロパー融資に切替	支払手形を長期借入金に転換	銀行引受社債発行	事業目的見直し

で金を交渉行が前向きを示唆

実質金利で金利交渉

株価上昇を伴うので、社長（次期社長）に株を集中させるべく対策を

２年目	３年目以降

注入か月分　　資金注入　資金３か月分

- ☑ 増資
- ☑ 不動産担保提供

②　決算後にすべきこと

- ☑ 役員報酬カット
- ☑ 銀行との相性を見極め預金整理
- ☑ メイン銀行に預金集中

③　黒字転換してからすべきこと

- ☑ 新規取引銀行の開拓
- ☑ 短期から長期借入れに移行
- ☑ 県外地銀紹介
- ☑ プロパー融資に切替

④　業績が良くなってからすべきこと

- ☑ 帝国データバンク登録
- ☑ 割引手形の中止
- ☑ 支払手形を長期借入金に転換
- ☑ 実質金利で金利交渉

⑤　さらに有利な条件を引き出すためにすべきこと

- ☑ 経営革新計画承認、経営力向上計画
- ☑ 保証人、抵当権整理
- ☑ 銀行引受社債発行
- ☑ グループ会社合併
- ☑ 事業目的見直し

⑧ キャッシュリッチになるための財務面からみた経営改善、貸借対照表7つのステップ

　さらに、これらのステップを貸借対照表形式でまとめると次のようになります。よく「筋肉質の財務諸表を作りましょう」といわれますが、病気や風邪引きの人にいきなり運動を勧めても、余計に体調を悪くするだけです。

　現状を踏まえて、一歩一歩着実に進めていくことが大切です。

---

①換金できる資産を換金
　再三お伝えしてきましたが、まずは手元資金の増強です。

⬇

②長期借入金で手元資金を補充
　手元資金を元手に改善策を実行し、決算書を黒字にして、少しずつでもよいので長期の融資を受け、手元資金を安定させます。

⬇

③短期借入金を長期借入金に
　交渉を有利に進め、短期ですぐに返済しなければならない季節性の資金を長期資金に転換します。

⬇

④**支払手形を長期借入金に**

　基本的にリスケジュールをお願いして金融機関から断られることがない今、会社が潰れる唯一の原因が手形事故です。言い換えると、支払手形をやめれば会社は潰れないということになります。

　この提案をすると、「そんなこと無理！」とか、「うちが手形で受け取っているのに、どうして現金で支払わなきゃならないの？」と、はじめは反発されるかもしれませんが、手形をやめれば潰れる可能性が限りなく低くなりますし、そのための資金は銀行から借りられますのでぜひ勧めてください。

↓

⑤**手形割引を長期借入金に**

　受取手形の割引をやめ、偶発債務の発生に万全を期します。

↓

⑥**長期間返済のない融資に**

　当座貸越や社債など、月々返済のない、手元資金が減らない融資形態に切り換えて、盤石の資金基盤を作ります。

↓

⑦**資金を元手に自己資本増強**

　ここまで来たら、あとは手元資金の月商 3 か月を目指して、手元資金を使わずに長期借入金を増やしましょう。

　そして、この状態まで来て初めて、自己資本を増やすことを考えます。

　中小企業の会社の生き残りにおいては、自己資本は額で考えることが大切です。世の中の多くの指標が自己資本比率を高めることを要請していますが、手元資金があれば、会社は絶対に潰れません。

　借入れを返済してまで手元資金を減らす行為など愚の骨頂といえましょう。

　繰り返しになりますが、中小企業は借りたいときに借りられるのではなく、銀行が貸したいときに借りられるだけです。

中小企業にとってきれいな財務諸表がベストな財務諸表とはいえません。

ところで、ここまでお伝えしてきた対策は全て黒字を前提にしています。利益を積み増せば当然株価が上がります。

出口は、清算、親族承継、（従業員を含む）親族外への売却、上場の4つしかありません。

できれば株価の低いうちに、そうでなくともなるべく早いうちに出口を見据えて株主構成を考えることが必要になります。

この順番で手を打てば必ず良くなる！　貸借対照表の改善ステップ

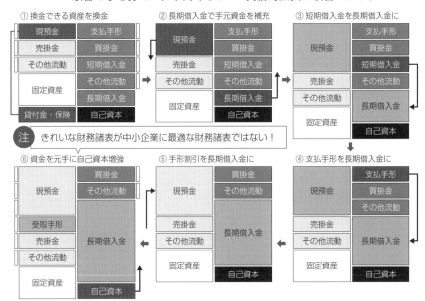

9 利益計画と意思決定のプロセスを押さえて会社の永続を

本書の最後に再確認しておきますが、銀行交渉による資金調達は手段で

あり、目的ではありません。

　まずは利益を出し、その利益を再投資に回して競争力を磨くことが会社永続のために不可欠です。

　資金調達はその再投資の裏付けに他なりません。

　しかし、資金があっても利益がなければ何もできないことも事実です。

　第１章から第２章では、その再投資を行うための意思決定の重要性と、係数管理の方法についてお伝えしました。第３章以降は金融機関との付き合い方にウェイトを置きましたが、これは基本的には「税理士事務所がお手伝いできるのは財務まわりだけ」だからです。

　企業活動ベースで考えたら、第１章から第２章の内容を使って日常の経営においてPDCAを回すことと、第３章から第６章までの内容を使って財務的に安定させることとは同等程度のウェイトと考えるべきといえましょう。

　第２章でお伝えしたことの繰り返しになりますが、経営の最高パターンは以下のとおりとなります。

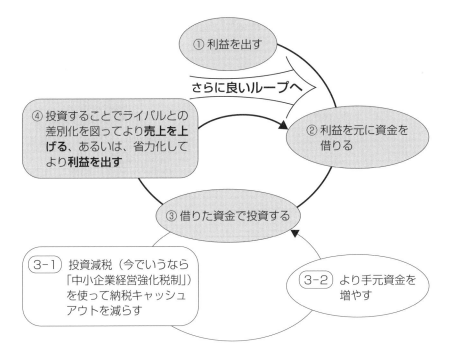

　このパターンの中で、私たち税理士事務所ができることは、究極的には「利益が出ているのか、そうでないのか、また、資金的な裏付も考慮しながら今いくら使って良いのかを示し、意思決定を促すこと」しかありません。

　しかし、私たちが行うからこそ、中小企業にとって最もローコストかつスピーディかつ正確にアドバイスできるのです。

　税理士事務所の一丁目一番地ともいえるこの業務に自信と誇りを持って取り組み、「手元資金を月商３か月分持ち、安心で経営を楽しめる」中小企業を少しでも増やしていけるよう努力していきたいところです。

サバイバル時代を生き残るために必要なたった一つのこと

> 生き残れるのは生まれた利益を適切に再投資に回せた会社だけ!!

税理士事務所の月次面談は経理担当者ではなく経営者に！　実績と見込みを共有

まずは利益を出す

➕

資金的な裏付けをしっかりとり、
生じた利益を再投資に回す

 そして

十分な資金を確保する

➕

投資により赤字にならないか
チェックする

利益

投資
検討　**資金**　効果
測定

投資

> 経理担当者任せにせず
> 経営者が利益の把握をすること

 そのために　正確な損益を把握する

さらに　月次レベルで正確な試算表を作成する

　▼

☑ 売上と原価がきちんと対応しているか？

☑ 人件費（社会保険料を含む）が売上・原価の集計期間と一致しているか？

☑ 投資を反映した減価償却費が毎月計上されているか？

すぐできて効果バツグン！財務改善ポイント

- ☑ 変動損益計算書の月次推移表を作成して、限界利益率が一定しているか確認しよう
- ☑ 毎月の従業員一人当たり粗利を把握するために、月末従業員数を押さえよう
- ☑ 土日の回数で売上が簡単に変わってしまうことを認識して、前年対比の際に気を付けよう
- ☑ キャッシュフロー計算書月次推移表を作成して、毎月の手元資金残高を把握しよう
- ☑ 借入残高の 1% 程度の経常利益を目標にしよう
- ☑ 顧問税理士変更のタイミングで粉飾を解消しよう

おわりに　監修者謝辞

　多くの専門書は「何か事件があったとき」に開けばよい本ですが、「本書は、普通の会社が普通に経営していくため」に開く本です。

　私たち税理士事務所の日常においても 99％ は事件などない日常どおりの平常運転です。そんな平常時において、お客様にどんなサービスをどうやって提供すべきかを、私なりに考えたつもりです。

　これまで中小企業向けに、『借入は減らすな！』（あさ出版）と『その節税が会社を殺す』（すばる舎）を上梓してきましたが、一般読者向けとなると、やはり、書ける内容が限定されてしまうので、「この内容だけでは、実際に改善に当たるには内容的に少し足りないかもしれない」と不安に思っていました。

　財務の要となる税理士事務所向けに書いた本書の内容こそ、私が本当にお伝えしたかったノウハウであるといえます。

　また、同時に税理士事務所の仕事の重要性をお伝えし、改めてやりがいを感じていただくということも、もう一つの本書の目的です。

　本書は「資金調達相談士協会」の有志で書き上げました。文量の半分程度は私が書きましたが、ノウハウやアイデアなどは私一人では成し得なかった内容となっています。

　資金調達相談士協会とは、本書にてお伝えした内容を実践する税理士のための勉強会です。

　お伝えしたとおり、銀行の支店長や担当者の全員が融資に前向きなわけではないので、そういった情報交換をしたり、決算内容などを持ち寄って、どう財務の方針を立てていくかなどといったケースワークをしたり、本書中ではお伝えすることができなかった、銀行との交渉で「今どのカードを切るべきか」といったタイミングの問題について話し合ったりしています。資金調達相談士協会の概要は巻末に掲載しておりますので、ぜひとも当会ホームページにアクセスいただき、勉強会のお試し参加などの情報

をご覧いただければと思います。

　今回の企画が実現に至るまでには、大変多くの方々から、ご協力やご支援をいただきました。

　まずは、このような執筆の機会を与えてくださった実務経営サービスの皆様にお礼を申し上げたいと思います。板垣誠社長をはじめとした実務経営サービスのご担当各位のご尽力によって、今回の企画は実現いたしました。

　続いて、ご執筆いただいた会員の先生方にお礼を申し上げたいと思います。

　また、業務の関係などで執筆には関われなかった会員の先生も数多くいらっしゃいますが、毎月行っている勉強会でのノウハウの蓄積が本書の内容となっております。

　特に、会において月一回惜しげもなくご自身の資金調達事例を公開してくださっているセッションは本書の礎となっております。

　資金調達相談士協会の会員の先生方にもお礼を申し上げたいと思います。

　そして、資金調達相談士協会は、会員の先生だけでなく、多くの金融機関やコンサルタントの方に支えていただいています。皆様にもお礼を申し上げたいと思います。

　さらに、私や会員の先生の顧問先の皆様、その他の関係先各社の皆様のお陰でこの本が出来上がっておりますので、皆様にもお礼を申し上げたいと思います。執筆の間、実務を支えてくださった私や会員先生の事務所の方にもお礼を申し上げたいと思います。

　最後になりますが、家族への感謝を述べつつ、私が書いた部分については私の愛する息子に捧げたいと思います。

令和5年12月9日　書斎にて

松波竜太

【編著者・監修者】

松波　竜太（マツナミ　リョウタ）

さいたま新都心税理士法人代表社員。

税理士。4つの会計事務所に合計8年間勤務後、平成15年10月に独立し、松波会計事務所を開業。平成25年10月、さいたま新都心税理士法人に改組、代表社員に就任。年商10〜30億円程度の事業会社の顧問を得意とする。中小企業の資金繰りの専門家として、顧問先の銀行交渉などの支援、セミナーを通じた啓蒙活動に従事。

主な著書に『その節税が会社を殺す』（すばる舎）、『借入は減らすな！』（あさ出版）がある。

東京商工会議所、さいたま商工会議所をはじめ全国にて講演。関東信越税理士会、理事。

【URL】 https://sintosin.pro/

【著者】（50音順）

大野　修平（オオノ　シュウヘイ）

セブンセンス税理士法人　ディレクター

公認会計士、税理士。大学卒業後、有限責任監査法人トーマツへ入所。金融インダストリーグループにて、主に銀行、証券、保険会社の監査に従事。

トーマツ退所後は、資金調達支援、資本政策策定支援、補助金申請支援などで多数の支援経験を持つ。

また、スタートアップ企業の育成・支援にも力を入れており、各種アクセラレーションプログラムでのメンタリングや講義、ピッチイベントでの審査員および協賛などにも精力的に関わっている。

【URL】 https://seventh-sense.co.jp/

加藤　暁光（カトウ　アキミツ）

協同経理事務所（加藤暁光公認会計士事務所、加藤暁光税理士事務所）代表。

公認会計士、税理士、事業再生スペシャリスト、M&A スペシャリスト、財務金融アドバイザー。システム監査技術者、CISA。

平成元年〜平成 24 年の間、大手監査法人において株式公開業務、システム監査・アシュアランス・アドバイザリー業務等に携わる。日本公認会計士協会において、IT 委員、IT アシュアランス専門委員を長期間務めた。平成 24 年に独立。税務、デューデリジェンス、再生支援や資金調達支援に携わる。

主な著書に『Q&A 株式上場の実務』（中央経済社、共著）、『Q&A 新興企業の内部統制実務』（中央経済社、共著）、『サラリーマンのための節税大全』（インターナショナル・ラグジュアリー・メディア、共著）がある

【URL】https://kdokeiri.com/

神田　博則（カンダ　ヒロノリ）

神田税理士事務所代表。

税理士。国民金融公庫（現：日本政策金融公庫）にて融資審査業務・債権管理業務に従事。

その後、事業再生コンサルティング会社における財務改善支援、金融機関対応支援や、中堅税理士法人における上場会社・ベンチャー企業などの税務会計顧問、M&A 支援などに携わったのち、平成 30 年に神田税理士事務所を開設。中小企業の税務顧問だけではなく、事業計画作成や金融機関対応の支援に力を入れている。

主な寄稿に『企業の借入基礎知識』（仙台中法人会会報）などがある。

【URL】http://kanda-office.jp/

鍬竹　教男（クワタケ　ノリオ）

合同会社ニュートラル代表社員。

税理士。主に静岡県において資金調達支援事業を行っている。

資金調達時だけではなく調達後においても継続的に関与し事業計画の遂行を支援。介護・障害福祉事業の顧客が多く、自らも就労継続支援Ｂ型事業所を経営し、経営・資金から見た事業所支援コンサルティングも行っている。

【URL】 https://neutral-llc.jp/

三宮　大輔（サンノミヤ　ダイスケ）

サンアップ　三宮大輔税理士事務所所長。

税理士。日本政策金融公庫と連携した創業融資を得意としている。資金調達相談士協会に入会後、約３年で50件ほど創業融資を手掛ける。平成24年税理士登録。名古屋の税理士法人で代表社員を務めた後、愛知県岡崎市を拠点とし、平成30年10月に独立開業。主に事業計画書作成支援や創業融資に力を入れている。

名古屋税理士会、中国四国税理士会認定研修セミナー「フィンテック・クラウド時代における会計事務所の成長戦略対策セミナー」講師。

【URL】 https://sun-up-tax.com/

松崎　哲也（マツザキ　テツヤ）

松崎哲也税理士事務所所長。

税理士。特に創業融資を積極的にサポート。

長門商工会議所、天童商工会議所、釧路商工会議所等にて講演。

DVD「決算書すっきりアドバイザー流業績共有で社員の「やりがい」倍増」（（株）レガシィ）

『資産区分が明確に　改正された法人税通達等の内容を確認しておこう』

（企業実務）、『税務調査でのトラブルを防ぐ「簿外資産」の税務取扱い
と管理のポイント』（企業実務）、『個人・法人の「寄附金税制」を確認
しておこう』（企業実務）に寄稿

【URL】　https://matsuzakikaikei.tkcnf.com/

道下　敏光（ミチシタ　トシミツ）

道下敏光税理士事務所所長。

税理士。創業 5 年以内の企業等向けに銀行との付き合い方や資金調達の
仕方のアドバイスを累計で 100 件以上に関与。顧問先企業に対して、売
上利益アップ等の財務体質改善の支援を行うと同時に、決算期までの約
1 年間の売上利益アップ計画書等を社長と一緒に作成し、その際に必要
となる資金不足額の融資支援を行っている。

中小企業経営者向けの経営分析、決算書の読み方等のセミナー講師。

【URL】　https://www.ikebukuro-consulting.com/

矢﨑　誠一（ヤザキ　セイイチ）

税理士法人矢﨑会計事務所　代表社員

公認会計士、税理士、経営心理士。

東京都練馬区出身。立教大学法学部卒。

有限責任監査法人トーマツにて会計監査業務を経験。税理士法人を設立
し、3 代目経営者に就任。

毎年 1,000 万以上の売上減の状態を 2 年でV字回復させ、8 年で 12 名か
ら 30 名規模の事務所に拡大。

スタートアップ企業支援、資金調達、WEB3.0（暗号資産・NFT 等）の
税務、相続税、税務調査対策に強い。

主な著書に『鬼滅の刃から学べ！　チームを幸せに導くリーダーのあり
方』（ロギカ書房）がある。

【URL】　https://yazaki-kaikei.com/

山口　淳一（ヤマグチ　ジュンイチ）

山口淳一税理士事務所、生命保険活用相談室、経済産業省認定経営革新等支援機関、税理士、1級ファイナンシャル・プランニング技能士（CFP®）。

銀行融資の入口対策と出口対策について中小企業からの相談を多数受ける。融資前においては、財務内容の実態把握をし、より有利で健全な借入れのアドバイス、一方、融資後においては、資金繰り改善を考慮した事業継続を念頭におき、融資返済の安全ネット構築のアドバイスをしている。

平成2年から生命保険業界の実務に関わる。「日本一生命保険に強い税理士*」を目指し、「保険顧問*」として日々活動をしている（*商標登録申請済）。特に、経済環境、経営者の健康悪化等における銀行への返済が困難な状態に陥った場合のBCP（事業継続計画）を配慮したプランニングが好評を得ている。

『これから大きく変わる相続税と法律』（明日香出版社、共著）、『これから大きく変わる相続税と法律（続編）』（明日香出版社、共著）

【URL】　http://www.hokenzeimu.com/

吉田　学（ヨシダ　マナブ）

株式会社MBSコンサルティング代表取締役。

財務・資金調達コンサルタント。平成10年の創業以来、一貫して中小企業の財務・資金調達コンサルティング業務に特化して携わっている。また、平成20年以降、全国の税理士・士業事務所の資金調達支援業務のバックサポート事業を開始。

主な著書に『社長のための資金調達100の方法』（ダイヤモンド社）、『税理士・認定支援機関のための資金調達支援ガイド』（中央経済社）、『税理士・会計事務所のための創業融資支援ガイド』（中央経済社）、『税

理士・会計事務所のための事業再生ガイド』（中央経済社）等がある。

【URL】　http://www.mbs-con.com/

◆資金調達相談士協会とは

　資金調達相談士協会は、「銀行対策・資金調達についてもっと勉強したい」「常に専門性を高め合い、得られた情報・ノウハウを顧問先へ還元し、地域に貢献したい」と考える会計事務所が、定期的な情報交換会、研修、情報発信を行い、顧問先の成長と発展のお手伝いをしていくことを目的に平成25年に発足、現在多くの会計事務所様が参加しております。

　具体的な活動の一つに、年7回、累計40回を超えるの勉強会・情報交換会です。個々では限界のある情報をネットワークを通じて獲得・共有することにより、より的確なアドバイスを行い、企業の永続と発展、地域経済のより良い活性化を実現させる集団であることを目指し、取り組んでおります。

★資金調達相談士協会についての詳しくは、下記サイトを御覧ください。

　こちらでは、お客様の中小企業にも役に立つ無料メルマガ等の配信受付も行っております。

　『資金調達相談士協会（略称：FAA（Funding Adviser's Association)）』

　【資金調達相談士協会オフィシャルサイト】　http://blabo.biz/

サービス・インフォメーション
────── 通話無料 ──────
①商品に関するご照会・お申込みのご依頼
　　　　TEL 0120(203)694／FAX 0120(302)640
②ご住所・ご名義等各種変更のご連絡
　　　　TEL 0120(203)696／FAX 0120(202)974
③請求・お支払いに関するご照会・ご要望
　　　　TEL 0120(203)695／FAX 0120(202)973

●フリーダイヤル（TEL）の受付時間は、土・日・祝日を除く
　9:00〜17:30です。
●FAXは24時間受け付けておりますので、あわせてご利用ください。

新訂版　顧問先が融資を受けやすくなる！
税理士が知っておきたい　中小企業の財務改善ノウハウ

2024年2月10日　初版発行

編著・監修　松　波　竜　太

著　　　者　資金調達相談士協会

発 行 者　田　中　英　弥

発 行 所　第一法規株式会社
　　　　　〒107-8560　東京都港区南青山2-11-17
　　　　　ホームページ https://www.daiichihoki.co.jp/

カバー装丁　株式会社バモス

新中小企業財務　ISBN 978-4-474-09396-6　C2034 (3)